U0968848

财经类新形态创新示范系列教材

成本核算与管理

柴沛晨 柴超君 柴凯元 / 主编
贾换英 / 副主编

人民邮电出版社
北京

图书在版编目（CIP）数据

成本核算与管理 / 柴沛晨，柴超君，柴凯元主编
. -- 北京 : 人民邮电出版社，2022.8
财经类新形态创新示范系列教材
ISBN 978-7-115-58614-8

Ⅰ. ①成… Ⅱ. ①柴… ②柴… ③柴… Ⅲ. ①成本计算－高等职业教育－教材 Ⅳ. ①F231.2

中国版本图书馆CIP数据核字(2022)第019729号

内容提要

本书不仅概述性地介绍了成本会计的基本理论，还系统性地阐述了成本核算与成本管理的内容和方法。本书共 9 个项目，分别是成本核算概述、成本各要素的归集与分配、辅助生产费用的归集与分配、产成品与在产品之间生产费用的分配、产品成本计算的基本方法、产品成本计算的辅助方法、成本报表及分析、成本管理和作业成本法。每个项目按照课前自学、教学内容、课中实训及实训项目评价逻辑设计教学情境，以活页式形式呈现全书内容，同时设置教学目标、思维导图、课外阅读、同步测试题等特色栏目，帮助读者培养成本核算与管理的实际分析与应用能力。

本书不仅可以作为高等职业院校财经类专业相关课程的教材，还可以作为财务管理领域工作人员及会计在职人员的参考书。

◆ 主　　编　柴沛晨　柴超君　柴凯元
副 主 编　贾换英
责任编辑　白　雨
责任印制　王　郁　彭志环

◆ 人民邮电出版社出版发行　　北京市丰台区成寿寺路 11 号
邮编　100164　　电子邮件　315@ptpress.com.cn
网址　https://www.ptpress.com.cn
涿州市般润文化传播有限公司印刷

◆ 开本：787×1092　1/16
印张：12.25　　2022 年 8 月第 1 版
字数：336 千字　　2025 年 8 月河北第 2 次印刷

定价：52.00 元

读者服务热线：(010)81055256　印装质量热线：(010)81055316
反盗版热线：(010)81055315

FOREWORD

前　言

近年来，教育部先后印发《职业院校教材管理办法》《“十四五”职业教育规划教材建设实施方案》，开发服务国家战略和民生需求紧缺领域专业教材，改造更新会计等领域专业课程教材。并明确提出加快新形态教材的建设，鼓励院校结合专业教学改革实际，和行业企业、教科研机构、出版单位等联合开发深入浅出、图文并茂、形式多样的活页式、工作手册式等新形态教材。

本书全面贯彻党的二十大精神，将二十大精神与成本会计的实际工作结合起来，立足岗位需求，以社会主义核心价值观为引领，传承中华优秀传统文化，注重立德树人，培养学生的自信自强、守正创新、踔厉奋发、勇毅前行的精神，强化学生的社会责任意识和奉献意识，从而全面提高人才自主培养质量。本书遵循适用性、科学性、先进性并具有职业教育教材特色，其主要特色如下。

1. 遵循职业教育教学规律和人才成长规律

本书在内容规划上，符合学生认知特点，体现先进职业教育理念。对本书知识编写上，语言精练，易于理解。理论深度把握适当、加强实践操作能力的培养。为培养与时俱进的成本核算与管理方面的人才，与传统教材相比，提高了成本分析、成本管理技能比重，增加了质量成本、环境成本等成本会计前沿内容，满足新时代职业教育人才培养需要。

2. 项目任务设计前沿

本书以真实生产项目、典型工作任务，反映会计领域的新准则、新前沿。将知识、能力和正确价值观的培养有机结合进行项目任务设计。按照“以学生为中心、以学习成果为导向、注重学生综合素质培养”的思路进行编写。每个项目均设置学习目标、思维导图、课前自学、教学内容、课外阅读、课中实训、实训项目评价以及同步测试题，充分调动学生自主学习、合作学习的积极性，以任务驱动，达到“教、学、做、评”合一。

3. 注重“健全职业人格”的培养

本书在编写过程中，秉持全面持续可发展来培养高素质的技术技能人才的理念。按照教育部要求，培养并提高未来会计从业者应具备的“德技并修、立德树人”的职业素质。参照新会计制度、会计准则，把成本岗位技能要求、职业技能竞赛、职业技能等级证书标准有关内容融入本书知识体系中，满足项目学习、案例学习、模块化学习等不同学习方式要求，有效激发学生学习兴趣和创新潜能。

4. 有利于开展教改工作

本书配套资源丰富，包括在线教学视频、在线测验、课程标准、电子教案、教学课件、授课计划、线上考试等。“精讲多练”的教学设计，有利于教师的角色由知识传授者变为学习任务的设计者、教学过程的策划者、学习任务落实的组织者、学习效果的检查者和督促者。适合开展线上线下混合式教学和“翻转课堂”实践教学活动。读者可登录人邮教育社区网站（www.ryjiaoyu.com）

免费下载资源。同时，扫描下方二维码进入人邮学院，即可免费观看慕课视频。

本书参考学时为 64 学时，各项目任务参考学时见下列学时分配表。

项目	实训任务内容	学时分配
项目一　成本核算概述	根据生产工艺类型和管理要求选择成本计算方法	4
	根据资料描述选择成本计算方法	
项目二　成本各要素的归集与分配	分配材料费用	8
	分配外购动力费用	
	分配职工薪酬	
	分配制造费用	
	分配损失性费用	
项目三　辅助生产费用的归集与分配	运用直接分配法	6
	运用交互分配法	
	运用顺序分配法	
	运用计划成本分配法	
项目四　产成品与在产品之间生产费用的分配	核算在产品的成本	8
	分配生产费用	
项目五　产品成本计算的基本方法	运用成本计算的品种法	12
	运用成本计算的分批法	
	运用成本计算的分步法	
项目六　产品成本计算的辅助方法	运用成本计算的定额法	6
	运用成本计算的分类法	
	核算联产品成本	
	核算副产品成本	
项目七　成本报表与成本分析	编制成本报表	6
	开展成本分析	
项目八　成本管理	运用责任成本管理方法	6
	运用标准成本管理方法	
	运用目标成本管理方法	
项目九 成本会计前沿	运用作业成本法计算产品成本	8
	比较传统成本法和作业成本法	
	核算质量成本	

本书由运城职业技术大学柴沛晨总纂并承担项目一、项目二、项目三的编写；项目四由运城市财会事务中心邵景福编写；项目五由运城制版集团财务柴凯元编写；项目六、项目七、项目八由山西信誉会计师事务所柴超君编写；项目九由运城职业技术大学贾换英编写。编写团队全面学习了党的二十大精神，深刻领悟二十大报告精髓要义，立足新发展阶段、贯彻新发展理念，在吸纳会计领域最新成果的基础上进行编写，本书是校企倾力合作和集体智慧的结晶。本书为“山西省职业教育教学改革与实践项目”研究成果，项目名称：职业院校活页式教材建设研究——以成本会计为例（项目编号：202303010）。

由于编者水平有限，书中难免存在不足之处，敬请广大师生和读者批评指正，提出宝贵意见和建议。

编　者

CONTENTS

目　录

项目三 辅助生产费用的归集与分配……39

项目四 产成品与在产品之间生产费用的分配……57

项目五 产品成本计算的基本方法……73

项目一

成本核算概述

学习目标

知识目标

1. 明确工业企业产品成本核算要求。
2. 明确成本费用的分类。
3. 掌握成本核算的基本程序。
4. 明确生产特点和管理要求对产品成本计算的影响。

技能目标

1. 能根据生产工艺及管理要求判断企业采取何种成本计算方法。
2. 能根据企业类型及管理要求判断是否结合成本计算辅助方法。

素养目标

1. 理解成本的重要性，明确诚信、客观、专业的职业素养在成本核算中的重要性。
2. 明确成本计算方法选择是否恰当，培养学生战略思维和判断选择能力，树立社会责任观念。

思维导图

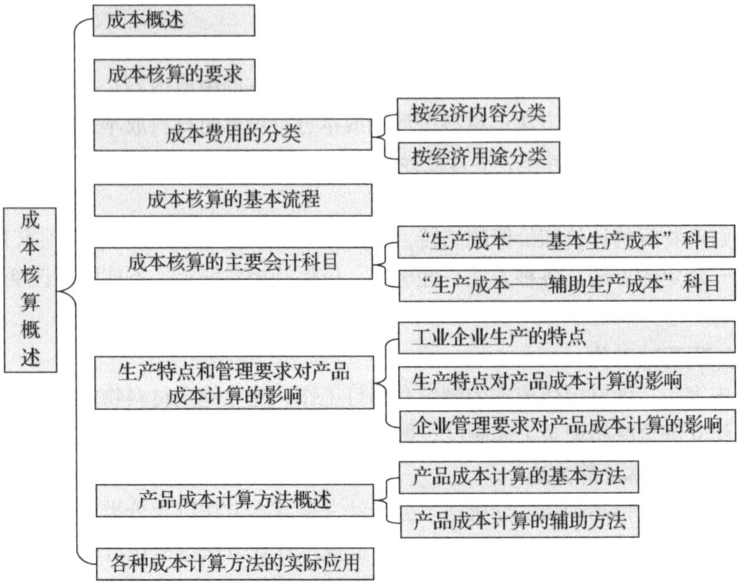

课前自学

一、成本概述

成本是资源的一种耗费，将这种资源的耗费用货币形式表现出来，会计上称为成本。广义的成本主要分为产品成本、期间费用两大类型。产品成本是指针对某一特定的产品对象，如生产某一特定产品发生的直接制造成本、间接制造成本。期间费用是指同企业的经营管理活动有密切关系的耗费，它同产品的生产没有直接关系。这些非制造成本是因当期向客户提供产品或服务而发生的各项作业耗费，根据配比原则，它们都将纳入当期损益计算范围。

由于产品成本要等到产品销售后方可计入当期损益，而期间费用在发生当期计入当期损益，因此准确划分两者界限，将对当期会计利润的确认、计量产生重大影响。本书主要学习内容是工业产品成本核算与管理。

二、成本核算的要求

扫一扫，看微课

成本核算的要求

成本核算不仅是成本会计的基本任务，同时也是企业经营管理的重要组成部分。在成本核算工作中，应实现以下各项要求。

1. 审核和控制费用

成本核算应当与加强企业经营管理相结合，做到算管结合，算为管用，所提供的成本信息应当满足企业经营管理和决策的需要。

2. 正确划分各种费用界限

正确划分资本性支出和收益性支出的界限；正确划分产品成本与费用的界限；正确划分各期成本费用的界限；正确划分各种产品的费用界限；正确划分完工产品与在产品的费用界限。

3. 确定财产物资的计价和价值结转的方法

企业财产物资计价和价值结转方法主要包括固定资产原值的计算方法、折旧方法、折旧率的种类和高低；固定资产与低值易耗品的划分标准；材料成本的组成内容；材料按实际成本进行核算时发出材料单位成本的计算方法；材料按计划成本进行核算时材料成本差异率的种类（个别差异率、分类差异率还是综合差异率，本月差异率还是上月差异率）；采用分类差异率时材料类距的大小等。

对于各种财产物资的计价和价值的结转，都应采用既合理又简便的方法。国家有统一规定的，应采用国家统一规定的方法。各种方法一经确定，应保持相对稳定，不能随意改变，以保证成本信息的可比性。

4. 做好各项基础工作

基础工作内容包括做好定额成本的制定和修订工作；建立健全材料物资的计量、收发、领退和盘点制度；建立健全原始记录工作制度；做好内部转移价格的制定和修订工作。

5. 采用适当的成本计算方法

成本计算的方法包括品种法、分批法、分步法三种基本方法以及分类法、定额法两种辅助方法。生产工艺过程和生产组织不同，所采用的产品成本计算方法也应该有所不同。企业只有按照产品生产特点和管理要求，选择适当的成本计算方法，才能正确、及时地计算产品成本，为成本管理提供有用的成本信息。

教学内容

一、成本费用的分类

产品成本是对象化的费用集合，可以按不同的标准分类，其中最基本的是按成本费用的经济内容和经济用途分类。

（一）按经济内容分类

工业企业发生的各种费用按经济内容划分，主要有劳动对象方面的费用、劳动手段方面的费用和活劳动方面的费用三大类。在此基础上又进一步划分为以下 9 项费用要素。

（1）外购材料是指企业耗用的一切从外部购进的原料及主要材料、半成品、辅助材料、包装物、修理用备件和低值易耗品等。

（2）外购燃料是指企业耗用的从外部购进的各种燃料，包括固体燃料、液体燃料和气体燃料。

（3）外购动力是指企业耗用的从外部购进的各种动力，包括热力、电力和蒸汽等。

（4）职工薪酬是指企业全体人员的工资及企业根据国家规定，按工资总额的一定比例计提的、应计入产品成本和期间费用的、用于职工福利方面的支出。职工薪酬包括职工福利费、社会保险费、住房公积金、工会经费、职工教育经费和非货币性福利等。

（5）折旧费是指企业按照规定的折旧方法和折旧标准计提的固定资产折旧费用。

（6）修理费是指企业为修理固定资产而产生的支出。

（7）利息费是指企业的借款利息费用扣除存款收入后的净额。

（8）税金是指企业应缴纳的、在费用中列支的各种税金，包括房产税、车船使用税、印花税和土地使用税等。

（9）其他费用是指不属于以上各要素的费用，如差旅费、租赁费、邮电费以及保险费等。

按照以上要素反映的成本费用，称为要素费用。划分要素费用，可以反映企业在一定会计期间发生的费用、种类和金额，分析各个时期要素费用的构成及水平，为编制企业的资金使用计划，核定各种资金定额提供有关资料。

（二）按经济用途分类

工业企业发生的各种费用按经济用途划分，主要有计入产品成本的生产费用和不计入产品成本的期间费用。计入产品成本的生产费用按其用途不同，可进一步划分为若干个项目，会计上称为成本项目。成本项目具体内容包括直接材料、直接燃料、直接动力、直接人工、制造费用、废品损失、停工损失等。工业企业一般应设置以下 4 个成本项目。

（1）直接材料是指直接用于产品生产、构成产品实体的原料、主要材料以及有助于产品形成的辅助材料费用。

（2）燃料和动力是指直接用于产品生产的各种燃料和动力费用。

（3）直接人工是指直接参与产品生产的工人的薪酬费用。

（4）制造费用是指间接用于产品生产的各项费用，以及虽然是直接用于产品生产的，但不便于直接计入产品成本，并且没有专设成本项目的费用（如机器设备的折旧费用）。

企业可根据生产特点和管理要求对上述成本项目进行适当调整。对于管理上需要单独反映、控制和考核的费用，以及产品成本中比重较大的费用，应专设成本项目；对于产品成本中比较小的费用，为了简化核算，不必专设成本项目。例如，如果废品损失在产品成本中所占比重较大，企业在管理上需要对其进行重点控制和考核，则应单设“废品损失”成本项目。又如“燃料及动力”费用不多的情况下，可以将燃料费用并入“直接材料”项目，将动力费用并入“制造费用”项目。

二、成本核算的基本流程

成本核算的基本流程是指根据成本核算的要求，对生产费用逐步进行归集和分配，最后计算各种产品的成本的工作过程。工业企业的产品成本核算过程比较复杂，但都遵循着相同的基本程序，成本核算的基本程序主要有以下几个方面。

1. 确定成本计算对象

成本计算对象是生产费用的承担者，是归集和分配生产费用的对象。确定成本计算对象是计算产品成本的前提。工业企业的生产特点、管理要求、规模大小、管理水平的不同，导致成本计算对象也不同，主要有产品品种、产品批别和产品生产步骤三种成本计算对象。

2. 确定成本项目

成本项目可以反映成本的经济构成以及产品生产过程中不同的资金耗费情况。企业为满足成本管理的需要，可以在直接材料、直接人工、制造费用三个基本成本项目上进行调整，如单设废品损失、停工损失等成本项目。

3. 确定成本计算期

确定成本计算期就是确定产品成本计算的起止时间。成本计算期与企业的生产组织的特点相关。例如，在大量大批生产情况下，产品成本的计算期间与会计期间一致；在单件、小批量生产的情况下，产品成本的计算期间则与产品的生产周期一致。

4. 生产费用的归集和分配

对各种生产费用要素支出的有关原始凭证进行审核，并编制要素费用分配表进行生产费用的归集和分配。归集和分配的原则：产品生产直接发生的生产费用作为产品成本的构成内容，直接计入该产品成本；为产品生产服务发生的间接费用可先按发生地点和用途分别归集在“制造费用”“生产成本——辅助生产成本”等账户中，期末分配计入各受益产品成本。

5. 进行完工产品成本与在产品成本的划分

通过上述的步骤，所发生的生产费用均已归集在“生产成本——基本生产成本”账户及有关的产品成本明细账中。在月末既有完工产品又有在产品的情况下，企业还必须将应计入各产品的生产成本在其完工产品和在产品之间按照恰当的方法进行划分，从而计算完工产品成本和月末在产品成本。

成本核算的一般程序流程如图 1-1 所示。

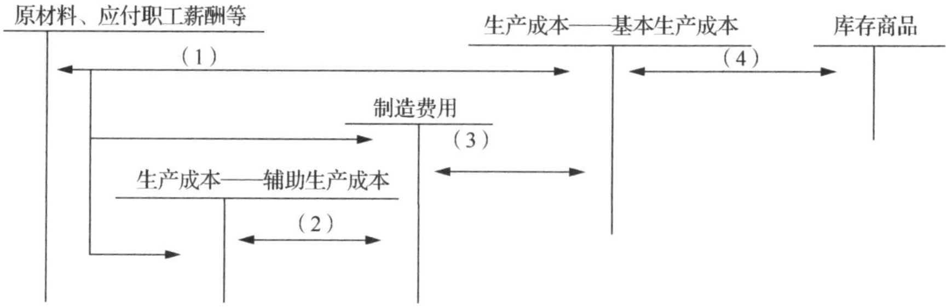

图 1–1　成本核算的一般程序流程

三、成本核算的主要会计科目

企业一般应设置“生产成本——基本生产成本”“生产成本——辅助生产成本”等科目。如果需要单独核算废品损失，还应设置“废品损失”科目。

（一）“生产成本——基本生产成本”科目

基本生产是指为完成企业主要生产目的而进行的产品生产。该科目应按产品品种或产品批别、生产步骤等成本计算对象分设基本生产成本明细账，该账簿也称产品成本明细账或产品成本计算单。账内按成本项目分设专栏或专行进行登记。

（二）“生产成本——辅助生产成本”科目

辅助生产是指为基本生产服务而进行的产品生产和劳务供应。例如：工具、模具、修理用备件等产品的生产和修理、运输等劳务的供应。辅助生产所发生的费用，通过“生产成本——辅助生产成本”科目核算，该科目应按辅助生产车间和生产的产品、劳务等分设辅助生产成本明细账，账内按辅助生产的成本项目分设专栏或专行进行登记。

四、生产特点和管理要求对产品成本计算的影响

（一）工业企业生产的特点

工业企业按生产组织特点和生产工艺过程特点的不同划分为不同的生产类型。

1. 按生产组织特点分类

企业产品的生产组织是指企业产品生产的专业化程度，即产品生产在一定时期内的重复性。工业企业的产品生产按照生产组织特点可以划分为大量生产、成批生产和单件生产三种类型。

（1）大量生产是指不断地重复生产一种或若干种产品，如面粉、食盐、化肥、冶金产品、纺织品等的生产。大量生产的特点是生产的产品陆续投入、陆续产出，生产专业化程度高，产量大，品种较少且生产比较稳定。

（2）成批生产是指按照一定的品种规格和数量（通常称为“批”），每隔一定时期生产一种或若干种产品，如服装、食品、电梯等的生产。成批生产的特点是生产的产品具有一定的重复性，生产专业化程度较高，品种较多。成批生产按照每批生产的数量大小又可以划分为大批生产和小批生产两种。大批生产的产品数量较大，类似于大量生产。

（3）单件生产是指依据购货单位的要求，生产个别的、性质特殊的产品，如飞机、船舶、大型机械设备等的生产。单件生产的特点是生产的产品一般不具有重复性或定期性，生产专业化程度不高，产量小，品种多且生产不稳定。

2. 按生产工艺过程特点分类

企业产品的生产工艺是指劳动者利用生产工具对各种原材料、半成品进行增值加工或处理生产出产成品的方法与过程。工业企业的产品生产按照生产工艺可以划分为单步骤生产和多步骤生产两种类型。

（1）单步骤生产也称简单生产，是指生产过程在工艺技术上不可间断，生产地点不便分散，通常只能由一个企业整体进行的产品生产，如发电、采掘、燃气、铸件等。单步骤生产的特点是产品的生产周期较短、没有自制半成品。

（2）多步骤生产也称复杂生产，是指生产过程在工艺技术上可以间断，生产地点或时间可以分散进行的产品生产。多步骤生产的特点是产品的生产周期较长、自制半成品较多。多步骤生产按照劳动对象的加工程序又可以划分为连续加工式多步骤生产和装配加工式多步骤生产两种类型。

连续加工式多步骤生产是指从原材料投入生产到产品完工，要按照一定顺序经过若干生产步骤的生产，即上一生产步骤生产的自制半成品要转移到下一生产步骤继续加工，直到最后制成产成品的生产。装配加工式多步骤生产也称平行加工式多步骤生产，是指先将原材料投入不同的生产部门生产各种零部件，然后将各种零部件装配制成产成品的生产。

单步骤生产和连续加工式多步骤生产的生产组织多为大量生产；装配加工式多步骤生产的生产组织，则有大量生产、成批生产、单件生产的区别。大量大批生产、单件小批生产可以是单步骤生产，又可以是多步骤生产。单步骤生产、多步骤生产也既可以是大量大批生产，又可以是单件小批生产。

（二）生产特点对产品成本计算的影响

生产特点不同，对成本进行管理的要求也不同，而生产特点又必然对产品成本计算产生影响。成本计算是以一定的成本计算对象为依据归集和分配生产费用的，所以各种成本计算方法的最主要区别就是成本计算对象不同，除此之外还表现在成本计算期、完工产品与在产品之间的费用分配等方面，因此工业企业的生产特点对成本计算方法的影响表现为以下三个方面。

1. 对成本计算对象的影响

成本计算对象就是生产费用归集的对象。生产特点对成本计算的影响集中表现在对成本计算对象确定上的影响。在产品成本计算工作中有三种不同的成本计算对象。

（1）以产品品种为成本计算对象。

在大量大批单步骤生产中，由于不间断地重复生产同类产品，因而以产品的品种作为成本计算对象来归集生产费用。

（2）以产品生产步骤为成本计算对象。

在大量大批多步骤生产中，由于各个步骤相对独立地生产半成品，可以按产品的生产步骤归集生产费用，因而以各加工步骤的产品作为成本计算对象，计算各步骤半成品（最后步骤为产成品）的成本。

（3）以产品批别为成本计算对象。

单件生产或小批量生产，由于产品是以客户的订单或批别组织生产，因而以产品的订单或批别作为成本计算对象来归集生产费用，以计算各订单或各批别的产品总成本。

按产品品种或批别计算成本，同时还应按生产步骤计算成本；如果企业管理中不要求按生产步骤计算成本，也可只按产品品种或批别计算成本。

成本计算对象的确定，是设置产品成本明细账、归集生产费用、计算产品成本的前提，是构成成本计算方法的主要标志，也是区别各种成本计算基本方法的主要标志。

2. 对产品成本计算期的影响

产品成本计算期的确定主要决定于生产组织的特点。在大量生产和大批生产中，由于生产活动连续不断地进行着，月末一般都有完工产品和未完工产品，因而产品成本计算都是定期于每月月末进行的，而与产品的生产周期不一致。

在小批生产和单件生产中，每月不一定都有完工产品，而且各批产品的生产周期一般是不同的。由于产品品种多、批量小，一批产品往往同时投产，同时完工，产品成本计算应在某批或某件产品完工后进行，按照各批产品的生产周期计算产品成本，因而完工产品成本的计算是不定期的，成本计算期与生产周期一致，与会计报告期不同。

3. 对完工产品与在产品之间费用分配的影响

生产特点还影响月末进行成本计算时是否有在产品，相应地，企业应考虑是否需要在完工产品与在产品之间分配费用的问题。

在单步骤生产中，生产过程不能间断，生产周期也短，一般没有在产品，或者在产品数量很少，因而计算产品成本时，生产费用不必在完工产品与在产品之间进行分配。

在小批生产和单件生产中，在每批、每件产品完工前，产品成本明细账中所记录的生产费用是在产品的成本；完工后，其所记录的生产费用则是完工产品成本，因而不存在完工产品与在产品之间费用分配的问题。

如果产品的生产是成批生产，生产的产品批别较多，那么发生的生产费用，能分清批别的，属于直接计入生产费用，直接计入该批产品成本；而不能分清批别的，属于间接计入生产费用，需要采用适当的方法分别计入各批别产品成本。

如果产品的生产是大量多步骤生产，那么发生的生产费用计入产品成本的程序比较复杂。若需要计算各生产步骤自制半成品成本，则各生产步骤应当将本生产步骤发生的生产费用直接或间接计入本生产步骤生产的自制半成品成本，直至计算出完工产成品成本；若不需要计算各生产步骤自制半成品成本，则各生产步骤应当将本生产步骤发生的除耗用上一生产步骤自制半成品成本以外的其他生产费用直接或间接计入本生产步骤的生产成本，并计算这些生产费用应当计入最终产成品成本的份额，最后平行汇总计算完工产成品成本。

（三）企业管理要求对产品成本计算的影响

产品成本计算对象除了受产品的生产特点的影响外，还受制于企业管理的要求，而成本计算对象又对生产费用计入产品成本的程序、成本计算期的确定以及生产成本在完工产品与在产品之间的分配方法等方面产生重要影响。因此，企业管理要求对产品成本计算的影响，是通过其对成本计算对象的影响来实现的。

1. 管理要求对大量大批多步骤生产的产品成本计算的影响

如果产品的生产是大量大批多步骤生产，生产过程在工艺技术上可以间断，生产地点或时间也可以分散进行，那么就为计算各生产步骤自制半成品成本提供了便利的条件。若企业管理中要求计算各生产步骤自制半成品成本，为提供自制半成品成本资料，企业应当按照产品生产的各个生产步骤的自制半成品（最后一个生产步骤的产成品）作为成本计算对象归集生产费用并计算产品成本；反之，若企业管理中不要求计算各生产步骤自制半成品成本，尽管这种生产类型为计算各生产步骤自制半成品成本提供了便利的条件，也不以产品生产的各个生产步骤的自制半成品作为成本计算对象，而以最终的产成品作为成本计算对象归集生产费用并计算产品成本。

2. 管理要求对单件小批生产的产品成本计算的影响

如果产品的生产是单件小批生产，在确定其成本计算对象时，可以根据经济、合理地组织生产和便于管理的要求，对购货单位的订单进行适当的归类，按重新组织的生产批别作为成本计算对象归集生产费用并计算产品成本。

五、产品成本计算方法概述

产品成本计算是按照成本计算对象分配和归集生产费用，计算各成本计算对象的总成本和单位成本的过程，这也进一步说明了成本计算对象的确定是产品成本计算的核心，也是构成产品成本计算方法的主要标志。

（一）产品成本计算的基本方法

为了适应不同类型的生产特点和企业管理要求，在产品成本计算工作中有着三种不同的成本计算对象：产品品种、产品批别和产品生产步骤。因而以成本计算对象为主要标志的成本计算基本方法有以下三种。

（1）品种法是以产品品种为成本计算对象的产品成本计算方法，适用于大量单步骤生产（如发电、采掘等）或不需要分步骤计算成本的大量大批多步骤生产（如小型造纸厂、水泥厂等）。

（2）分批法是以产品批别为成本计算对象的产品成本计算方法，适用于单件小批单步骤生产或管理上不要求分步骤计算成本的多步骤生产（如修理作业、专用工具模具制造、重型机器制造、船舶制造等）。

（3）分步法是以产品生产步骤为成本计算对象的产品成本计算方法，适用于大量大批多步骤生产（如纺织、冶金、机械制造等）。

上述三种方法之所以归属为产品成本计算的基本方法，是因为这三种方法与不同生产类型的特点有直接联系，而且涉及成本计算对象的确定，因而是计算产品实际成本必不可少的方法。总结所有的工业企业，无论哪一种生产类型，进行成本计算时大多使用上述三种基本方法。各种产品成本计算方法的适用范围如表 1-1 所示。

表 1–1　各种产品成本计算方法的适用范围

产品成本计算方法	生产组织	工艺过程和管理要求
品种法	大量大批生产	单步骤生产或管理上不要求分步骤计算成本的多步骤生产
分批法	单件小批生产	单步骤生产或管理上不要求分步骤计算成本的多步骤生产
分步法	大量大批生产	管理上要求分步骤计算成本的多步骤生产

（二）产品成本计算的辅助方法

（1）分类法是为了简化成本计算工作而采用的一种方法，在产品品种、规格繁多的工业企业中，按产品类别归集生产费用，先计算各类产品的总成本，再分别计算该类各种产品成本的一种方法，如鞋帽厂、电子元器件厂等多采用分类法。

（2）定额法是定额管理工作基础较好的企业，为了加强成本管理而采用的一种方法。它是以产品定额成本为基础，通过加减脱离定额的差异和定额变动差异来计算产品实际成本的一种成本核算方法。

定额法多应用在定额管理工作基础较好的工业企业中，一般是为了配合和加强企业定额管理，加强企业成本控制，能够更有效地发挥成本计算的分析和监督作用。

这两种方法与生产类型的特点没有直接联系，不涉及成本计算对象。企业采用分类法是为了简化成本计算工作，采用定额法是为了加强成本管理。从计算产品实际成本的角度来看，这两种方法不是必不可少的，所以称为辅助方法，它们应与成本计算的基本方法结合起来使用而不能单独使用。

上述 5 种产品成本计算方法是目前工业企业中采用比较多的几种方法，产品成本计算方法中最基本的方法是品种法。

六、各种成本计算方法的实际应用

在实际工作中，一个企业的各个车间，一个车间的各种产品，它们的生产特点或管理的要求也不一定相同；在一种产品的成本计算中也有可能将几种成本计算方法结合起来应用。

1. 几种成本计算方法的同时应用

一个企业或车间，在下列情况下，往往同时采用几种成本计算方法。

（1）一个企业的各个生产车间的生产特点不同，可以采用不同的成本计算方法。

例如，基本生产车间和辅助生产车间的生产特点不同，基本生产车间大量大批多步骤生产某种产品，而辅助生产车间单步骤生产水、电等，在这种情况下，对基本生产车间可以采用分步法计算产品成本，而对辅助生产车间则可以采用品种法计算产品成本。

即使同为基本生产车间，如生产特点不同，也可以采用不同的成本计算方法。例如，第一、第二车间为两个封闭式的基本生产车间，第一车间大量大批单步骤生产A产品，第二车间单件小批生产B产品。在这种情况下，可以采用品种法计算A产品成本，采用分批法计算B产品成本。

（2）一个企业的各个生产车间的生产特点相同，但企业管理要求不同，也可采用不同的成本计算方法。

例如，第一、第二基本生产车间分别大量大批多步骤生产A、B两种产品，管理要求分步骤计算A产品成本，而对B产品则并不要求分步骤计算产品成本。在这种情况下，A产品应采用分步法计算产品成本，而B产品则可以采用品种法计算产品成本。

（3）一个企业或一个车间生产多种产品，由于各种产品的生产特点或管理要求不同，可以同时采用几种成本计算方法。

例如，一个基本生产车间生产A、B两种产品，A产品已经基本定型，大批量进行生产，而B产品正处于小批试制阶段。在这种情况下，A产品可以采用品种法计算产品成本，B产品则应采用分批法计算产品成本。

2. 几种成本计算方法的结合应用

（1）在一种产品的不同生产步骤之间，由于生产特点和管理要求不同，可以采用不同的成本计算方法。

例如，在小批生产和单件生产的机械厂，最终产品是经过铸造、机械加工、装配等相互关联的生产阶段完成的。就其最终产品来看，产品成本的计算应采用分批法，但从其产品生产的各阶段来看，铸造车间可采用品种法计算铸件的成本；加工车间则可采用分批法计算各批产品的成本；而铸造和加工、装配车间之间，则可采用逐步结转分步法结转铸件的成本；如果在加工和装配车间之间要求分步骤计算成本，但加工车间所生产的半成品种类较多，又不对外出售，不需要计算半成品成本，则在加工和装配车间之间采用平行结转分步法结转成本。这样，该厂就在分批法的基础上，同时采用了品种法和分步法，在分步法中还结合逐步结转和平行结转的方法。

（2）在一种产品的不同零部件之间，由于管理要求不同，可以采用不同的成本计算方法。

例如，某种产品由若干种零部件组装而成，其中不外售的零部件，一般不要求单独计算成本；经常外售的零部件，管理中要求计算零部件成本，则应按照这些零部件的生产特点和管理要求，采用适当的成本计算方法单独计算成本。

（3）一种产品的不同成本项目之间，也可以采用不同的成本计算方法。

例如，大量大批多步骤生产某种产品，在该产品原材料费用比重较大的情况下，则原材料费用可以采用逐步结转分步法，分步骤计算该产品的原材料费用；其他成本项目的比重较小，则可以采用品种法等适当的成本计算方法，不分步计算该产品的其他成本项目的费用。

总之，在实际工作中，应根据企业不同的生产特点和管理要求，并考虑企业的规模和管理水平等具体条件，从实际出发，灵活运用各种成本计算方法。

课外阅读

全国杰出会计工作者徐春林是积极投身我国西部建设的一位杰出会计工作者。1973年，徐春林开始从事财会工作，2002年任新疆建工（集团）有限责任公司总会计师，他以严谨细致的工作作风，积极参与集团各项经营活动决策，制定公司财务政策和财务战略，并结合集团实际，建立统一、完整、规范、科学的会计核算体系和财务管理体系，促进集团经济效益不断提高。

他还把“财上平如水，人中直似衡”这句话作为自己的座右铭，不断激励自己前进。

作为一名会计人员，爱岗敬业是基础。徐春林不仅热爱自己的本职工作，稳定、持久地在会计天地中耕耘，恪尽职守地做好本职工作，还主动刻苦钻研业务，更新专业知识，提高业务技能。他为会计领域的从业人员树立了良好的榜样。

思考：你有清晰的职业规划吗？你认为会计工作者应具备的基本职业操守有哪些？

视野拓展

会计人员一定要结合企业实际情况制定成本核算方法，“计熟事定，举必有功”。计算成本应遵循一致性原则，即“成本核算所采用的方法，前后各期必须一致，以使各期的成本资料有统一的口径，前后连贯，互相可比”。

课中实训

实训一　根据生产工艺类型和管理要求选择成本计算方法

要求：根据表 1-2 中已知条件填写各生产工艺类型和管理要求对成本计算方法的影响。

表 1–2　　生产工艺类型和管理要求对成本计算方法的影响

生产类型		管理要求	成本计算方法	成本计算对象	成本计算期	是否计算期末在产品成本	适用企业
生产组织	生产工艺						
大量大批生产	单步骤生产	只按产品品种计算成本					采购、发电等
	连续加工式多步骤生产	不分步，只按产品品种计算成本					水泥、造纸等
		按产品品种计算成本，且计算各步骤半成品成本					冶金、纺织等
		按产品品种计算成本，且计算各步骤份额					化肥、化工等
	装配加工式多步骤生产	只按产品品种计算成本					钟表、手机等
		按产品品种计算成本，且计算各步骤份额					机械制造等
单件小批生产	单步骤生产	按产品的批别或件别计算成本					飞机、船舶等
	多步骤生产						

实训二　根据资料描述选择成本计算方法

要求：根据资料描述为下列企业选择最合适的成本计算方法，并填写采纳理由，如表 1-3 所示。

1. 运城市某制版有限责任公司可以生产各种型号的版辊，有用来印制各种包装袋的凹版，有用来印制烟盒的烫金版。公司所有产品都是按客户的要求来制作，订单来自全国各地及海外。生产业务流程如下，接到客户订单后，先审核订单所涉及的图案有无侵权行为，然后下达生产通知单。生产在两条生产线同时进行，一条是片子线，是按客户要求或样品进行图片制作、分色等；另一条生产线做版辊基体，按要求尺寸截锯钢管或圆钢、焊接堵头或轴，经过车床磨床，镀铜、研磨、抛光工序后送入电子雕刻车间。电子雕刻机根据片子线传来的图案数据分别进行黄、品、青、黑、白等各色套版的雕刻。有些客户除了上述基本色版外，还订制与之配套的专色版。雕刻完成后需镀铬处理，全部完工后的一套版辊还要印出少许样品进行检验，确认符合客户要求后，直接发运给客户。

2. 某市洁力陶瓷有限责任公司系增值税一般纳税人，有一个基本生产车间，生产 A、B 两种大众通用的陶瓷产品，公司有两个辅助生产车间，分别为供电车间、锅炉车间；产品成本包括原材料、燃料动力、人工费用、制造费用四大类。

3. 运大新能源汽车制造有限公司是一家新成立的跨国企业，生产各种型号的电动汽车。电动车的所有零部件都由本企业生产，所生产的零部件大多供本企业使用，也有部分电瓶和轮胎对外销售。各零部件生产完工后都先移交半成品仓库，组装车间从半成品仓库领取组装产品后对外销售。

4. 山西河东汽车用品制造有限公司是一家高新技术企业，主要生产不同的材质和型号洗车机，另外还生产汽车用润滑油。洗车机车间生产线是根据客户的订单要求进行生产，完工后公司送货上门，并负责为客户安装调试；润滑油车间根据国家标准生产汽车通用机油，完工产品入库后再进行销售。

5. 晋运化工公司有四个基本生产车间，分别生产洗洁精、洗衣液、洗衣粉、肥皂等系列洗涤用品。另外还有两个辅助生产车间，分别为基本生产车间提供纯水和热力蒸汽。由于产品知名度高，一直深受广大消费者的喜爱，每种产品使用的各种原料的配制执行严格的标准，因此质量过硬，产品供不应求。每种产品的生产从原料投入到成品包装全部采用自动化生产线，产出效率高。

表 1–3　　成本计算方法及采纳理由

序号	采用的成本计算方法	采纳理由
1		
2		
3		
4		
5		

实训项目评价

技能点评指标		分值	得分
实训一　根据生产工艺类型和管理要求选择成本计算方法	判断大量大批生产，不同工艺条件下成本计算方法	30	
	单位小批生产，不同工艺条件下成本计算方法	10	
实训二　根据资料描述选择成本计算方法	不同企业成本计算方法，理由合适	60	

同步测试题

一、单项选择题

1. 工业企业的生产按其组织方式不同分为（　　）。

A. 单步骤生产和多步骤生产　　B. 大量生产、成批生产和单件生产

C. 连续式生产和装配式生产　　D. 简单生产和复杂生产

2. 生产特点和管理要求对产品成本计算的影响，主要表现在（　　）的确定上。
   A. 成本计算对象　　B. 间接费用的分配方法
   C. 成本计算日期　　D. 完工产品与在产品之间分配费用的方法
3. 区分各种成本计算的基本方法的主要标志是（　　）。
   A. 成本计算对象　　B. 成本计算日期
   C. 成本项目　　D. 制造费用的分配方法
4. 划分产品成本计算的基本方法和辅助方法的标准是（　　）。
   A. 成本计算工作的简繁　　B. 对成本管理作用的大小
   C. 应用是否广泛　　D. 对于计算产品实际成本是否必不可少
5. 下列各种方法中，属于产品成本计算辅助方法的是（　　）。
   A. 定额法　　B. 分批法　　C. 品种法　　D. 分步法
6. 下列不计入工业企业产品成本的项目是（　　）。
   A. 制造费用　　B. 废品损失
   C. 劳动保险费　　D. 车间管理人员工资
7. 计入产品成本的间接费用，应（　　）。
   A. 任意计入各种产品成本　　B. 计入某一种产品成本
   C. 分配计入各种产品成本　　D. 计入完工产品成本
8. 产品成本计算方法中最基本的方法是（　　）。
   A. 品种法　　B. 分批法
   C. 分步法　　D. 上述三种方法均是
9. 品种法适用的生产组织是（　　）。
   A. 大量大批单步骤生产　　B. 大量大批多步骤生产
   C. 单件小批单步骤生产　　D. 单件小批多步骤生产

二、多项选择题

1. 产品成本计算的辅助方法有（　　）。
   A. 分类法　　B. 定额法　　C. 品种法　　D. 分步法
2. 产品成本计算的基本方法有（　　）。
   A. 品种法　　B. 分步法　　C. 分批法　　D. 定额法
3. 企业在确定产品成本计算方法时，必须从企业的具体情况出发，同时考虑（　　）等因素。
   A. 企业的生产特点　　B. 企业生产规模的大小
   C. 成本管理的要求　　D. 月末有无在产品
4. 成本计算的定额法和分类法归为产品成本计算的辅助方法的原因主要有（　　）。
   A. 与生产类型的特点没有直接联系
   B. 对于成本管理并不重要
   C. 必须与成本计算的基本方法结合使用
   D. 从计算产品实际成本的角度来说不是必不可少的
5. 产品成本计算期与产品生产周期不一致的成本计算方法有（　　）。
   A. 品种法　　B. 分批法　　C. 分步法　　D. 简化分批法
6. 工业企业的生产按生产组织的特点划分，可分为（　　）。
   A. 大量生产　　B. 成批生产　　C. 单步骤生产　　D. 单件生产
7. 工业企业的生产，按其生产工艺过程可以分为（　　）。
   A. 大量生产　　B. 多步骤生产　　C. 成批生产　　D. 单步骤生产

8. 企业确定产品成本计算方法时要考虑的因素有（　　）。

A. 生产组织特点　B. 劳动管理特点　C. 工艺过程特点　D. 管理要求

9. 下列各项中，属于成本项目的有（　　）。

A. 直接材料　B. 直接人工　C. 管理费用　D. 制造费用

10. 下列属于核算产品成本的账户有（　　）。

A. 生产成本　B. 汇兑损失　C. 制造费用　D. 销售费用

三、判断题

1. 工业企业按生产工艺过程可分为简单生产和复杂生产。（　　）
2. 多步骤生产是指产品的生产工艺可以间断、可以分散在不同时间、不同地点进行的生产。（　　）
3. 水泥厂一般采用分步法计算产品成本。（　　）
4. 品种法和分批法的成本计算期与产品生产周期一致。（　　）
5. 企业应当根据其生产特点和管理要求选择产品成本计算方法。（　　）
6. 成本计算对象是区分产品成本计算基本方法的主要标志。（　　）
7. 发电企业属于大量大批多步骤生产企业。（　　）
8. 产品成本计算的辅助方法不能单独使用，必须结合成本计算基本方法使用。（　　）
9. 由于按照产品品种计算成本是产品成本计算中最基本的要求，因而只有品种法才是计算产品成本的基本方法。（　　）
10. 成本项目的具体内容在不同企业可以不同，但任何工业企业都必须至少要有直接材料、直接人工和制造费用三个成本项目。（　　）

项目二

成本各要素的归集与分配

学习目标

知识目标

1. 理解选择费用横向分配标准时应遵循的原则，掌握各项要素费用、分配方法以及账务处理过程。
2. 掌握制造费用的特点以及制造费用的各种分配方法。
3. 掌握可修复和不可修复废品损失的核算方法及账务处理过程。
4. 了解停工损失的会计核算过程。

技能目标

1. 熟练运用各种方法解决各要素费用的分配问题。
2. 正确编制各要素费用分配表，为产成品成本计算提供基础资料。
3. 根据有关费用分配表或其他有关资料编制会计分录。

素养目标

建立殊途同归的思维方式，明确对不同费用要素选用适当的分配方法并以产品为对象归集，其目的都是客观真实地反映产品成本，进而使学生深刻理解“客观真实”在会计工作中的重要性。

思维导图

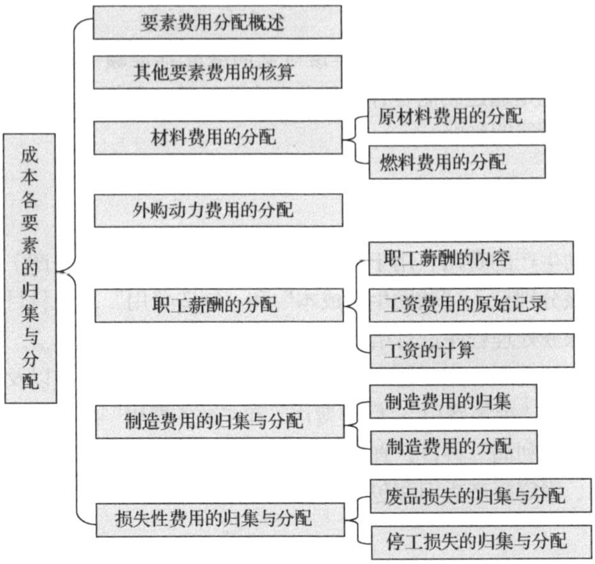

课前自学

一、要素费用分配概述

1. 要素费用的分配原则

各项要素费用应按其用途和发生地点，进行分配和归集，一般应遵循以下三条原则。

（1）受益性原则。成本分配的受益性原则可以概括为谁受益、谁负担；负担多少，视受益程度而定。这一原则要求选用的分配标准能够反映受益者受益的程度。

（2）单独耗费直接计入、共同费用分配计入原则。属于产品直接耗用的费用应尽可能直接计入有关产品成本；不能直接计入产品的费用，应通过一定的分配方法分配计入产品成本。

对于基本生产车间直接用于产品生产，并且专设成本项目的直接生产费用，应直接计入产品成本。

对于专设成本项目的直接生产费用，如果是某种产品的直接计入费用，应直接计入这种产品成本明细账的有关成本项目；如果是几种产品的共同费用，还应采用适当的分配方法，分配计入这几种产品的成本明细账。

（3）重要性原则。在产品成本中占有较大比重的费用，应该以单独的成本项目列示，而对于比重较小的费用，即使是直接计入费用，为了简化成本核算，也可将其计入制造费用，与其他制造费用一起进行分配。

2. 要素费用的分配标准

只有共同费用才需要进行分配。分配计入费用的标准主要有以下三类。

（1）成果类，如产品的重量、体积、产量、产值等。

（2）消耗类，如生产工时、生产工人工资、机器工时、原材料消耗量或原材料费用等。

（3）定额类，如定额消耗量、定额费用等。

分配费用的计算公式如下。

$$\text{费用分配率}=\frac{\text{待分配费用总额}}{\text{分配标准总额}}$$

$$\text{某分配对象应分配的费用}=\text{该对象的分配标准额}\times\text{费用分配率}$$

各项要素费用的分配是通过编制各种费用分配表进行的，根据分配表编制会计分录，登记各种成本、费用总账及其所属明细账。

二、其他要素费用的核算

对于直接用于辅助生产的费用、用于产品生产（基本生产和辅助生产）但没有专门设立成本项目的各项费用，应该分别记入“辅助生产成本”和“制造费用”总账科目和所属明细账进行归集，然后通过一定的账务处理程序进行结转。

对于用于产品销售的费用、用于管理和组织生产经营活动的费用，以及用于筹集生产经营资金的费用，则应分别记入“销售费用”“管理费用”和“财务费用”总账科目和所属明细账进行归集，然后全部转入“本年利润”科目，直接计入当月损益。

低值易耗品摊销、固定资产折旧和包装物核算的具体内容，在财务会计课程中已讲解过，本书就不再赘述。

教学内容

一、材料费用的分配

材料包括原料及主要材料、辅助材料、外购半成品、修理用备件以及包装材料等。

材料消耗量应根据实际情况选用永续盘存制或实地盘存制进行计算确定，材料价格可以按实际成本计价，也可以按计划成本计价。不论外购材料还是自制材料，其材料费用核算的方法均相同。

（一）原材料费用的分配

1. 原材料费用分配的方法

原材料如果是按照产品领用的，直接计入；如果是几种产品共同耗用的，选用适当方法，分配计入。常用的材料费用的分配标准有产品的产量、体积、重量、消耗定额、定额费用等。

（1）产品重量比例分配法。这种方法是按产品重量比例分配材料费用。

$$材料费用分配率=\frac{待分配的材料费用总额}{各种产品重量之和}$$

$$某产品应分配的材料费用=该产品总重量\times材料费用分配率$$

【例 2-1】制版厂生产甲、乙、丙三种产品，根据本月发出的材料汇总表，2025 年 7 月甲、乙、丙三种产品共耗用 3.5mm 钢板 60 000 元；根据产量记录，三种产品的产量分别为 300 件、100 件和 200 件，单件产品重量分别为 20 千克、50 千克和 20 千克，对所耗用 3.5mm 钢板费用按产品重量分配法计算各产品分配的材料费用，计算过程如下。

① 计算工各产品总重量。

甲产品总重量=300×20=6 000（千克）

乙产品总重量=100×50=5 000（千克）

丙产品总重量=200×20=4 000（千克）

合计：15 000（千克）

② 计算原材料费用分配率。

3.5mm 钢板费用分配率=60 000÷（4 000+5 000+6 000）=4（元／千克）

③ 计算各产品应分摊的原材料费用。

甲产品应分配 3.5mm 钢板费用=6 000×4=24 000（元）

乙产品应分配 3.5mm 钢板费用=5 000×4=20 000（元）

丙产品应分配 3.5mm 钢板费用=4 000×4=16 000（元）

合计：60 000（元）

④ 编制原材料费用分配表，如表 2-1 所示。

表 2-1　　原材料费用分配表

材料名称：3.5mm 钢板　　2025 年 7 月 31 日

产品名称	产品重量/千克	分配率	分配金额/元
甲产品	6 000	60 000÷15 000=4	24 000
乙产品	5 000		20 000
丙产品	4 000		16 000
合计	15 000	4	60 000

（2）产品产量比例分配法。这种方法是按照各种产品的产量比例分配材料费用的一种方法，适用于产品所耗用材料的多少与产品产量有着密切联系的情况，其计算过程如下。

① 计算分配率。

$$材料费用的分配率=\frac{各种材料实际费用总额}{各种产品实际产量之和}$$

② 计算各种产品应分配的材料费用。

某产品应分配的材料费用=该种产品的实际产量×材料费用分配率

【例 2-2】航平公司生产 2 米和 1.5 米两种型号的电镀槽，2021 年 9 月共同领用铅锡板 500 千克，每千克 77 元，材料费用共计 38 500 元。本月公司生产的 2 米电镀槽 11 台，1.5 米电镀槽 9 台。采用产品产量分配法计算两种电镀槽应分配的铅锡板费用，计算过程如下。

材料费用分配率=38 500÷（11+9）=1 925（元/台）

2 米电镀槽应分配的铅锡板费用=11×1 925=21 175（元）

1.5 米电镀槽应分配的铅锡板费用=9×1 925=17 325（元）

（3）原材料定额消耗量比例分配法。消耗定额是指单位产品可以消耗的数量限额。定额消耗量比例分配法是按照产品材料定额消耗量比例分配材料费用的方法，适用于各种材料消耗定额比较健全且相对准确的材料费用的分配。一般产品按照其工艺设计或生产配方，可以确定比较准确的定额消耗量，其计算过程如下。

扫一扫，看微课

原材料定额消耗量比例分配法

① 计算各种产品原材料的定额消耗量。

某产品原材料定额消耗量=该产品实际产量×单位产品原材料定额消耗量

② 计算原材料消耗量分配率，即一个定额消耗量应分摊多少实际消耗量。

原材料消耗量分配率=原材料实际消耗总量÷各种产品原材料定额消耗量之和

③ 计算各种产品应分配的原材料的实际消耗量。

某产品应分配的原材料实际消耗量=该产品的原材料定额消耗量×原材料消耗量分配率

④ 计算各种产品应分配的原材料实际费用。

某产品应分配的实际原材料费用=该产品应分配的原材料实际消耗量×材料单价

【例 2-3】某企业生产甲、乙两种产品，共同耗用原材料 60 000 千克，每千克 10 元，共计 600 000 元（为了简化，假定该原材料的实际价格与计划价格一致）。生产甲产品 1 200 件，单件甲产品原材料消耗定额为 30 千克；生产乙产品 800 件，单件乙产品原材料消耗定额为 15 千克。原材料费用分配的计算过程如下。

① 甲产品原材料定额消耗量=1 200×30=36 000（千克）

乙产品原材料定额消耗量=800×15=12 000（千克）

② 原材料消耗量分配率=$\frac{60\ 000}{36\ 000+12\ 000}$=1.25

③ 甲产品应分配原材料数量=36 000×1.25=45 000（千克）

乙产品应分配原材料数量=12 000×1.25=15 000（千克）

④ 甲产品应分配原材料费用=45 000×10=450 000（元）

乙产品应分配原材料费用=15 000×10=150 000（元）

这种分配方法可以考核原材料消耗定额的执行情况，有利于加强原材料消耗的实物管理。但分配计算的工作量较大，为了简化分配计算工作量，也可以直接按材料定额消耗量分配材料费用，计算过程如下。

原材料费用分配率=原材料费用总额÷各种产品材料定额耗用量之和

某种产品应分配的材料费用=该产品的原材料定额消耗量×原材料费用分配率

沿用【例 2-3】，原材料费用分配的计算过程如下。

$$原材料费用分配率=\frac{600\ 000}{36\ 000+12\ 000}=12.5$$

甲产品应分配原材料费用=36 000×12.5=450 000（元）

乙产品应分配原材料费用=12 000×12.5=150 000（元）

上述两种分配方法的计算结果相同，但后一种方法不能反映各种产品所应负担的材料消耗总量，不利于加强材料消耗的实物管理。

（4）材料定额费用比例分配法。在生产多种产品或多种产品共同耗用多种原材料费用的情况下，为了进一步简化分配计算工作，可以按照各种材料的定额费用比例来分配原材料实际费用，即定额费用比例分配法，计算过程如下。

① 计算各种产品原材料的定额费用。

某产品原材料定额费用=该产品实际产量×单位产品原材料费用定额

② 计算原材料费用分配率，即单位原材料定额费用应分配原材料实际费用。

$$原材料费用分配率=\frac{各种产品原材料实际费用总额}{各种产品原材料定额费用总额}$$

③ 计算各种产品应分配的原材料实际费用。

某产品应分配原材料实际费用=该产品的原材料定额费用×原材料费用分配率

【例 2-4】山青公司生产甲、乙两种化工产品，共同领用 A、B 两种主要材料，共计 672 375 元。本月投产甲产品 200 件，乙产品 170 件。甲产品原材料消耗定额：A 材料 50 千克，B 材料 70 千克；乙产品材料消耗定额：A 材料 75 千克，B 材料 50 千克。A 材料单价 15 元，B 材料单价 12 元。原材料实际费用分配的计算过程如下。

① 甲、乙产品材料定额费用。

甲产品：A 材料定额费用=200×50×15=150 000（元）

B 材料定额费用=200×70×12=168 000（元）

甲产品材料定额费用合计 318 000 元。

乙产品：A 材料定额费用=170×75×15=191 250（元）

B 材料定额费用=170×50×12=102 000（元）

乙产品材料定额费用合计 293 250 元。

② 原材料费用分配率。

$$材料费用分配率=\frac{672\ 375}{318\ 000+293\ 250}=1.1$$

③ 甲、乙产品应分配原材料实际费用。

甲产品应分配原材料实际费用=318 000×1.1=349 800（元）

乙产品应分配原材料实际费用=293 250×1.1=322 575（元）

④ 编制原材料费用分配表如表 2-2 所示。

表 2-2　原材料费用分配表

2025 年 7 月

产品名称	材料名称	产品产量/件	单位消耗定额/千克	单价/元	定额费用/元	分配率	分配金额/元
甲产品	A 材料	200	50	15	150 000	1.1	165 000
	B 材料		70	12	168 000		184 800
	小计				318 000		349 800

续表

产品名称	材料名称	产品产量/件	单位消耗定额/千克	单价/元	定额费用/元	分配率	分配金额/元
乙产品	A材料	170	75	15	191 250	1.1	210 375
	B材料		50	12	102 000		112 200
	小计				293 250		322 575
合计					611 250		672 375

2. 原材料费用分配的账务处理过程

在实际工作中，原材料费用的分配过程是通过编制"原材料费用分配表"进行的，采用适当的分配方法进行分配后，计入各种产品成本明细账的"直接材料"成本项目。直接用于产品生产、有助于产品形成的非主要材料，如油漆、燃料、电镀材料等费用，可按照原材料、主要材料耗用量的比例进行分配；对于与产品产量直接相关的辅助材料费用，如某些包装材料费用，可以按照产品产量进行分配；对于消耗定额比较准确的辅助材料，其费用也可按照产品定额消耗量或定额的比例分配。

基本生产车间维护设备领用的一些机物料，如零配件、黄油等所发生的耗费，属于间接用于产品生产领用的材料，所发生的费用记入"制造费用"科目的借方；用于辅助车间生产的各种材料费用记入"辅助生产成本"科目的借方；用于产品销售或组织和管理生产经营活动等方面的各种材料费用，应分别记入"销售费用""管理费用"科目的借方。发生的各种材料费用总额，应记入"原材料"科目的贷方。

【例2-5】接【例2-4】山青公司当月车间甲、乙产品共用黄油10千克，共计70元；机修车间领用电焊条100千克，共计600元；修办公楼空调领用铜管2米，共计30元，编制会计分录如下。

借：生产成本——基本生产成本——甲产品——直接材料	349 800	
——乙产品——直接材料	322 575	
生产成本——辅助生产成本——机修	600	
制造费用	70	
管理费用	30	
贷：原材料——A材料		375 375
——B材料		297 000
——电焊条		600
——黄油		70
——铜管		30

（二）燃料费用的分配

燃料实际上也是材料，因而燃料费用分配的程序和方法与上述原材料费用分配的程序和方法相同。如果企业的燃料费用比重较大，可与动力费用一起单设"燃料及动力"成本项目，在"原材料"账户下增设"燃料"账户进行核算，用以反映燃料费用的增减变动和结存情况，以及燃料费用的分配情况。

在对燃料费用的分配核算中，如果燃料直接用于产品生产，并且只生产一种产品或生产多种产品而分产品单独领用，可根据领料凭证直接计入该产品成本中的"直接材料"或"燃料及动力"成本项目；如果是生产多种产品共同领用的燃料，则应采用适当的分配方法，在各种产品之间进行分配计入各产品的成本项目。分配标准可以是产品的重量、体积、所耗原材料的数量或费用、燃料的定额耗用量或定额费用比例等。对基本生产车间管理部门、企业行政管理部门、产品销售部门等领用的燃料及辅助生产部门所耗用的燃料，应分别计入"制造费用""管理费用""销售费用"和"生产成本——辅助生产成本"等成本、费用项目。

【例 2-6】制版厂 11 月的燃料费用如表 2-3 所示。

表 2-3　　11 月的燃料费用

2025 年 11 月

材料名称	单位	单价/元	各部门用量			金额/元	备注
			生产一车间	供水车间	办公楼		
乙炔气	瓶	70	25	1	1	1 890	
石油液化气	瓶	105	10			1 050	
氧气	瓶	11	1 149	1	1	12 661	
合计						15 601	

生产一车间所耗用的乙炔气、石油液化气和氧气是甲、乙两种产品共同耗用，按一车间所产产品数量来分配费用，供水车间和办公楼所用的乙炔气和氧气是维修所耗用。一车间燃料费用分配表如表 2-4 所示。

表 2-4　　一车间燃料费用分配表

2025 年 11 月

材料名称	用量/瓶	单价/元	金额/元	产量	甲产品：3 000 件	乙产品：500 件
				分配率	分配金额/元	分配金额/元
乙炔气	25	70	1 750	0.5	1 500	250
石油液化气	10	105	1 050	0.3	900	150
氧气	1 149	11	12 639	3.611	10 833.5	1 805.5
合计			15 439		13 233.5	2 205.5

编制会计分录如下。

借：生产成本——基本生产成本——甲产品——燃料及动力　　13 233.5
　　　　　　　　　　　　　　——乙产品——燃料及动力　　2 205.5
　　生产成本——辅助生产成本——供水　　81
　　管理费用　　81
　　贷：原材料——乙炔气　　1 890
　　　　　　——液化石油气　　1 050
　　　　　　——氧气　　12 661

二、外购动力费用的分配

外购动力是指企业外购的电力、热力等，不存在收、发、存多环节管理。在实际工作中，由于外购动力付款期与成本费用核算期并不一致，外购动力付款日期往往在下月初，而成本费用核算期一般在月末进行，因而付款时并不反映成本、费用，而先计入“应付账款”账户，月末再将其分配计入各有关成本费用账户。

在会计核算上，对于直接用于产品生产的外购动力费用，应直接计入或分配计入“生产成本——基本生产成本”账户的“直接材料”或“燃料及动力”成本项目；用于辅助生产的外购动力费，应计入“生产成本——辅助生产成本”账户的“直接材料”或“燃料及动力”成本项目；生产车间、企业管理部门一般耗用的外购动力费，应分别计入“制造费用”和“管理费用”项目。

外购动力费用的分配原则：在车间、部门和产品生产都有仪表记录的情况下，应根据仪表所示耗用的动力数量和动力单价直接计算计入受益单位的成本、费用；在没有仪表记录的情况下，则要按一定的标准分配计入各受益对象，例如，可按生产工时的比例、机器功率时数的比例或定额耗用量的比例进行分配。外购动力费用的分配应通过编制“外购动力费用分配表”进行。

【例 2-7】诺卡洗车机制造公司 2025 年 7 月耗用外购电力共 48 600 千瓦时，单价 0.8 元，共计 38 800 元。其中：基本生产车间生产产品用电 37 500 千瓦时，基本生产车间照明用电 1 500 千瓦时；维修车间用电 1 000 千瓦时；供热车间用电 6 000 千瓦时；企业管理部门用电 2 600 千瓦时。基本生产车间为生产甲、乙两种产品分别耗用工时 10 000 工时和 20 000 工时。要求以甲、乙两种产品生产工时的比例分配生产车间生产用电费。根据资料编制外购动力费用分配表如表 2-5 所示。

表 2–5　　外购动力费用分配表

2025 年 7 月

应借账户		成本项目或费用项目	耗用电量分配			电费单价/元	分配金额/元
			生产工时/时	分配率	分配电量千瓦时		
生产成本——基本生产成本	甲产品	燃料与动力	10 000	1.25	12 500	0.8	10 000
	乙产品	燃料与动力	20 000	1.25	25 000	0.8	20 000
	小计		30 000		37 500		30 000
生产成本——辅助生产成本	维修车间	燃料与动力			1 000	0.8	800
	供热车间	燃料与动力			6 000	0.8	4 800
	小计				7 000		5 600
制造费用	基本车间	水电费			1 500	0.8	1 200
管理费用					2 600	0.8	2 080
合计					48 600		38 880

编制会计分录如下。

借：生产成本——基本生产成本——甲产品　　10 000
　　　　　　——基本生产成本——乙产品　　20 000
　　生产成本——辅助生产成本——维修车间　　800
　　　　　　——辅助生产成本——供热车间　　4 800
　　制造费用——基本生产车间——水电费　　1 200
　　管理费用　　2 080
　　贷：应付账款——电力公司　　38 880

三、职工薪酬的分配

（一）职工薪酬的内容

职工薪酬是企业因职工提供服务或解除劳动关系而给予的各种形式的报酬或补偿。职工薪酬主要包括短期薪酬、离职后福利、辞退福利和其他长期职工福利。企业提供职工配偶、子女、受赡养人、已故员工遗属及其他受益人等的福利，也属于职工薪酬。职工薪酬主要包括职工工资、奖金、津贴和补贴；职工福利费；医疗保险费、养老保险费等社会保险费；住房公积金；工会经费和职工教育经费；短期带薪缺勤、短期利润分享计划、非货币性福利；离职后福利、辞退福利以及其他与获得职工提供的服务相关的支出。

（二）工资费用的原始记录

计算计时工资费用，应以考勤记录中的工作时间记录为依据；计算计件工资费用，应以产量记录中的产品数量和质量记录为依据。因此，考勤记录和产量记录是工资费用核算的主要原始记录。

（三）工资的计算

计算和支付工资，并按其用途分配工资费用，是工资费用核算的主要内容，工资费用按用途和发生部门进行归集和分配。企业可以根据具体情况采用各种不同的工资制度，其中最基本的工资制度是计件工资制度和计时工资制度。

1. 计件工资的计算

职工的计件工资，应根据产量记录中登记的每一工人的产品产量，乘以规定的计件单价计算。这里的产量包括合格品产量和不是由于工人本人过失造成的不合格品产量（如料废产品数量）；由于工人本人过失造成的不合格品（如工废产品），不计入工资费用，有的还应由工人赔偿损失。计件工资的计算公式如下。

应付工资=∑（月内每种产品的产量×该种产品的计件单价）

产品的计件单价是根据工人生产单位产品所需要的工时定额和该级工人每小时的工资率计算的。因此，在同一工人生产不同计件单价产品的情况下，为了简化计件工资的计算流程，也可以根据每一工人完成的定额工时总数和小时工资率计算计件工资。

【例 2-8】空心版和带轴版两种产品的车床工序均由机加工车间三级技工进行加工。空心版的工时定额为 20 分钟；带轴版的工时定额为 30 分钟；该级工人的小时工资率为 30 元，则该两种产品的计件工资单价计算过程如下。

空心版的计件单价=$30\times\frac{20}{60}$=10（元）　　带轴版的计件单价=$30\times\frac{30}{60}$=15（元）

假定该级工人加工空心版 300 件，带轴版 200 件，其按产量和计件单价进行计算的计件工资为 10×300+15×200=6 000（元）。

该工人完成的定额工时计算过程如下。

空心版的定额工时=$300\times\frac{20}{60}$=100（时）　　带轴版的定额工时=$200\times\frac{30}{60}$=100（时）

2. 计时工资的计算

职工的计时工资是根据考勤记录中登记的每一职工出勤或日数，按照规定的工资标准计算的。企业固定职工的计时工资一般按月薪计算；临时职工的计时工资大多数按日薪计算，也有按小时工资计算的。

采用计时工资形式支付的工资，如果生产工人只生产一种产品，也可以将工资费用直接计入该产品成本，不需要分配；如果生产多种产品，则需要选用合理的方法在各种产品之间进行分配。分配方法有生产工时分配法、直接材料费用分配法和系数分配法等。生产工时分配法中的生产工时，可以是产品的实际工时，也可以是单位产品的定额工时和按实际生产量计算的定额总工时。

生产工人工资分配率=生产工人工资总额/各产品实际（定额）工时之和

各种产品应分配的工资额=各产品实际（定额）工时×生产职工工资分配率

【例 2-9】金汐公司 2025 年 9 月，生产甲、乙两种产品，生产工人计件工资分别为甲产品 30 000 元，乙产品 20 000 元；甲、乙产品计时工资共计 320 000 元。甲、乙产品生产工时分别为 25 000 小时和 15 000 小时。按生产工时比例分配计算如下。

分配率=320 000/（25 000+15 000）=8（元/时）

甲产品分配工资费用=25 000×8=200 000（元）

乙产品分配工资费用=15 000×8=120 000（元）

工资费用分配是通过编制工资费用分配表进行的，根据工资费用分配表编制会计分录，登记有关总账和明细账。

金汐公司2025年9月工资费用分配表如表2-6所示。

表2-6 工资费用分配表

2025年6月

应借科目		成本或费用项目	直接计入	分配计入			工资费用合计/元
				生产工时/时	分配率	分配金额/元	
基本生产成本	甲产品	直接人工	30 000	2 500	8	200 000	230 000
	乙产品	直接人工	20 000	1 500	8	120 000	140 000
	小计		50 000	4 000		320 000	370 000
辅助生产成本	供水	职工薪酬	48 000				48 000
	运输	职工薪酬	32 000				32 000
	小计		80 000				80 000
制造费用		职工薪酬	20 000				20 000
管理费用		职工薪酬	50 000				50 000
销售费用		职工薪酬	30 000				30 000
合计			230 000			320 000	550 000

根据工资费用分配表，编制会计分录如下。

借：生产成本——基本生产成本——甲产品——直接人工　　230 000
　　　　　　　　　　　　——乙产品——直接人工　　140 000
　　生产成本——辅助生产成本——供水　　48 000
　　　　　　　　　　　　——运输　　32 000
　　制造费用——工资　　20 000
　　管理费用　　50 000
　　销售费用　　30 000
　　贷：应付职工薪酬——工资　　550 000

职工薪酬中职工福利费、各种保险费、住房公积金、工会经费、职工教育经费的分配，依据现行的有关规定，应按照工资总额的一定比例提取，并根据受益对象计入相关资产的成本或当期费用。

【例2-10】接【例2-9】根据企业所在地有关部门的规定，金汐公司分别按工资总额的10%、12%、2%和10.5%计提医疗保险、养老保险、失业保险和住房公积金；根据上年实际发生的职工福利费情况，企业预计本年应承担的职工福利费义务金额为职工工资总额的2%；企业分别按工资总额的2%和1.5%计提工会经费和职工教育经费。

根据下表和以上计提比例（总和为40%）金汐公司9月其他职工薪酬计算如下。

应计入“基本生产成本”科目的其他职工薪酬金额如下。

甲产品：230 000×（10%+12%+2%+10.5%+2%+2%+1.5%）=92 000（元）

乙产品：140 000×（10%+12%+2%+10.5%+2%+2%+1.5%）=56 000（元）

应计入“辅助生产成本”科目的其他职工薪酬金额如下。

供水车间：48 000×（10%+12%+2%+10.5%+2%+2%+1.5%）=19 200（元）

运输车间：32 000×（10%+12%+2%+10.5%+2%+2%+1.5%）=12 800（元）

应计入“制造费用”科目的其他职工薪酬金额如下。

基本生产车间：20 000×（10%+12%+2%+10.5%+2%+2%+1.5%）=8 000（元）

应计入“管理费用”科目的其他职工薪酬金额如下。

50 000×（10%+12%+2%+10.5%+2%+2%+1.5%）=20 000（元）

应计入“销售费用”科目的其他职工薪酬金额如下。

30 000×（10%+12%+2%+10.5%+2%+2%+1.5%）=12 000（元）

根据以上计算可编制金汐公司其他职工薪酬费用分配表如表 2-7 所示。

表 2–7　　其他职工薪酬费用分配表

2025 年 6 月　　金额单位：元

应借科目		成本或费用项目	工资总额	计提其他职工薪酬
基本生产成本	甲产品	直接人工	230 000	92 000
	乙产品	直接人工	140 000	56 000
	小计		370 000	148 000
辅助生产成本	供水	职工薪酬	48 000	19 200
	运输	职工薪酬	32 000	12 800
	小计		80 000	32 000
制造费用		职工薪酬	20 000	8 000
管理费用		职工薪酬	50 000	20 000
销售费用		职工薪酬	30 000	12 000
合计			550 000	220 000

根据其他职工薪酬费用分配表，编制会计分录如下。

借：生产成本——基本生产成本——甲产品——直接人工　　92 000
　　　　　　　　　　　　　——乙产品——直接人工　　56 000
　　生产成本——辅助生产成本——供水　　19 200
　　　　　　　　　　　　　——运输　　12 800
　　制造费用——福利费　　8 000
　　管理费用——福利费　　20 000
　　销售费用——福利费　　12 000
　　贷：应付职工薪酬　　220 000

四、制造费用的归集与分配

制造费用是指工业企业为生产产品或提供劳务而发生的、不能直接归属为制造产品或其他有收益的生产活动的各项费用。制造费用包括的内容比较复杂，从用途的角度分析，可以分以下几类。

（1）间接用于产品生产的费用，例如：机物料消耗、车间辅助人员的工资及福利费，以及车间厂房的折旧费。

（2）直接用于产品生产，但管理上不要求单独核算，因而未专设成本项目的费用，例如：机器设备的折旧费、租赁费（不包括融资租赁费）和保险费，生产工具摊销，设计制图费，试验检验费等。对于生产工艺用燃料和动力，如果金额不大且未专设成本项目也不单独核算，也应计入制造费用。

（3）制造费用还包括车间用于组织和管理生产的费用，例如：车间管理人员工资及福利费，车间管理用房和设备折旧费、租赁费和保险费，车间管理用具摊销，车间照明费、水费、差旅费、办公费、取暖费和劳务保护费，以及季节性停工损失和生产用固定资产修理期间的停工损失等。

（一）制造费用的归集

制造费用的归集是按照不同的生产部门设置“制造费用”账户完成的。该科目应按不同的车间、部门设立明细账，账内按照费用项目设立专栏或专行，分别反映各车间或部门的各项制造费用的发生情况。

如果企业的组织机构分为车间、分厂和总厂等若干层次，则分厂与车间相似，也是企业的生产单位，因而分厂用于组织和管理生产的费用，也作为制造费用进行核算。

企业基本生产部门的制造费用的归集，应当设置“制造费用”账户，并按不同的基本生产部门设置“制造费用明细账”，账内按基本生产的制造费用的费用项目分设专栏进行登记。现将金汐公司 2025 年 7 月基本生产车间制造费用明细账列示，如表 2-8 所示。

表 2–8　　制造费用明细表

车间：×车间　　2025 年 7 月　　金额单位：元

月	日	凭证号数	摘要	材料费	人工费	折旧费	机物料消耗	水电费	低易耗品摊销	辅助生产成本	合计
7	31	记 100	材料费用分配表	1 000			150				1 150
7	31	记 101	工资及福利费分配表		7 000						7 000
7	31	记 102	折旧费用计算表			5 000					5 000
7	31	记 103	水电费用分配表					3 000			3 000
7	31	记 104	低值易耗品费用分配表						500		500
7	31	记 105	辅助生产分配表							20 000	20 000
7	31	记 106	本期发生额	1 000	7 000	5 000	150	3 000	500	20 000	36 650
7	31	记 107	期末结转制造费用	−1 000	−7 000	−5 000	−150	−3 000	−500	−20 000	−36 650

（二）制造费用的分配

扫一扫，看微课

制造费用的分配

1. 制造费用的分配程序

第一步，辅助生产车间发生的制造费用通过“制造费用”科目进行核算，企业应先分配辅助生产车间的制造费用，将其计入辅助生产成本；如果辅助生产部门不设“制造费用”账户，辅助生产车间发生的制造费用直接通过“辅助生产成本”账户进行核算。

第二步，分配辅助生产费用，将其中应由基本生产车间负担的费用计入基本生产车间的制造费用。

第三步，分配基本生产车间的制造费用。

各车间的制造费用水平不一致，因此，制造费用应按车间分别进行分配，而不应将各车间的制造费用汇总起来，在整个企业范围内统一分配。

基本生产车间的制造费用是产品生产成本的组成部分，在只生产一种产品的车间，制造费用可以直接计入该种产品生产成本；在生产多种产品的车间中，制造费用则应采用适当的分配方法，分配计入各种产品的生产成本。

2. 制造费用的分配方法

（1）生产工人工时比例法简称生产工时比例法，是按照各种产品所用生产工人实际工时的比例分配费用的方法。如果产品的工时定额比较准确，制造费用也可以按生产工人定额工时的比例分配，计算公式如下。

$$\text{制造费用分配率}=\frac{\text{制造费用总额}}{\text{各产品生产工时总额}}$$

$$\text{某产品分配的制造费用}=\text{该产品生产工时}\times\text{制造费用分配率}$$

按生产工时比例进行分配，可以将劳动生产率的高低与产品负担制造费用结合起来，分配结果比较合理。如果生产效率提高，单位产品生产工时减少，所负担的制造费用就会较低，这种方法适用于产品的工时定额比较准确企业。

（2）生产工人工资比例法，生产工人工资比例法是以各种产品的生产工人工资的比例分配制造费用的一种方法，该分配方法与生产工时比例法原理基本相同。

$$制造费用分配率=\frac{制造费用总额}{各产品生产工人工资总额}$$

某产品分配的制造费用=该产品生产工人工资×制造费用分配率

由于工资费用分配表中有生产工人工资的资料，所以该分配方法的核算工作相对简便，但这种方法适用于各种产品生产机械化程度大致相同的企业，否则会影响费用分配的合理性。

（3）机器工时比例法，机器工时比例法是按照各种产品所用机器设备运转时间的比例分配制造费用的一种方法。该分配方法的计算流程、原理与生产工时比例法基本相同。

$$制造费用分配率=\frac{制造费用总额}{各产品机器设备生产工时总数}$$

某产品分配的制造费用=该产品的机器设备生产工时×制造费用分配率

采用机器工时比例法，必须正确组织各种产品所耗用机器工时的记录工作，该方法适用于生产线自动化程度较高，工人数量较少的企业。

（4）按年度计划分配率分配法，年度计划分配率分配法是按年度开始预先制定的全年适用的计划分配率来分配以后各月制造费用的方法。计算过程如下。

① 计算年度计划分配率。

$$年度计划分配率=\frac{年度制造费用预算总额}{年度计划产量定额标准和}$$

年度计划产量定额标准可以是计划产量的生产工人工时，也可以是直接生产工人工资或机器工时。

② 各月末按计划分配率分配制造费用。

当月某产品应负担的制造费用=当月该产品实际产量的定额标准×年度计划分配率

③ 年末计算分配差异。

差异额=制造费用实际发生额-已按计划分配数额

$$差异额分配率=\frac{差异额}{已按计划分配的制造费用总额}$$

某产品分配的差异额=该产品已按计划分配的制造费总额×差异额分配率

如果年度内发现全年的制造费用实际数和产量实际数与计划数发生较大差额时，应及时调整计划分配率。

采用年度计划分配率分配法时，“制造费用”总账科目及其明细账一般有月末余额，可能是借方余额，也可能是贷方余额。如为借方余额表示实际发生的制造费用大于按计划分配的费用，如为贷方余额则表示实际发生的制造费用小于按计划分配的费用。“制造费用”科目如果有年末余额，就是全年制造费用的实际发生额与计划分配额的差额，一般应在年末调整计入 12 月的产品成本。实际发生额大于计划分配额，其差额用蓝字补加登记，否则用红字冲减。

按年度计划分配率分配法核算工作简便，适用于季节性生产的车间。但是，企业采用该分配方法时，必须有较高的计划工作的水平，否则会影响产品成本计算的正确性。

【例 2-11】佳佳服装公司生产女装和童装两种产品，女装的直接人工工时定额为 10 小时，童装的直接人工工时定额为 4 小时，全年制造费用预算为 200 000 元。计划生产女装 8 000 套，童装 5 000 套。则年度计划分配率计算公式如下。

年度计划分配率=200 000÷（10×8 000+4×5 000）=2（元/时）

假如该公司 2025 年 11 月实际归集制造费用 18 000 元，共生产女装 500 套，童装 1 500 套。则当月制造费用分配表如表 2-9 所示。

表 2-9　　　　制造费用分配表

2025 年 11 月　　　　金额单位：元

项目	女装	童装	合计
实际产量/件	500	1 500	
直接人工工时定额/时	10	4	
直接人工工时总定额/时	5 000	6 000	11 000
计划分配率/（元/时）	2	2	2
制造费用分配额	10 000	12 000	22 000

11 月女装应负担制造费用=2×（10×500）=10 000（元）

11 月童装应负担制造费用=2×（4×1 500）=12 000（元）

编制会计分录如下。

借：生产成本——基本生产成本——女装——制造费用　　10 000

　　　　　　　　　　　　　　——童装——制造费用　　12 000

　　贷：制造费用　　22 000

11 月分配结转制造费用共计 22 000 元，比实际归集的制造费用多分配 4 000 元，平时不作调整，留待年末再进行调整。

假如本年度实际制造费用共 220 500 元，已采用计划成本分配 210 000 元。其中女装分配 150 000 元，童装分配 60 000 元，少分配 10 500 元，应进行追加调整如下。

追加调整分配率=10 500÷210 000=0.05

女装应调增生产成本=0.05×150 000=7 500（元）

童装应调增生产成本=0.05×60 000=3 000（元）

编制会计分录如下。

借：生产成本——基本生产成本——女装——制造费用　　7 500

　　　　　　　　　　　　　　——童装——制造费用　　3 000

　　贷：制造费用　　10 500

无论采用哪种分配方法分配制造费用，都应根据分配计算的结果，编制制造费用分配表，据以进行制造费用的总分类核算和明细分类核算。如果制造费用在产品成本中占的比重较大，为增加分配结果的合理性，可以将制造费用加以适当分类，例如，分为与机器设备有关的费用以及与生产组织和管理有关的费用，再分别选用机器工时比例法和生产工时比例法进行分配。

期末制造费用分配后，除了采用按年度计划分配率分配法的企业外，“制造费用”科目都没有月末余额。

五、损失性费用的归集与分配

损失性费用是指企业在生产过程中由于生产工艺、生产的外部条件、原材料质量、生产工人的技术水平、生产组织和管理等各种因素造成的人力、物力上的损耗。

企业发生的各种损失费用按其是否计入产品成本可分为生产损失和非生产损失。生产损失是指在生产过程中发生的不能正常产出的各种耗费，其主要包括废品损失、停工损失及生产损耗、生产废料等。非生产损失是指由企业经营管理或其他非生产原因造成的损失，如坏账损失、库存材料的盘亏、毁损、投资损失等。

本书主要介绍生产过程中发生的废品损失和停工损失的归集和分配。

（一）废品损失的归集与分配

1. 废品概念

废品是指不符合规定的技术标准，不能按照原定用途使用的，或者需要加工修理后才能使用的在产品、半成品和产成品，包括生产过程中发现的废品和入库后发现的废品。

2. 废品分类

（1）废品按其报损程度和修复价值，分为可修复废品和不可修复废品。

可修复废品是指经过修理可以使用，而且所花费的修复费用在经济上合算的废品（具备两个条件）。

不可修复废品是指不能修复，或者所花费的修复费用在经济上不合算的废品（具备一个条件）。

（2）废品按产生的原因分为由人工操作失误产生的工废品和由原料质量问题产生的料废品。

3. 废品损失

废品损失是指在生产过程中或入库后发现的不可修复废品的生产成本，以及可修废品的修复费用，扣除回收的废品残料价值和应收赔款以后的损失。

不可修复废品的报废损失，是指不可修复废品生产成本扣除回收残料价值和赔款后的净损失；可修废品的修复费用，是指可修废品在返修过程中所发生的修理费用（耗用的材料、人工等）。废品净损失的计算公式如下。

废品净损失=废品成本+修复费用-残值-应收赔款

在核算中应注意，下列各项不可作为废品损失处理。

（1）经过质量检验部门鉴定不需要返修、可以降价出售的不合格品，其降价损失不作为废品损失，在计算损益时，不应作为废品损失处理。

（2）产成品入库后，由于保管不善等原因而损坏变质的损失，属于管理上的问题，应作为管理费用处理而不作为废品损失处理。

（3）实行包退、包修、包换（三包）的企业，在产品出售后发现的废品所发生的一切损失，作为管理费用处理，而不作为废品损失处理。

在生产过程中产生废品时，应填写“废品通知单”。“废品通知单”是进行废品损失核算的原始凭证，内容包括废品的名称和数量、产生废品的原因和责任人等，其格式如表 2-10 所示。

表 2–10　　废品通知单

×车间×组　　机床号：　　开工日期：　　编号：

产品名称		批次数量		来料批次	
工作单号		废品数量		废品单号	
产生原因		责任人		质检员	
处理情况					
备注					

为了单独核算废品损失，企业在会计科目中应增设“废品损失”科目，在成本项目中应增设“废品损失”项目。

“废品损失”科目是为了归集和分配废品损失而设立的。该账户的借方登记可修复废品的修复费用和不可修复废品的生产成本；贷方登记回收废品的残料价值和过失人赔款；月末，应将废品损失净额由该账户的贷方转入“生产成本”账户，结转后该账户无余额。该科目应按车间设立明细账，账内按产品品种分设专户，并按成本项目分设专栏或专行，进行明细核算。

不单独核算废品损失的企业，不需要设置“废品损失”总分类账户和“废品损失”成本项目。对于发生的废品残料价值收入和应收过失人赔款，冲减生产成本。残料价值应从生产成本明细账的“直接材料”成本项目中扣除；应收过失人赔款一般可从“直接人工”成本项目中扣除。生产成本明细账归集的完工产品总成本，除以扣除废品数量以后的合格品数量，就是合格产品的单位成本。

由于不可修复废品的成本与合格产品的成本是归集在一起同时发生的，因此需要采用一定的方法予以确定。

4. 不可修复废品损失的归集与分配

不可修复废品的生产成本，可按废品所耗实际费用计算，也可以按废品所耗定额费用计算。

（1）按产品品所耗实际费用计算和分配废品损失。

① 如果是在完工后发现废品，则单位废品与单合格品负担相同的费用，计算公式如下。

$$某项生产费用分配率=\frac{该项生产费用}{合格品产量+废品产量}$$

$$废品应负担生产费用=废品产量\times该项生产费用分配率$$

② 如果废品发生在生产过程中，则采用约当产量或生产工时等合适的分配方法，约当产量的具体内容见项目四，分配率计算公式如下。

$$某项生产费用分配率=\frac{该项生产费用}{合格品产量+废品约当产量}$$

（2）按废品所耗定额费用计算和分配废品损失。

这种方法是按废品的实际数量和各项消耗定额、费用定额计算废品的定额成本，再将废品定额成本扣除废品残值或应收赔款即为废品损失，而不考虑废品实际发生的成本费用。

按废品的定额费用计算废品的定额成本，由于费用定额事先规定，所以计算过程比较简便，而且还可以使计入产品成本的废品损失数额不受实际费用水平高低的影响，所以从而有利于企业对废品损失和产品成本进行分析和考核。

【例 2-12】 某制版厂本月投产包装版 3 000 支，在月末全部完工，各项成本费用共计 1 500 000 元。检验时发现有 2 支包装版有重大错误，且只能重制不能返工，这 2 支包装版做废铁后收回 100 元，责任操作工罚款 600 元。此制版厂规定每月废品定额为 1 支，废品损失的账务处理过程如下。

① 结转废品成本。

借：废品损失——包装版	1 000	
贷：生产成本——基本生产成本——包装版		1 000

② 变卖残料及应收责任人的赔款。

借：其他货币资金——微信	100	
其他应收款——责任操作工	600	
贷：废品损失——包装版		700

③ 结转废品净损失。

借：生产成本——基本生产成本——包装版	150	
管理费用——废品损失	150	
贷：废品损失——包装版		300

企业超定额的废品损失以及由自然灾害而发生的直接材料、直接人工费用及制造费用，由于这些费用的发生无法使存货达到目前场所和状态，不应计入存货成本，而应计入当期损益。

5. 可修复废品损失的归集与分配

可修复废品返修以前发生的生产费用，不是废品损失，不必从“基本生产成本”和所属有关产品成本明细账中转出。可修复废品损失是指废品在修复过程中所发生的各项修复费用，发生时，记入“废品损失”科目的借方。其他账务处理类似不可修复废品损失的账务处理。

以上所述废品损失均指基本生产的废品损失。辅助生产的规模一般不大，为了简化核算工作大多不单独核算废品损失。

（二）停工损失的归集与分配

1. 停工损失

停工损失是指生产车间或车间内某个班组在停工期间发生的各项费用，包括停工期内支付的生产工人薪酬费用、所耗直接燃料和动力费用，以及应负担的制造费用等。过失单位、过失人员或保险公司负担的赔款部分，应从停工损失中扣除。停工不满一个工作日的，一般不计算停工损失。

2. 停工损失的核算

发生停工损失的原因很多，应区分不同情况分别进行处理。由自然灾害引起的停工损失，应按规定计入营业外支出；其他停工损失（如原材料供应不足，机器设备发生故障，以及计划减产等原因发生的停工损失）应计入产品成本。停工时车间应填列停工报告单，经有关部门审核后的停工报告单，可以作为停工损失核算的依据。

单独核算停工损失的企业，应专设“停工损失”账户，并按损失项目进行明细核算。根据停工报告单和各项费用分配表、分配汇总表等有关凭证，将停工期内发生的应作为停工损失的费用记入“停工损失”科目的借方，借记“停工损失”，贷记“应付职工薪酬”、“制造费用”等。分配转出停工损失应视造成原因不同进行不同处理：应由过失人（单位或个人）赔偿的款项，由“停工损失”账户贷方转入“其他应收款”账户的借方；属于自然灾害造成的停工损失，应计入营业外支出；其他原因如待料、停电、机器故障、设备大修等造成的停工损失，计入产品成本。该账户结转后一般无余额。

不单独核算停工损失的企业，可以不设置“停工损失”账户和“停工损失”成本项目。停工期间发生的属于停工损失的各种费用，直接记入“制造费用”“营业外支出”等账户。

辅助生产车间一般不单独核算停工损失。季节性生产企业的季节性停工，停工期间发生的各项费用不作为停工损失，可采用待摊、预提的方法，由开工期内的生产成本负担。

课外阅读

小明应聘一家私营企业的会计工作，当他到企业后发现该企业一直处于亏损状态。进一步分析财务状况发现该企业的成本一直很高，原因是企业原会计人员按照管理者要求，对企业生产产品耗用的材料按照“公允价值”即“市场价值”计算成本，同时虚列企业的管理费用、销售费用，造成了支出数额增加，企业一直为亏损状态，以达到不纳税的目的。

原会计人员这样处理违背了《会计法》与会计人员职业道德要求。《会计法》规定，各单位必须根据实际发生的经济业务事项进行会计核算，如实反映企业的财务状况，经营成果和现金流量，以虚假的经济业务事项或资料进行会计核算是一种严重的违法行为。

作为一名专职会计人员，在工作中每天都会面临道德问题。而会计人员的道德选择不仅影响自我形象和自我发展，更会影响广大投资人、债权人以及国家的利益。会计人员在核算过程中应当以实际发生的交易或事项为依据，如实地反映企业财务状况、经营成果和现金流量。为了规范会计工作，国内外许多专业组织或政府制定了会计人员道德准则。我国会计职业道德规范的主要内容包括：（1）爱岗敬业；（2）诚实守信；（3）廉洁自律；（4）客观公正；（5）坚持准则；（6）提高技能；（7）参与管理；（8）强化服务。

思考：上述案例中，原会计人员违背了会计职业道德中哪些内容？

视野拓展

“做事先做人、做人先立德”，《礼记·大学》中的“正心、修身、齐家、治国、平天下”，也是把修身立德，摆在人生的第一位。一个人如果以德为先，加强知识才能的修炼，德才兼备，也就具备了做人与做事的基本素质。会计人员应当具备必要的专业知识和专业技能，熟悉国家有关法律、法规、规章和国家统一会计制度，遵守职业道德。一名合格的会计从业者，肩负着监督核算经济责任、用好管理各项资金的责任，以及提升经济效益的责任。

课中实训

实训一　分配材料费用

任务一　运用材料定额消耗量比例法

某企业生产甲、乙两种产品，10 月共同耗用 A、B 两种原材料，原材料耗用情况如表 2-11 所示。

表 2-11　　原材料耗用情况

产品名称	投产数量	单件产品材料消耗定额		实际消耗材料数量（甲乙共同消耗）	
		A 材料	B 材料	A 材料	B 材料
甲	400 件	5 千克	10 千克		
乙	200 件	4 千克	2 千克		
合计				2 800 千克	6 600 千克

原材料计划单价为 A 材料 5 元，B 材料 8 元；原材料成本差异率为-1.5%。

要求：（1）采用定额消耗量比例法分配原材料费用，结果填入表 2-12。

表 2-12　　原材料费用分配表

一车间　　2025 年 10 月

应借科目		定额消耗量		实际消耗量				材料费用合计		
		A 材料/千克	B 材料/千克	A 材料分配率	A 材料/千克	B 材料分配率	B 材料/千克	计划成本/元	差异额/元	实际成本/元
基本生产成本	甲									
	乙									
合计										

（2）编制耗用原材料的会计分录。

任务二　分配燃料费用

某企业生产甲、乙两种产品，11 月共同耗用燃料费用，其实际成本为 46 500 元。两种产品的燃料费用定额：甲产品 50 元、乙产品 20 元；当月的实际产量：甲产品 500 件、乙产品 300 件。

要求：（1）采用定额费用比例法分配燃料费用，结果填入表 2-13。

表 2-13　　燃料费用分配表

车间或部门：　　2025 年 11 月

产品	产量/件	单件定额/元	定额费用/元	分配率	分配金额/元
甲产品					
乙产品					
合计					

（2）编制耗用燃料的会计分录（会计分录中列示明细科目及成本项目；该企业成本明细账设“燃料及动力”成本项目；燃料设“燃料”总账进行核算）。

实训二　分配外购动力费用

某工业企业 2025 年 11 月发生电费 15 200 元，在下月初通过银行支付该费用。月末查明各车间、部门耗电量为基本生产车间耗电 10 000 千瓦时，其中车间照明用电 1 000 千瓦时；辅助生产车间耗电 4 000 千瓦时，其中车间照明用电 600 千瓦时；企业管理部门耗电 1 200 千瓦时。已知甲产品生产工时为 3 000 小时，乙产品生产工时为 2 000 小时。

要求：（1）计算并填列外购动力费用分配表，如表 2-14 所示。

表 2–14　　外购动力费用分配表

企业：　　2025 年 11 月

应借账户		成本项目或费用项目	耗用电量分配			电费单价/元	分配金额/元
			生产工时/时	分配率	分配电量/千瓦时		
生产成本——基本生产成本	甲产品	燃料与动力					
	乙产品	燃料与动力					
	小计						
生产成本——辅助生产成本		燃料与动力					
制造费用	基本车间	水电费					
管理费用							
合计							

（2）编制该月支付与分配外购电费的会计分录。（该企业基本车间明细账设“燃料及动力”成本项目；辅助车间不设“制造费用”明细账；会计分录中列示成本项目）。

实训三　分配职工薪酬

某企业基本生产车间生产甲、乙、丙三种产品。6 月发生的生产工人计时工资共计 62 325 元；甲产品完工 1 000 件，乙产品完工 490 件，丙产品完工 450 件；单件产品工时定额：甲产品 2.5 小时，乙产品 2 时，丙产品 1.5 小时。

要求：按定额工时比例分配甲、乙、丙产品生产工人工资及福利费，将计算结果填入表 2-15。

表 2–15　　生产工人工资及福利费分配表

产品名称	定额工时/时	分配率	生产工人计时工资/元	计提比例	职工福利费/元
甲产品					
乙产品					
丙产品					
合计					

实训四　分配制造费用

任务一　运用工时比例法

河东航平机械制造公司的基本生产车间生产甲、乙、丙三种产品，10 月共计生产工时 5 000 小时，其中：甲产品 3 000 小时，乙产品 1 000 小时，丙产品 1 000 小时，采用工时比例法分配制造费用。本月发生各种间接费用如下。

（1）以银行存款支付劳动保护费 4 800 元。

（2）车间管理人员工资 6 000 元。

（3）按车间管理人员工资的 14%计提福利费。

（4）车间消耗材料费用 4 000 元。

（5）车间固定资产折旧费 3 600 元。

（6）本月摊销保险费 1 200 元。

（7）辅助生产成本（修理、运输费）转入 4 800 元。

（8）以银行存款支付办公费、水电费、邮电费及其他支出等共计 3 760 元。

（9）采用生产工时比例法在各种产品之间分配制造费用。

要求：根据上述资料填写制造费用明细表（见表 2-16）和制造费用分配表（见表 2-17）。

表 2–16　制造费用明细表

车间：基本生产车间　2025 年 10 月　金额单位：元

月	日	凭证号数	摘要	劳保费	人工费	折旧费	材料费	辅助生产成本	保险费	其他	合计
10	31	略	劳保发放表								
10	31	略	材料费用分配表								
10	31	略	工资及福利费分配表								
10	31	略	折旧费用计算表								
10	31	略	辅助生产分配表								
10	31	略	保险费用分配表								
10	31	略	水电费用分配表等								
10	31	略	本期发生额								
10	31	略	期末结转制造费用								

表 2–17　制造费用分配表

车间：基本生产车间　2025 年 10 月

产品名称	生产工时/时	分配率	分配额/元
甲产品			
乙产品			
丙产品			
合计			

任务二　运用年度计划分配率分配法

某企业基本生产车间全年计划制造费用为 120 000 元。全年各产品的计划产量：甲产品 20 000 件，乙产品 18 000 件。单位产品工时定额：甲产品 3 小时，乙产品 5 小时。2025 年 11 月甲、乙产品累计分配制造费用分别为 43 800 元和 64 800 元。12 月，月初“制造费用”科目贷方余额 150

元；当月实际产量为甲产品 1 200 件，乙产品 1 000 件；该月实际制造费用为 7 100 元。

要求：（1）计算制造费用年度计划分配率。

（2）计算并结转 12 月应分配转出的制造费用并计算月末“制造费用”账户余额。

实训五　核算损失性费用

任务一　核算不可修复废品费用

某工业企业各种费用分配表中列示甲产品不可修复废品的定额成本资料如下：不可修复废品 10 件，每件原材料费用定额为 200 元，每件定额工时为 30 小时。每小时工资及福利费定额为 6 元，每小时制造费用为 8 元。不可修复废品成本按定额成本计价。

不可修复废品的残料价值按计划成本计价，共 100 元，作为辅助材料入库；由过失人赔款 200 元。废品净损失由当月同种产品成本负担。

要求：计算甲产品不可修复废品的生产成本及净损失，并编制有关会计分录。

任务二　核算可修复废品费用

某企业本月生产甲产品，月初在产品费用与本月投入生产费用合计 1 200 000 元，月末在产品费用为 10 000 元。该产成品发生可修复废品损失 1 000 元；发生不可修复废品成本 2 000 元；废品残料作价 500 元入库；由过失人赔偿 300 元。该企业的废品损失的月定额不超过 1 500 元，本月入库甲产品合格品 10 000 件。

要求：计算废品净损失以及合格品单位成本。

实训项目评价

技能点评指标		分值	得分
实训一　分配材料费用	能准确运用材料定额消耗量比例法	15	
	能准确完成燃料费用的分配	10	
实训二　分配外购动力费用	能准确进行外购动力费用的分配	15	
实训三　分配职工薪酬	能准确进行职工薪酬的分配	10	
实训四　分配制造费用	能准确进行工时比例法分配	15	
	能准确完成年度计划分配率分配法	15	
实训五　核算损失性费用	能准确进行不可修复废品核算	10	
	能准确进行可修复废品核算	10	

同步测试题

一、单项选择题

1. 制造费用的各种分配方法各有其适用范围，其中适用于季节性生产的方法是（　　）。

A. 年度计划分配率法　　B. 生产工人工时比例法

C. 机器工时比例法　　D. 生产工人工资比例法

2. 关于废品损失，下列说法正确的是（　　）。

A. 废品损失包括实行“三包”的企业在产品出售后发现的废品损失

B. 产品生产过程中发生的废品，由于其损失要从生产成本中转出，所以完工产品成本中不含废品损失

C. 可修复废品发生的修复费用就是修复后产品的成本

D. 如果废品是在完工后发现的，则单位废品负担的各项生产费用应与单位合格产品完全相同

3. 在企业设置“燃料及动力”成本项目的情况下，生产车间发生的直接用于产品生产的燃料费用，应借记（　　）账户。

A. “辅助生产成本”　B. “制造费用”　C. “基本生产成本”　D. “原材料”

4. 下列各项费用中，不能直接借记“基本生产成本”账户的是（　　）。

A. 车间生产工人工资　　B. 车间生产工人福利费

C. 车间管理人员工资　　D. 构成产品实体的原材料

5. 结转由产品成本负担的废品净损失时，应编制的会计分录为（　　）。

A. 借：制造费用
　　贷：废品损失

B. 借：辅助生产成本
　　贷：废品损失

C. 借：废品损失
　　贷：基本生产成本

D. 借：基本生产成本
　　贷：废品损失

6. 能够将劳动生产率和产品负担的费用水平联系起来，使分配结果比较合理的制造费用分配方法是（　　）。

A. 生产工人工资比例分配法　　B. 生产工人工时比例分配法

C. 按年度计划分配率分配法　　D. 机器工时比例分配法

7. 下列方法中，可能使“制造费用”账户有月末余额的是（　　）。

A. 生产工人工时比例分配法　　B. 生产工人工资比例分配法

C. 机器工时比例分配法　　D. 按年度计划分配率分配法

8. 某车间按年度计划分配率分配制造费用，其分配率为 5 元/时。10 月实际发生制造费用 40 000 元，定额工时为 9 000 小时，10 月初“制造费用”账户借方余额 3 000 元，则 10 月分配转入“基本生产成本”账户的金额是（　　）。

A. 40 000 元　B. 37 000 元　C. 45 000 元　D. 43 000 元

9. 不可修复废品应负担的原材料费用为 1 000 元，加工费用为 500 元；回收残料价值 200 元，由过失人赔偿 300 元，则废品净损失应为（　　）。

A. 1 000 元　B. 1 300 元　C. 1 200 元　D. 1 500 元

10. 下列各项中，不应计入废品损失的是（　　）。

A. 不可修复废品的生产成本　　B. 可修复废品的生产成本

C. 用于修复废品的工人工资　　D. 用于修复废品的材料费用

二、多项选择题

1. 发生下列各项费用时，可以直接借记“基本生产成本”账户的有（　　）。

A. 车间照明用电费　　B. 构成产品实体的原材料费用

C. 车间管理人员工资　　D. 车间生产工人工资

2. 制造费用的分配方法有（　　）。

A. 生产工人工时比例分配法　　B. 机器工时比例分配法

C. 直接分配法　　D. 生产工人工资比例分配法

3. 下列项目中，属于“制造费用”项目的有（　　）。

A. 税金　　B. 试验检验费　　C. 机物料消耗　　D. 保险费

4. 下列项目中，属于“制造费用”项目的有（　　）。

A. 生产车间的保险费　　B. 厂部办公楼折旧

C. 低值易耗品摊销　　D. 季节性停工损失

5. 分配制造费用时，不可借记（　　）账户。

A. “财务费用”　　B. “销售费用”　　C. “管理费用”　　D. “基本生产成本”

6. 基本生产车间发生（　　）等费用，应借记“制造费用”账户。

A. 折旧费　　B. 修理费　　C. 机物料消耗　　D. 修理期间停工损失

7. 下列说法正确的有（　　）。

A. 在只生产一种产品的车间中，制造费用直接计入产品成本

B. 制造费用应按产品品种开设明细账

C. 制造费用应按车间开设明细账

D. 期末制造费用应从该账户贷方转至“基本生产成本”账户借方

8. 下列各项损失中，不属于废品损失的有（　　）。

A. 产品入库后发现的生产中的废品损失

B. 产品入库后发现的由于保管不善发生的废品损失

C. 降价出售不合格品的降价损失

D. 产品销售后发现的由于包退换发生的废品损失

9. 核算废品损失过程中，可能贷记（　　）账户。

A. “基本生产成本”　　B. “废品损失”　　C. “原材料”　　D. “制造费用”

10. 废品是指不符合规定的技术标准，不能按原定用途使用，或者需要加工修理才能使用的（　　）。

A. 原材料　　B. 在产品　　C. 产成品　　D. 低值易耗品

三、判断题

1. 多种产品共同耗用的原材料费用，按“材料定额耗用量比例”分配与按“材料定额费用比例”分配，由于分配率不一样，其分配结果也是不同的。（　　）

2. 企业生产后用的外购动力和燃料如果耗用量不大，占产品成本的比例很小，可以不单独设立成本项目而直接计入直接材料项目进行核算。（　　）

3. 生产企业发放给职工的工资应分别计入制造费用和期间费用。（　　）

4. 制造费用是集合分配账户，所以企业对制造费用无论采用什么方法分配，该账户期末均无余额。（　　）

5. 废品发生的损失，无论是可修复废品损失还是不可修复废品损失，均应由合格产品成本承担。（　　）

6. 企业发生的停工损失，无论是什么原因造成的，扣除责任人或保险公司赔偿后的净损失均计入产品成本。（　　）

7. 季节性停工损失和生产用固定资产修理期间的停工损失计入制造费用。（　　）

8. 用于产品生产的动力费用，应计入各种产品成本明细账的“燃料和动力”成本项目。（　　）

9. 产成品入库后，由于保管不善等原因而造成损坏变质的损失，也应作为“废品损失”进行核算。（　　）

10. 车间设备的融资租赁费也应计入制造费用。（　　）

项目三

辅助生产费用的归集与分配

学习目标 ↓

知识目标

1. 了解辅助生产费用的归集方法。
2. 理解辅助费用分配方法的适用情况及优缺点。
3. 掌握各种辅助费用分配方法的计算流程。

技能目标

1. 正确计算辅助生产费用的分配额。
2. 正确处理辅助生产费用分配的账务。

素养目标

1. 明确“规则”在产品成本核算工作中的重要性。
2. 培养学生成本核算的规矩意识和程序意识，深知规范的程序是高质量完成工作任务的根本保障。

思维导图 ↓

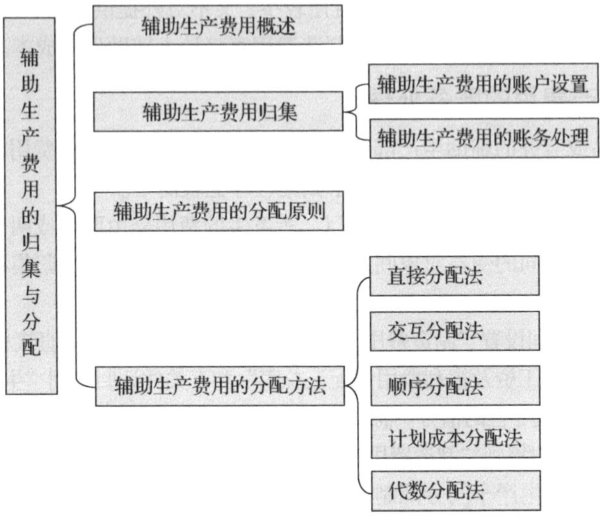

课前自学

一、辅助生产费用概述

企业为了保证基本生产和企业管理活动的正常进行，一般会设置辅助生产车间，如机修车间、运输车间等，有的企业可能还设置供水、供电、供汽等车间。辅助生产车间在不同的企业提供的产品或劳务是不相同的，有的是生产一种产品或提供一种劳务，如供汽车间；有的则是生产多种产品或提供多种劳务，如机修车间，不但维修设备还加工所用的零配件。企业辅助生产部门在产品生产或劳务提供过程中发生的各种耗费，构成了这些产品或劳务的成本，对于耗用这些产品或劳务的基本生产部门来说，这些产品或劳务的成本称为辅助生产费用。

辅助生产产品或劳务成本的多少，对基本生产产品或劳务成本、企业期间费用的多少都有影响。及时准确组织辅助生产费用的归集、分配，对企业加强成本管理与考核有重要的意义。

二、辅助生产费用归集

（一）辅助生产费用的账户设置

首先设置“生产成本——辅助生产成本”二级账户，按辅助生产车间及其生产的产品、劳务的种类设置明细账。辅助生产车间日常发生的各种辅助生产费用，归集“生产成本——辅助生产成本”账户的借方，月末分配结转至基本生产车间制造费用账户及期间费用账户。

对于辅助生产车间“制造费用”的账户设置，不做统一要求。实际工作中可根据辅助生产部门规模大小、制造费用多少等方面来确定。一般来说，如果企业的辅助生产规模较大，制造费用较多，或对外提供产品、劳务等，则可单设“制造费用”账户来归集辅助生产过程中发生的制造费用；如果企业的辅助生产规模较小，制造费用较少，又不对外提供产品、劳务，则可不单设“制造费用”账户，而将辅助生产过程中发生的制造费用直接计入辅助生产成本。

（二）辅助生产费用的账务处理

在提供单一产品或劳务的辅助生产部门，所发生的费用都属于直接费用，因而在发生时可直接计入该产品或劳务的有关成本项目，其成本归集程序比较简单。

在提供多品种产品或劳务的辅助生产部门，所发生的费用需由两个或两个以上的产品或劳务负担，需将共同费用在不同的受益对象间进行分配。这种情况下的成本归集程序相对比较复杂，反映的内容也比较全面。

（1）如果辅助生产车间设置“制造费用”账户，辅助生产车间发生的直接材料、直接人工费用，根据“材料费用分配表”“工资及福利费用分配汇总表”和有关凭证归集到“生产成本——辅助生产成本”账户的有关明细账或专栏的借方。辅助生产车间为组织、管理生产发生的间接费用和房屋与机器设备的折旧费用，应先归集到“制造费用——辅助生产车间”账户的有关明细账或专栏的借方。

月末，可采用与基本生产车间分配制造费用相同的方法，将“制造费用——辅助生产车间”账户的借方发生额直接转入或分配转入“生产成本——辅助生产成本”及其明细账账户。

（2）如果辅助生产车间不设“制造费用”账户，将辅助生产车间发生的全部生产费用直接归集到“生产成本——辅助生产成本”二级账户中有关费用明细账或专栏。对发生的各项辅助生产费用进行账务处理，具体可参考【例 3-1】。

【例 3-1】山青公司将 20×5 年 7 月发生的锅炉车间的生产费用登记到辅助生产成本明细账中，如表 3-1 所示。

表 3-1　　辅助生产成本明细账

车间名称：锅炉车间　　20×5 年 7 月　　金额单位：元

20×5 年		凭证号数	摘要	借方						余额
月	日			燃料	电费	工资	社保费	折旧费	其他	
7	31	略	耗用 M 燃料	55 000						55 000
7	31	略	耗用 N 燃料	700						55 700
7	31	略	耗用电费		27 000					827 000
7	31	略	生产人员工资			29 500				112 200
7	31	略	管理人员工资			5 500				117 700
7	31	略	生产人员社保费				9 587.5			127 287.5
7	31	略	管理人员社保费				1 787.5			129 075
7	31	略	房屋和设备折旧费					59 100		188 175
7	31	略	购买铁锹费						100	188 275
7	31		本月合计	55 700	27 000	35 000	11 375	59 100	100	188 275
7	31	略	分配转出	-55 700	-27 000	-35 000	-11 375	-59 100	-100	-188 275

无论采用哪种程序归集辅助生产费用，辅助生产完工的产品或劳务成本，均应从“辅助生产成本”账户和所属明细账的贷方转出，分配转入基本生产车间的“制造费用”账户和有关受益部门的账户。“辅助生产成本”账户在期末一般无余额。辅助生产车间明细账费用分配流程如图 3-1 所示，图中的（1）（2）（3）表示分配过程的顺序和去向。

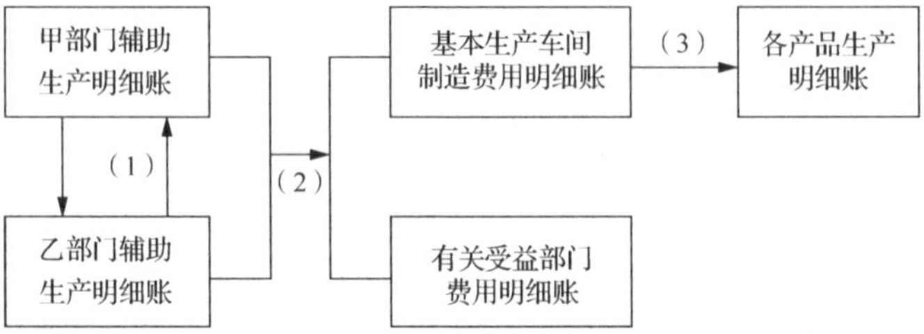

图 3-1　辅助生产车间明细账费用分配流程

教学内容

一、辅助生产费用的分配原则

辅助生产车间在生产辅助产品和提供劳务过程中发生的生产费用，在按辅助生产车间或辅助产品或劳务进行分别归集后，月度终了时，应采用一定的方法分配给各个受益对象。

【例 3-2】假如山青公司锅炉车间 2025 年 12 月只对基本生产车间和后勤办公楼供暖。月度终了，锅炉车间发生本月生产费用共计 188 275 元，基本生产车间和办公楼供暖面积分别为 13 800 平方米和 1 262 平方米，分配暖气费分别为 172 500 元和 15 775 元。结转锅炉车间的本月生产费用的会计分录，并计入“制造费用——基本生产车间”和“管理费用”账户。

借：制造费用——基本生产车间　　172 500
　　管理费用　　15 775
　　贷：生产成本——辅助生产成本　　188 275

（1）辅助生产车间生产的可以入库的产品。如辅助生产车间生产加工的自制材料、自制工具和修理用备品等辅助性产品，完工后，一般是先验收并交入材料库或工具库，当企业其他生产单位和部门需要使用时，再从仓库领用。

对于可以入库的辅助产品，企业可采用与基本生产车间生产基本产品类似的归集方法，在“生产成本——辅助生产成本”账户内设置辅助产品明细账归集生产费用，计算辅助产品的生产成本，完工后，将辅助产品的生产成本从“生产成本——辅助生产成本”账户转入“原材料”“周转材料”等账户。即借记“原材料”“周转材料”等账户，贷记“生产成本——辅助生产成本”账户。

（2）辅助生产车间生产、提供的不能入库的产品或劳务。如辅助生产车间生产的水、电、汽等产品，提供的运输劳务以及设备维修、维护劳务等，则应当按照一定标准和方法在各受益对象之间进行分配。将费用从“生产成本——辅助生产成本”账户分别转入各受益部门的有关账户，即借记“制造费用”或“管理费用”等账户，贷记“生产成本——辅助生产成本”账户。

（3）企业内部各辅助生产车间之间相互提供产品或劳务。辅助生产车间生产、提供产品和劳务，主要是为基本生产车间和企业管理等部门服务。但在实际工作中，可能存在企业内部各辅助生产车间之间相互提供产品或劳务的情况。为了正确计算各辅助生产车间的产品或劳务成本，还需要在各辅助生产车间之间交互分配辅助生产费用后，再将各辅助生产车间的辅助生产费用分配给辅助生产车间以外的各受益对象。

辅助生产费用分配的一般原则：对能确认为某一基本生产车间或为某一产品、批别所耗用的辅助生产费用，应将其直接计入该车间的制造费用中；其他辅助生产费用，应按一定的分配标准分配给各受益对象。

二、辅助生产费用的分配方法

辅助生产费用的分配方法主要有直接分配法、交互分配法、顺序分配法、计划成本分配法、代数分配法等。

（一）直接分配法

直接分配法是将辅助生产成本明细账中的成本总额，在不考虑辅助生产车间之间相互提供产品或劳务的情况下，直接分配给辅助生产车间以外的各受益对象，辅助生产车间之间相互提供的产品或劳务不互相分配费用。在分配时，应当将各辅助生产车间之间相互提供的产品或劳务的数量减去后，再对辅助生产车间之外的各受益对象按受益比例进行计算并分配费用。其计算公式如下。

$$\text{辅助生产费用分配率}=\text{辅助生产费用总额}\div\left[\text{辅助生产的产品或劳务总量}-\text{提供给其他辅助生产车间的产品或劳务量}\right]$$

各受益部门（车间）应分配的费用=辅助生产费用分配率×该部门（车间）耗用的产品或劳务量

辅助生产成本一般通过编制辅助生产成本分配表进行分配，该分配表不仅方便分配计算，而且也是各受益对象登记账户的依据。

【例 3-3】金汐公司有一个基本生产车间和锅炉、供水两个辅助生产车间。2025 年 11 月锅炉车间费用为 220 000 元，供水车间费用为 160 000 元。根据生产统计资料记录，锅炉车间共生产 100 000 米^{3}热力蒸气，其中，为基本生产车间提供 70 000 米^3，为企业管理部门提供 10 000 米^3，为供水车间提供 20 000 米^3。

供水车间共生产 80 000 吨水，其中，为基本生产车间提供 15 000 吨，为企业管理部门提供 5 000 吨，为锅炉车间提供 60 000 吨。

辅助生产车间劳务供应量如表 3-2 所示。

表 3-2　　辅助生产车间劳务供应量

2025 年 11 月

受益对象	产品供应量	
	热力蒸气/米^3	水/吨
锅炉车间耗水		60 000
供水车间耗用热力蒸气	20 000	
基本生产车间耗用蒸气	70 000	15 000
企业管理部门耗用蒸气	10 000	5 000
合计	100 000	80 000

（1）计算辅助生产费用分配率。

$$热力蒸气费用分配率=\frac{220\,000}{100\,000-20\,000}=2.75（元/米^3）$$

$$水费分配率=\frac{160\,000}{80\,000-60\,000}=8（元/吨）$$

（2）对辅助生产车间以外的受益对象分配辅助生产费用。

① 基本生产车间应分摊的热力蒸气费用=70 000×2.75 =192 500（元）

企业管理部门应分摊的热力蒸气费用=10 000×2.75 =27 500（元）

小计：220 000（元）

② 基本生产车间应分摊的水费=15 000×8=120 000（元）

企业管理部门应分摊的水费=5 000×8=40 000（元）

小计：160 000（元）

（3）编制辅助生产费用分配表，如表 3-3 所示。

表 3-3　　辅助生产费用分配表（直接分配法）

2025 年 11 月　　金额单位：元

项目		锅炉车间	供水车间	合计
待分配费用		220 000	160 000	380 000
产品供应总量		100 000/米^3	80 000/吨	
其中：供应给辅助生产车间以外受益对象		80 000/米^3	20 000/吨	
费用分配率		2.75/（元/米^3）	8/（元/吨）	
基本生产车间	耗用数量	70 000/米^3	15 000/吨	
	分摊金额	192 500	120 000	312 500
行政管理部门	耗用数量	10 000/米^3	5 000/吨	
	分摊金额	27 500	40 000	67 500
合计		220 000	160 000	380 000

（4）根据辅助生产费用分配表，编制会计分录，将锅炉车间及供水车间的费用分配计入有关账户。

借：制造费用——基本生产车间　　312 500

　　管理费用　　67 500

　　贷：生产成本——辅助生产成本——锅炉车间　　220 000

　　　　　　　　　　　　　　　——供水车间　　160 000

采用直接分配法，由于直接将辅助生产费用分配给辅助生产车间以外的受益对象，计算较简便。但当各辅助生产车间之间相互提供产品或劳务的数量较多时，采用直接分配法分配辅助生产费用是不合适的，它会影响辅助生产费用分配的准确性，进而影响产品成本计算的准确性。因此，直接分配法只适合在辅助生产车间之间相互提供产品或劳务的数量不多时，在不进行交互分配对辅助生产成本和产品成本影响不大的情况下采用。

扫一扫，看微课

交互分配法

（二）交互分配法

交互分配法是先将辅助生产费用在各辅助生产车间之间进行一次分配，然后再将各辅助生产车间交互分配后的生产成本在辅助生产车间以外的各受益对象之间进行分配的方法。

交互分配法分配辅助生产车间费用，共分为两个阶段，即交互分配和对外分配，以【例 3-3】为例，具体流程如图 3-2 所示。

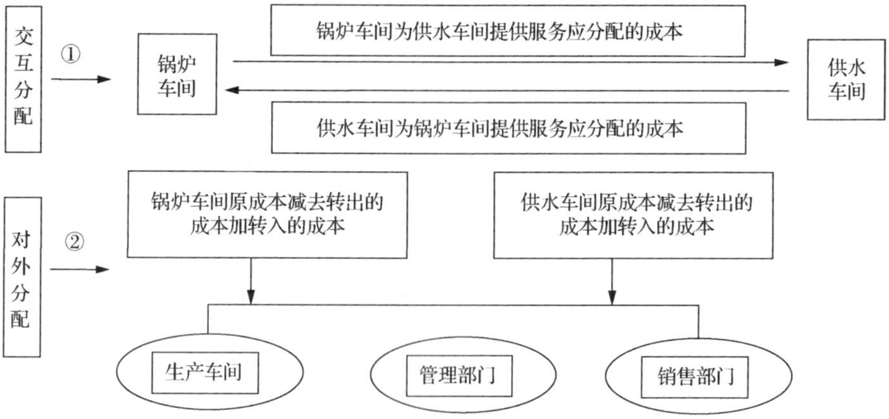

图 3-2　交互分配法流程

1. 第一阶段：交互分配

只在各辅助生产车间之间交互分配费用，暂不对其他受益对象分配费用，即将各辅助生产车间互相提供的产品（劳务）量按交互分配前的单位成本在辅助生产车间之间进行第一次交互分配。交互分配费用分配率的计算公式如下。

$$\text{交互分配费用分配率}=\frac{\text{某辅助生产车间待分配费用的总额}}{\text{该车间提供的劳务总量}}$$

$$\begin{array}{c}\text{某辅助生产单位应负担}\\\text{的其他辅助生产费用}\end{array}=\begin{array}{c}\text{该辅助生产车间接受}\\\text{的产品（劳务）量}\end{array}\times\begin{array}{c}\text{交互分配费用}\\\text{分配率}\end{array}$$

2. 第二阶段：对外分配

将各辅助生产车间交互分配后的费用（交互分配前费用加上交互分配转入的费用，减去交互分配转出的费用），按其提供给基本生产车间和其他部门的产品（劳务）量和交互分配后的总成本，在辅助生产车间以外的各受益对象之间进行分配，计算公式如下。

$$\begin{array}{c}\text{交互分配后的}\\\text{对外分配费用}\end{array}=\begin{array}{c}\text{交互分配前}\\\text{的费用}\end{array}+\begin{array}{c}\text{分配转入}\\\text{的费用}\end{array}-\begin{array}{c}\text{分配转出}\\\text{的费用}\end{array}$$

$$\text{对外分配费用分配率}=\frac{\text{某辅助生产车间交互分配后的对外分配费用}}{\text{该车间提供给辅助生产车间以外的受益对象的劳务量}}$$

某受益对象应负担的费用=该受益对象耗用的产品（劳务）量×对外分配费用分配率

【例 3-4】沿用【例 3-3】和表 3-2 的资料，采用交互分配法分配辅助生产费用，有关计算过程如下所示。

（1）计算交互分配费用分配率。

$$\text{热力蒸气费用交互分配费用分配率}=\frac{220\ 000}{100\ 000}=2.2\ （\text{元/米}^3）$$

水费交互分配费用分配率$=\dfrac{160\ 000}{80\ 000}=2$（元/吨）

（2）计算辅助生产车间之间交互分配费用。

锅炉车间应负担的水费$=60\ 000\times2=120\ 000$（元）

供水车间应负担的热力蒸气费用$=20\ 000\times2.2=44\ 000$（元）

（3）计算交互分配后的对外分配费用。

锅炉车间应对外分配费用$=20\ 000+12\ 000-44\ 000=296\ 000$（元）

供水车间应对外分配费用$=160\ 000+44\ 000-120\ 000=84\ 000$（元）

小计：380 000（元）

（4）计算对外分配费用分配率。

锅炉车间对外分配热力蒸气费用分配率$=\dfrac{296\ 000}{100\ 000-20\ 000}=3.7$（元/米^3）

供水车间对外分配水费分配率$=\dfrac{84\ 000}{80\ 000-60\ 000}=4.2$（元/吨）

（5）对辅助车间以外的受益对象分配费用。

基本生产车间应分摊的热力蒸气费用$=70\ 000\times3.7=259\ 000$（元）

企业管理部门应分摊的热力蒸气费用$=10\ 000\times3.7=37\ 000$（元）

小计：296 000（元）

基本生产车间应分摊的水费$=15\ 000\times4.2=63\ 000$（元）

企业管理部门应分摊的水费$=5\ 000\times4.2=21\ 000$（元）

小计：84 000（元）

（6）编制辅助生产费用分配表，如表 3-4 所示。

表 3-4　　辅助生产费用分配表（交互分配法）

2025 年 11 月　　金额单位：元

项目			锅炉车间	供水车间	金额合计
待分配费用			220 000	160 000	380 000
产品供应总量			100 000/米^3	80 000	
交互分配费用分配率			2.2/（元/米^3）	2/（元/吨）	
交互分配费用	锅炉车间	耗水数量		60 000/吨	
		分摊金额	（+120 000）	（−120 000）	
	供水车间	耗气数量	20 000/米^3		
		分摊金额	（−44 000）	（+44 000）	
交互分配后对外分配费用			296 000	84 000	380 000
供应辅助生产以外对象的产品数量			80 000/米^3	20 000/吨	
对外分配费用分配率			3.7/（元/米^3）	4.2/（元/吨）	
对外分配	基本生产车间	耗用数量	70 000/米^3	15 000/吨	
		分摊金额	259 000	63 000	322 000
	企业管理部门	耗用数量	10 000/米^3	5 000/吨	
		分摊金额	37 000	21 000	58 000
	合计		296 000	84 000	380 000

（7）根据辅助生产费用分配表，编制会计分录，将锅炉车间及供水车间的费用分配计入有关账户。

① 交互分配时，编制会计分录如下。

借：生产成本——辅助生产成本——锅炉车间　　120 000
　　　　　　　　　　　　　　——供水车间　　44 000
　贷：生产成本——辅助生产成本——锅炉车间　　44 000
　　　　　　　　　　　　　　　——供水车间　　120 000

② 对外分配时，编制会计分录如下。

借：制造费用——基本生产车间　　322 000
　　管理费用　　58 000
　贷：生产成本——辅助生产成本——锅炉车间　　296 000
　　　　　　　　　　　　　　　——供水车间　　84 000

交互分配法的分配结果比较合理，符合实际情况，并且比直接分配法更加准确，但核算工作量较大。

扫一扫，看微课

顺序分配法

（三）顺序分配法

顺序分配法也称梯形分配法，是企业针对辅助生产车间之间交互服务量的多少存在一定次序的情况下所采用的一种方法。设置多个辅助生产车间，且相互提供产品或劳务的企业，按照各辅助生产车间相互提供产品或劳务价值量的多少，依次将辅助生产费用分配给其他辅助生产车间、基本生产车间和管理部门。

采用顺序分配法，首先将辅助生产车间按受益多少的顺序排列，受益少的排列在前，受益多的排列在后；在分配时，排列在前的辅助生产车间将费用按受益情况分配给排列在后的辅助生产车间，而排列在后的辅助生产车间不向排列在前的辅助生产车间分配其费用。排列在后面的辅助生产车间的可供分配费用等于它本身发生的直接费用加上排在它前面的辅助生产车间分配转入的费用。

依照此顺序逐个分配各个辅助生产车间的生产费用，排在前面的辅助生产车间虽接受排在后面的辅助生产车间提供的产品或劳务，但价值量相对较少，可略而不计。

【例 3-5】沿用【例 3-3】和表 3-2 的资料，采用顺序分配法分配辅助生产费用，根据表中数据可知，供水车间耗用汽的数量较少，锅炉车间耗用的水数量较多，所以分配顺序为供水车间→锅炉车间，具体内容如表 3-5 所示。计算过程如下。

供水车间分配率=160 000÷80 000=2（元/吨）

锅炉车间应分配转入金额=60 000×2=120 000（元）

锅炉车间顺序分配后成本=220 000+120 000=340 000（元）

锅炉车间顺序分配单位分配率=340 000÷（100 000−20 000）=4.25（元/米^3）

表 3–5　　辅助生产费用分配（顺序分配法）

2025 年 11 月　　金额单位：元

项目		供水车间	锅炉车间	金额合计
待分配费用		160 000	220 000	380 000
产品供应总量		80 000/吨	100 000/米^3	
供水费用分配率		2/（元/吨）		
锅炉车间	耗水数量	60 000/吨		
	分配金额	（−120 000）	（+120 000）	
分配后应对外分配费用			340 000	
供辅助生产车间以外的受益对象的产品数量		20 000/吨	80 000/米^3	
锅炉车间顺序分配单位分配率			4.25/（元/米^3）	

续表

项目		供水车间	锅炉车间	金额合计
基本生产车间	耗用数量	15 000/吨	70 000/米^3	
	分摊金额	30 000	297 500	327 500
企业管理部门	耗用数量	5 000/吨	10 000/米^3	
	分摊金额	10 000	42 500	52 500
合计		40 000	340 000	380 000

编制会计分录如下。

借：生产成本——辅助生产成本——锅炉车间　　120 000

　　贷：生产成本——辅助生产成本——供水车间　　120 000

借：制造费用——基本生产车间　　327 500

　　管理费用　　52 500

　　贷：生产成本——辅助生产成本——锅炉车间　　340 000

　　　　　　　　　　　　　　　　——供水车间　　40 000

顺序分配法是辅助生产费用分配的一种简化方法，虽计算方法较为简便，但不能完整反映各辅助生产车间之间的费用分配情况，分配结果不够准确。这种方法适用于设置的辅助生产车间较多，且相互之间提供产品或劳务价值量有明显差别的企业。

（四）计划成本分配法

扫一扫，看微课

计划成本分配法

计划成本分配法又称内部结算价格分配法，是指对辅助生产车间实际提供的产品、劳务的数量按计划单位成本分配给各受益单位的一种分配方法。

期末将辅助生产车间为各受益单位提供的劳务或作业，一律按劳务或作业的计划单位成本进行费用分配，然后对辅助生产车间实际发生的费用与按计划成本分配转出的费用之间的差额再进行调整分配。其计算过程也需要进行两次分配，第一次是分配计划成本，第二次是分配成本差异，成本差异的处理有两种方式，一是将成本差异按受益对象进行分配，二是将全部成本差异计入“管理费用”账户。

【例 3-6】沿用【例 3-3】的资料采用计划单位成本分配法分配辅助生产费用，假定企业确定的计划单位成本为每立方米热力蒸气 3.97 元，每吨水 2.97 元。有关计算过程如下。

（1）编制辅助生产费用分配表，如表 3-6 所示。

表 3–6　　辅助生产费用分配表（计划单位成本分配法）

2025 年 11 月　　金额单位：元

项目	锅炉车间	供水车间	金额合计
待分配费用	220 000	160 000	380 000
产品供应总量	100 000/米^3	80 000/吨	
计划单位成本	3.97/（元/米^3）	2.97/（元/吨）	
锅炉车间		60 000/吨	
	（+178 200）	178 200	178 200
供水车间	20 000/米^3		
	79 400	（+79 400）	79 400
分配金额小计	79 400	178 200	257 600
基本生产车间	70 000/米^3	15 000/吨	
	277 900	44 550	322 450

续表

项目	锅炉车间	供水车间	金额合计
企业管理部门	10 000/米^3	5 000/吨	
	39 700	14 850	54 550
按计划成本分配合计	397 000	237 600	634 600
辅助生产实际成本	398 200	239 400	637 600
辅助生产成本差异	+1 200	+1 800	+3 000
成本差异分配合计	1 200	1 800	3 000

表 3-6 中辅助生产实际成本计算公式如下。

计划成本分配法的实际成本=辅助生产车间归集的费用+按计划分配率分配转入的其他辅助生产车间费用

辅助生产成本差异=辅助生产实际成本−按计划成本分配转出的费用

若辅助生产成本大于 0，则属于超支差异，转入“管理费用”借方；若辅助生产成本小于 0，则属于节约差异，可以用红字转出。

锅炉车间实际成本=220 000+178 200=398 200（元）

锅炉车间辅助生产成本差异=398 200−397 000=1 200（元）

供水车间实际成本=160 000+79 400=239 400（元）

供水车间辅助生产成本差异=239 400−237 600=1 800（元）

（2）根据辅助生产费用分配表和差异金额编制会计分录如下。

借：生产成本——辅助生产成本——锅炉车间　　178 200
　　　　　　　　　　　　——供水车间　　79 400
　　制造费用——基本生产车间　　322 450
　　管理费用——企业管理部门　　54 550
　　贷：生产成本——辅助生产成本——锅炉车间　　397 000
　　　　　　　　　　　　——供水车间　　237 600

借：管理费用——其他　　3 000
　　贷：生产成本——辅助生产成本——锅炉车间　　1 200
　　　　　　　　　　　　——供水车间　　1 800

也可以采用简化方法计算并分配辅助生产费用，如表 3-7 所示。

表 3–7　辅助生产费用分配表（计划单位成本分配法）

2025 年 11 月　　金额单位：元

项目	锅炉车间	供水车间	金额合计
待分配费用	220 000	160 000	380 000
产品供应总量	100 000/米^3	80 000/吨	
计划单位成本	3.97/（元/米^3）	2.97/（元/吨）	
锅炉车间		60 000/吨	
		178 200	178 200
供水车间	20 000/米^3		
	79 400		79 400
分配金额小计	79 400	178 200	257 600
基本生产车间	70 000/米^3	15 000/吨	
	277 900	44 550	322 450

续表

项目	锅炉车间	供水车间	金额合计
企业管理部门	10 000/米^3	5 000/吨	
	39 700	14 850	54 550
按计划成本分配合计	218 800	158 200	377 000
辅助生产实际成本	220 000	160 000	380 000
辅助生产成本差异	+1 200	+1 800	+3 000

其中：277 900+39 700+79 400−178 200=218 800（元）

44 550+14 850+178 200 −79 400=158 200（元）

编制会计分录如下。

借：制造费用——基本生产车间　322 450

管理费用——企业管理部门　54 550

——其他　3 000

贷：生产成本——辅助生产成本——锅炉车间　220 000

——供水车间　160 000

采用计划成本法，由于分配时计划成本是事先制定的，不用单独计算费用分配率。简化了分配的计算工作，也排除了辅助生产费用的高低对受益对象成本的影响，便于考核和分析各受益对象的经济责任。但采用这种分配方法的前提是辅助生产的各种劳务、作业的计划成本必须符合实际，否则会造成过大的成本差异，影响成本计算的正确性。该方法适用于计划成本（或标准成本）管理做得好的企业，是实践中常用的、重要的成本核算方法。

（五）代数分配法

代数分配法是运用解多元一次方程组的原理，在辅助生产车间之间相互提供产品或劳务的情况下的一种辅助生产费用分配方法。采用这种分配方法，首先要将各种劳务或作业的单位成本设置成几个未知数，并根据各辅助生产车间之间交互服务的关系建立方程组，求解联立方程式，计算辅助生产产品或劳务的单位成本；然后将辅助生产产品或劳务的单位成本乘以各受益对象（包括辅助车间）耗用量，计算各受益对象分配的辅助生产成本。

【例 3-7】沿用【例 3-2】，采用代数分配法分配辅助生产费用。有关计算过程如下。

（1）建立联立方程式，计算费用分配率。

设：每立方米热力蒸气成本为 X，每吨水成本为 Y。

锅炉车间总成本：$220\ 000+60\ 000Y=100\ 000X$

供水车间总成本：$160\ 000+20\ 000X=80\ 000Y$

解：$X=4$

$Y=3$

（2）将辅助生产费用分配给全部受益对象。

供水车间应分摊的热力蒸气费用=20 000×4=80 000（元）

基本生产车间应分摊的热力蒸气费用=70 000×4=280 000（元）

企业管理部门应分摊的热力蒸气费用=10 000×4=40 000（元）

小计：400 000（元）

锅炉车间应分摊的用水费用=60 000×3=180 000（元）

基本生产车间应分摊的用水费用=15 000×3=45 000（元）

企业管理部门应分摊的用水费用=5 000×3=15 000（元）

小计：240 000（元）

（3）编制辅助生产费用分配表，如表3-8所示。

表3–8　辅助生产费用分配表（代数分配法）

2025年11月　金额单位：元

项目		锅炉车间	供水车间	金额合计
待分配费用		220 000	160 000	380 000
产品供应总量		100 000/米^3	80 000/吨	
费用分配率（单位成本）		4/（元/米^3）	3/（元/吨）	
锅炉车间	耗用数量		60 000/吨	
	分摊金额		180 000	180 000
供水车间	耗用数量	20 000/米^3		
	分摊金额	80 000		80 000
基本生产车间	耗用数量	70 000/米^3	15 000/吨	
	分摊金额	280 000	45 000	325 000
企业管理部门	耗用数量	10 000/米^3	5 000/吨	
	分摊金额	40 000	15 000	55 000
合计		400 000	240 000	640 000

（4）根据辅助生产费用分配表，编制会计分录如下。

借：生产成本——辅助生产成本——锅炉车间　180 000

——供水车间　80 000

制造费用——基本生产车间　325 000

管理费用　55 000

贷：生产成本——辅助生产成本——锅炉车间　400 000

——供水车间　240 000

采用代数分配法，使得辅助生产费用的分配结果较为准确。但在辅助生产车间较多的情况下，未知数较多，计算比较复杂。因此，代数分配法适合在计算工作已经实现信息化的企业。

课外阅读

刘某是南部县某局行政会计兼某公司会计，利用职务之便，以虚假支出退还工程保证金的方式，借用罗某、敬某的银行账户，分2次从公司转账共计92.2万元，为自己偿还债务。

根据南部法院审查表明：刘某作为南部县某局行政会计兼某公司会计，利用职务上的便利，采取虚假支出退还工程保证金的方式，侵吞公共财物数额巨大，其行为已构成贪污罪，依法应予处罚。公诉机关指控被告人刘某犯贪污罪的事实清楚，证据确实充分。刘某到案后，能如实供述犯罪事实，属坦白，依法可从轻处罚。因此，刘某被判处有期徒刑4年6个月，并处罚金30万元。刘某的行为违背了会计职业道德规范中廉洁自律的要求。廉洁自律是财务人员职业声誉的“试金石”，财务人员只有首先做到自身廉洁，严格约束自己，才能要求别人廉洁，才能理直气壮地阻止或防止别人侵占集体利益，正确行使反映和监督的职责，保证各项经济活动正常进行。

思考：做兼职会计需要注意哪些问题？

视野拓展

辅助生产车间在企业生产过程中起到非常重要的作用，正所谓“一个篱笆三个桩，一个好汉三个帮”，会计人员要时刻关注企业的经营状态，协助管理者降低经营风险，让企业实现持续、高效的经营状态。这也是会计职业道德“参与管理”的体现。

课中实训

实训一　运用直接分配法

某工业企业设有一车间、二车间两个基本生产车间，一车间生产 A、B 两种产品，二车间生产 C 产品，并设有机修和供电两个辅助生间车间。有关资料如表 3-9 和表 3-10 所示。

表 3–9　生产费用和劳务供应量

辅助车间	生产费用	劳务供应量
机修	18 000/元	5 000/时
供电	90 000/元	100 000/千瓦・时

表 3–10　各受益单位耗用劳务情况表

受益单位		耗用劳务量	
		修理工时/时	用电量/千瓦・时
机修车间			10 000
供电车间		500	
第一车间	A 产品		30 000
	B 产品		24 000
	一般耗用	2 800	9 000
第二车间	C 产品		18 000
	一般耗用	1 500	6 000
企业管理部门		200	3 000
合计		5 000	100 000

要求：根据上述资料，采用直接分配法分配辅助生产费用，编制辅助生产费用分配表（见表 3-11）和相应会计分录。

表 3–11　辅助生产费用分配表（直接分配法）　金额单位：元

分配方向			对外分配		
辅助车间名称			机修车间	供电车间	合计
待分配费用					
劳务供应数量					
其中：供应辅助生产车间以外受益对象					
费用分配率					
基本车间	A 产品	耗用数量			
		分配金额			
	B 产品	耗用数量			
		分配金额			
	C 产品	耗用数量			
		分配金额			
	一车间	耗用数量			
		分配金额			
	二车间	耗用数量			
		分配金额			

续表

分配方向		对外分配		
企业管理部门	耗用数量			
	分配金额			
分配金额合计				

根据辅助生产费用分配表编制会计分录如下。

实训二 运用交互分配法

某企业设有修理、运输两个辅助生产车间，本月发生辅助生产费用、提供劳务量等如表3-12所示。

表3-12 辅助车间劳务产品汇总表 金额单位：元

辅助生产名称		修理车间	运输车间
待分配费用		5 800	9 600
劳务数量		2 000/时	8 000/千米
耗用劳务数量	修理车间		400
	运输车间	200	
	基本生产车间	1 600	6 800
	管理部门	200	800

要求：采用交互分配法编制辅助生产费用分配表，编制交互分配和对外分配的会计分录。（将分配结果填入表3-13）

表3-13 辅助生产费用分配表（交互分配法） 金额单位：元

分配方向			交互分配			对外分配		
辅助车间名称			修理	运输	合计	修理	运输	合计
待分配费用/元								
劳务供应数量								
单位成本（分配率）								
辅助车间	修理	耗用数量						
		分配金额						
	运输	耗用数量						
		分配金额						
	金额小计							
基本生产车间		耗用数量						
		分配金额						
企业管理部门		耗用数量						
		分配金额						
分配金额合计								

根据辅助生产费用分配表编制会计分录如下。

实训三　运用顺序分配法

金汐公司的锅炉车间、机修车间 2025 年 11 月成本总额分别为 104 654 元和 54 366 元。这两个辅助车间提供劳务量如表 3-14 所示。

表 3-14　　辅助生产车间提供劳务量汇总表　　金额单位：元

受益对象		蒸气/米^3	机修/时
辅助生产部门	锅炉车间		200
	机修车间	400	
基本生产车间		9 500	2 500
行政管理部门		3 500	500
合计		13 400	3 200

假定金汐公司的两个辅助生产车间相互提供劳务，但锅炉车间耗用机修车间的修理工时较少，机修车间耗用锅炉车间的蒸气较多，所以分配顺序为锅炉车间在前，机修车间在后。

要求：采用顺序分配法编制辅助生产费用分配表，编制有关会计分录。（将分配结果填入表 3-15 中）

表 3-15　　辅助生产费用分配表（顺序分配法）

2025 年 11 月　　金额单位：元

项目		锅炉车间	机修车间	金额合计
待分配费用				
产品供应总量				
锅炉车间费用分配率				
机修车间	耗用数量			
	分配金额			
分配后应对外分配费用				
供辅助生产车间以外的受益对象的产品数量				
机修车间顺序分配单位分配率				
基本生产车间	耗用数量			
	分配金额			
行政管理部门	耗用数量			
	分配金额			
合计				

根据辅助生产费用分配表编制会计分录如下。

实训四　运用计划成本分配法

凯严公司设置修理、供电两个辅助生产车间，本月发生辅助生产费用、提供劳务量等如表 3-16 所示。

表 3–16　　辅助生产车间提供劳务量汇总表　　金额单位：元

辅助生产名称		修理车间	供电车间
待分配费用		5 850	9 200
劳务供应量		4 500/时	23 000/千瓦时
计划单位成本		1.5	0.42
耗用劳务数量	修理车间		1 400
	供电车间	300	
	基本生产车间	3 800	20 000
	管理部门	400	1 600

要求：采用计划成本分配法编制辅助生产费用分配表，编制有关会计分录。（将分配结果填入表 3-17 中）

表 3–17　　辅助生产费用分配表（计划成本分配法）　　金额单位：元

辅助车间名称			修理车间	供电车间	合计
待分配费用/元					
劳务供应数量					
计划单位成本					
辅助车间	修理车间	耗用数量			
		分配金额			
	供电车间	耗用数量			
		分配金额			
	金额小计				
基本生产车间		耗用数量			
		分配金额			
企业管理部门		耗用数量			
		分配金额			
计划成本合计					
辅助生产实际成本					
成本差异					

根据辅助生产费用分配表编制会计分录如下。

实训项目评价

技能点评指标		分值	得分
实训一　运用直接分配法	能准确进行直接分配法的核算	20	
实训二　运用交互分配法	能准确进行交互分配法的核算	30	
实训三　运用顺序分配法	能准确进行顺序分配法的核算	25	
实训四　运用计划成本分配法	能准确进行计划成本分配法的核算	25	

同步测试题

一、单项选择题

1. 辅助生产费用采用交互分配法，对外分配的费用总额是（　　）。

A. 交互分配前的费用

B. 交互分配前的费用加上交互分配转入的费用

C. 交互分配前的费用减去交互分配转出的费用

D. 交互分配前的费用加上交互分配转入的费用，减去交互分配转出的费用

2. 辅助生产费用采用计划成本分配法，辅助车间实际发生的费用应该是（　　）。

A. 该车间待分配费用减去分配转出的费用

B. 该车间待分配费用加上分配转入的费用

C. 该车间待分配费用加上分配转入的费用，减去分配转出的费用

D. 该车间待分配费用加上分配转出的费用，减去分配转入的费用

3. 辅助生产费用直接分配法的特点是将辅助生产费用（　　）。

A. 直接计入辅助生产提供的劳务成本

B. 直接分配给所有受益的车间、部门

C. 直接计入“辅助生产成本”账户

D. 直接分配给辅助生产车间以外的各受益单位

4. 辅助生产车间完工的修理用备件入库时，应借记（　　）账户。

A. “低值易耗品”　B. “基本生产成本”　C. “辅助生产成本”　D. “原材料”

5. 企业采用交互分配法分配辅助生产费用时，第一次交互分配是在（　　）之间进行的。

A. 各受益的辅助生产车间　B. 辅助生产车间以外的各受益单位

C. 各受益的基本生产车间　D. 各受益的企业管理部门

6. 在各辅助生产车间相互提供劳务很少的情况下，适宜采用的辅助生产费用分配方法是（　　）。

A. 直接分配法　B. 交互分配法　C. 计划成本分配法　D. 代数分配法

7. 在辅助生产费用的各种分配法中，分配结果最正确的是（　　）。

A. 直接分配法　B. 交互分配法　C. 计划成本分配法　D. 代数分配法

8. 辅助生产成本的直接分配法，是将辅助生产成本直接（　　）的方法。

A. 分配给所有受益单位　B. 计入基本生产成本

C. 分配给辅助生产以外的各受益单位　D. 分配给完工产品成本

9. 便于分析和考核各受益单位的成本，有利于分清企业内部各单位的经济责任，是辅助生产费用（　　）的一个优点。

A. 一次交互分配法　B. 计划成本分配法　C. 直接分配法　D. 代数分配法

10. 按照顺序分配法分配生产服务部门费用时，对生产服务部门应按照（　　）排序。

A. 生产规模由大到小B. 受益由多到少　C. 受益由少到多　D. 随便排序

二、多项选择题

1. 辅助生产车间发生的固定资产折旧费，可能借记（　　）账户。

A. “制造费用”　B. “辅助生产成本”　C. “基本生产成本”　D. “管理费用”

2. 需要对辅助生产成本进行两次或两次以上分配的分配方法有（　　）。

A. 代数分配法　B. 交互分配法　C. 计划成本分配法　D. 顺序分配法

3. 计划成本分配法的优点有（　　）。

A. 简化计算工作量

B. 能反映和考核辅助生产成本计划的执行情况

C. 有利于分清企业内部各单位的经济责任

D. 计算结果准确

4. 关于交互分配法的描述，正确的有（　　）。

A. 辅助生产费用经过两次分配

B. 计算第一次分配率的分母是该辅助生产车间提供产品或劳务总量

C. 计算第二次分配率时的分母比第一次的小

D. 计算第二次分配率时的分母比第一次的大

5. 分配辅助生产费用所采用的方法有（　　）。

A. 定额比例法　B. 约当产量法　C. 计划成本分配法　D. 顺序分配法

6. 下列关于辅助生产费用的分配方法的表述，正确的有（　　）。

A. 直接分配法适用于辅助生产车间内部相互提供产品或劳务数量不多、不进行费用的交互分配、对辅助生产费用和企业产品成本影响不大的情况

B. 交互分配法下首先要对各辅助生产车间内部相互提供劳务进行分配，以计算出应对外分配的辅助生产费用

C. 顺序分配法的特点是按照辅助生产车间受益多少的顺序分配费用，受益少的先分配，受益多的后分配

D. 代数分配法有关费用的分配结果最正确

7. 辅助生产费用分配转出时，可以（　　）。

A. 借记“制造费用”账户　B. 借记“管理费用”账户

C. 贷记“辅助生产成本”账户　D. 借记“生产成本”账户

8. 对于辅助生产车间发生的实际生产费用，与按计划成本计算的分配额之间的差额的处理方法有（　　）。

A. 全部计入管理费用

B. 计算差异率，分配除辅助生产车间以外的受益单位

C. 全部计入生产成本

D. 全部计入制造费用

9. 企业辅助生产车间不设置“制造费用”账户的理由有（　　）。

A. 辅助生产规模很小　B. 为了简化核算工作

C. 只有一个辅助车间　D. 不对外提供产品或劳务

三、判断题

1. 直接用于辅助生产的耗费以及用于基本生产但没有专设成本项目的耗费应分别计入辅助生产成本和制造费用账户。（　　）

2. 辅助生产部门发生的各项费用，在会计核算上均应直接计入辅助生产成本账户。（　　）

3. 企业的辅助生产部门有的是提供劳务，如供电、运输等，有的是生产产品，如生产工具模具等。提供劳务的通过辅助生产成本账户核算，生产工具的通过基本生产成本账户核算。（　　）

4. 辅助生产费用均计入基本生产产品成本。（　　）

5. 代数分配法是最准确的辅助生产费用的分配方法。（　　）

6. 只有一个基本生产车间时，可以不设置“辅助生产成本”二级明细账。（　　）

7. 顺序分配法是最简便的一种方法。（　　）

8. 不开设“制造费用”账户，将辅助生产的制造费用直接记入“辅助生产成本”明细账。（　　）

9. 企业发生的辅助生产费用最终全部计入产品的成本。（　　）

10. 计划分配法便于考核和分析各受益单位的经济责任。（　　）

项目四

产成品与在产品之间生产费用的分配

学习目标

知识目标

1. 了解在产品的含义及在产品数量的确定方法。
2. 理解在产品数量与产品成本计算的关系。
3. 掌握完工产品和在产品之间分配费用的各种方法。

技能目标

1. 能根据在产品盘点资料编制在产品盈亏的会计分录。
2. 能根据月末在产品的特点选择不同的分配方法将产品成本在完工产品与在产品之间进行分配。

素养目标

通过产品成本在完工产品与在产品之间分配方法的学习，使学生明白：要做好一名会计人，必须具备扎实的专业知识和处理问题能力。

思维导图

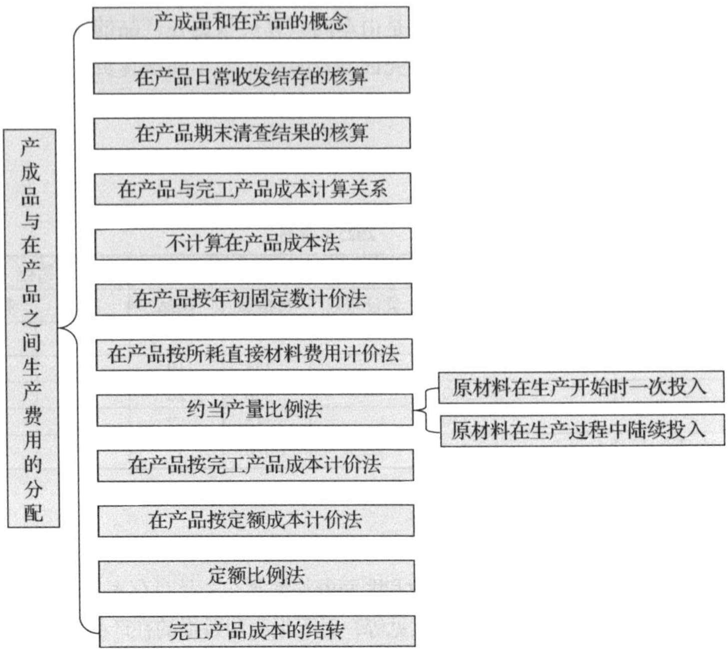

课前自学

一、产成品和在产品的概念

一般来说，产成品是指已经完成企业全部加工过程并可对外销售的产品，即完工产品。如按完工产品包含的内容不同进行分类，完工产品可分为狭义完工产品与广义完工产品。狭义完工产品是指已经完成企业全部加工过程并可对外销售的产品，即产成品；广义完工产品不仅包括产成品，还包括只完成某一个加工阶段（步骤）生产的中间产品，即自制半成品等。

在产品是指没有完成全部生产过程、不能作为商品销售的产品，包括正在车间加工的在产品（含正在返修的废品）和已经完成一个或几个生产步骤、但还需继续加工的半成品（包含等待验收入库的产品和等待返修的废品）。对外销售的自制半成品属于商品产品，已验收入库后就不再列入在产品范围之内，不可修复废品也不列入在产品范围之内。在产品的概念是从广义或者就整个企业的角度来说的，从狭义或者只就某一车间或生产步骤来说，在产品只包括本车间或本生产步骤正在加工中的产品，已完工的半成品不包括在内。

二、在产品日常收发结存的核算

在产品数量的核算，应同时具备账面资料和实际盘点资料，做好在产品收发结存的日常核算工作和在产品的清查工作。

如果企业在产品品种规格多，又处于不断流动之中，从加强实物管理的角度出发，企业必须设置有关凭证账簿，反映在产品的收入、发出和结存情况。在设有半成品仓库的企业，自制半成品的收入、发出和结存，可以比照原材料的核算设置有关凭证和账簿，对自制半成品数量进行日常核算。各车间或生产步骤在产品收发结存的日常核算，可以通过设置“在产品台账”进行。

“在产品台账”应当分车间或生产步骤并按产品品种和在产品名称设置，以便反映各车间各种在产品的收入、发出和结存的数量。它通常是由车间核算员根据在产品的领料凭证、内部转移凭证、废品返修单、产品检验凭证和产品交库凭证等及时登记。车间核算员应对“在产品台账”的登记情况进行审核和汇总。在产品台账的一般格式如表 4-1 所示。

表 4-1　在产品台账

车间名称：一车间

零部件名称：D　　2025 年 8 月　　单位：件

月	日	摘要	收入		发出			结存		备注
			凭证号数	数量	凭证号数	合格品	废品	完工	未完工	
8	1	月初结存							270	
8	5			350		355	10		255	
8	20			300		350	20		185	
8	30			330		315	9		191	
8	31	本月合计		980		1 020	39		191	

三、在产品期末清查结果的核算

期末盘点后，将清查结果根据实地盘点数和账面资料编制在产品盘存表，列明在产品的账面数、实有数、盘盈盘亏数以及盘亏的原因和处理意见等，对于报废和毁损的在产品还要登记残值。成本核算人员应对在产品盘存表进行认真审核，并报有关部门审批，同时对在产品盘盈、盘亏进行账务处理。

在产品发生盘盈时，按计划成本或定额成本借记“基本生产成本”科目，贷记“待处理财产损溢”科目；按管理权限报经批准后冲减“管理费用”，则借记“待处理财产损溢”科目，贷记“管理费用”科目。

在产品发生盘亏和毁损时，应借记“待处理财产损溢”科目，贷记“基本生产成本”科目，冲减在产品的账面价值。毁损在产品的残值，应记入“原材料”“银行存款”等科目的借方，“待处理财产损溢”科目的贷方，冲减其损失。

按管理权限报经批准后，根据造成在产品盘亏或毁损的原因，分别按以下情况进行处理。第一，属于计量收发差错和管理不善等原因造成的存货短缺，应先扣除残料价值、可以收回的保险赔偿和过失人赔偿，将净损失计入管理费用。即从“待处理财产损溢”科目的贷方转入“管理费用”科目的借方。第二，属于自然灾害等非常原因造成的存货毁损，应先扣除处置收入（如残料价值）、可以收回的保险赔偿和过失人赔偿，将净损失计入营业外支出，即从“待处理财产损溢”科目的贷方转入“营业外支出”科目的借方。

四、在产品与完工产品成本计算关系

企业在生产过程中发生的生产费用，在各种产品之间进行分配和归集后，应计入本月各种产品成本的生产费用都已集中反映在“基本生产成本”科目及其所属各种产品成本明细账中。为了计算产品成本，还需要加上期初在产品费用，然后将其在本期完工产品和期末在产品之间进行分配，计算本月产成品成本。某种产品在没有在产品的情况下，计入该种产品成本的全部生产费用，就是本期完工产品的成本；如果本月没有完工产品，计入该种产品的全部生产费用就是期末在产品成本；如果既有完工产品，又有在产品，那么该种产品本月发生的生产费用加月初在产品的生产费用，需要采用适当的分配方法，在本月完工产品和期末在产品之间进行分配，分别计算完工产品成本和月末在产品成本。

根据投入产出的原理，本期发生生产费用、本期完工产品成本和期初在产品成本与期末在产品成本之间存在如下关系。

期初在产品成本+本期发生生产费用=本期完工产品成本+期末在产品成本

在月初在产品成本与本月生产费用已知的情况下，要求计算完工产品成本和月末在产品成本，可采用以下两种方法。

方法一：先确定月末在产品成本，再计算完工产品成本。计算公式如下。

本月完工产品成本=月初在产品成本+本月生产费用-月末在产品成本

方法二：将月初在产品成本与本月生产费用之和按照一定方法在本月完工产品成本与月末在产品成本之间进行分配。

无论采取哪类分配方法，都必须正确进行在产品的数量核算，取得在产品收发和结存的数量资料，这是计算完工产品成本的必要条件。

教学内容

完工产品和月末在产品之间分配费用，是成本计算工作中一个重要而复杂的问题，在产品结构复杂、零部件种类和加工工序较多的情况下更是这样。企业应根据在产品数量的多少、各月在产品数量变化的多少、各项费用比重的大小，以及定额管理基础的好坏等具体条件，选择既合理又较简便的分配方法。在完工产品与月末在产品之间分配费用，通常采用的分配方法有以下几种。

一、不计算在产品成本法

不计算在产品成本法是指月末虽然有在产品，但不计算在产品成本，本月生产费用全部分配给完工产品，即本月归集的生产费用全部由该种完工产品负担成本。适用于月末在产品数量少，在产品成本对完工产品成本的影响小，且管理上不要求计算在产品成本的产品。

二、在产品按年初固定数计价法

在产品按年初固定数计价法是指各月月末在产品均固定地按年初数进行计算的方法。这种方法适用于在产品数量较少，或者在产品数量虽多但各月之间在产品数量变动不大，月初、月末在产品成本的差额对完工产品成本影响不大的产品。为了简化核算工作，同时又能反映在产品占用资金情况，各月在产品可以按年初数固定计算。采用这种分配方法，某种产品本月发生的生产费用就是本月完工产品的成本。年终根据实际盘点的在产品数量，重新调整计算结果确定在产品成本，以免按年初数固定计算的在产品成本与实际成本出入过大，影响成本计算正确性。

三、在产品按所耗直接材料费用计价法

在产品按所耗直接材料费用计价法是指月末在产品只计算耗用的直接材料费用，不计算所耗用的直接人工和制造费用等加工费用。某种产品的全部成本费用，减去月末在产品的直接材料费用，就是完工产品的成本。

这种方法适用于月末在产品数量较多，各月月末在产品数量变化也较大，原材料费用在成本中所占的比重较大的产品，如造纸、酿酒等行业的产品，直接材料费用占产品成本比重较大产品，都可以采用这种分配方法计算。

四、约当产量比例法

扫一扫，看微课

约当产量比例法

约当产量是指将月末在产品数量按照完工程度折算为相当于完工产品的产量。采用这种分配方法，在产品既要计算直接材料费用，又要计算直接人工、制造费用等其他加工费用。

这种方法适用于月末在产品数量较多，在产品数量变化也较大，原材料费用和直接人工费用比重相差不多的产品。计算方法是按投料程度折算在产品的约当产量和完工产品产量比例来分配直接材料费用；按完工程度折算在产品的约当产量与完工产品产量比例分配直接人工费用和制造费用。计算过程如下。

（一）原材料在生产开始时一次投入

1. 直接材料费用分配率

$$\text{直接材料费用分配率}=\frac{\text{待分配的原材料费用}}{\text{完工产品数量}+\text{在产品数量}}$$

$$\text{完工产品直接材料费用}=\text{完工产品数量}\times\text{直接材料费用分配率}$$

$$\text{在产品直接材料费用}=\text{在产品数量}\times\text{直接材料费用分配率}$$

2. 直接人工/制造费用分配率

$$\text{直接人工/制造费用分配率}=\frac{\text{直接人工/制造费用总额}}{\text{完工产品数量}+\text{在产品约当产量}}$$

$$\text{在产品约当产量}=\text{在产品数量}\times\text{完工百分比}$$

$$\text{完工产品直接人工/制造费用}=\text{完工产品产量}\times\text{直接人工/制造费用分配率}$$

$$\text{在产品直接人工/制造费用}=\text{在产品约当产量}\times\text{直接人工/制造费用分配率}$$

由计算过程可以看出，对费用分配的正确性影响较大的是约当产量的计算是否正确。而在产品约当产量正确与否，主要取决于在产品完工程度是否正确。测定在产品完工程度的方法一般有两种。

一种是平均计算，即一律按50%作为各工序在产品的完工程度。在各工序在产品数量和单位产品在各工序的加工量相差不多的情况下，在产品完工程度可以按50%计算。

另一种是各工序分别测定完工率。其计算公式如下。

$$某工序在产品完工率=\frac{前面各工序工时定额之和+本工序工时定额\times50\%}{产品工时定额}\times100\%$$

（二）原材料在生产过程中陆续投入

原材料费用不是在生产开始时一次投入，而是随着生产进度陆续投入的情况下，原材料费用则不能按照完工产品的数量和在产品的数量比例分配，而应采用约当产量比例分配。

（1）原材料投入程度与生产工时投入的进度完全一致，或工序进度基本一致，这时原材料的投料率可按加工费用的完工率进行计算。

（2）原材料随着生产进度分工序投入，在每道工序中则是一开始就投入，这时原材料投入的完工程度的计算公式如下。

$$某工序在产品投料程度=\frac{前面各工序原材料消耗定额之和+本工序原材料消耗定额}{产品原材料消耗定额}\times100\%$$

按照上述情况计算原材料费用分配率，之后再计算原材料费用，计算公式如下。

$$原材料费用分配率=\frac{待分配的原材料费用}{完工产品数量+在产品数量\times投料程度}$$

$$完工产品原材料费用=完工产品数量\times原材料费用分配率$$

$$在产品原材料费用=在产品数量\times投料程度\times原材料费用分配率$$

其中：　　$在产品数量\times投料程度=在产品约当产量$

直接人工费用和制造费用的分配方法与原材料在生产开始时一次投入的计算方法一致。

【例 4-1】假定某企业生产乙产品要经过二道工序加工完成，本月完工产品产量为 500 件，月末在产品为 300 件，其中第一道工序 180 件，第二道工序 120 件，第一道工序工时定额 60 小时，第二道工序工时定额 40 小时，原材料在生产开始时一次投入。累计直接材料费用 57 000 元，直接人工费用 32 500 元，制造费用 19 500 元。

根据上述资料，具体计算过程如下。

（1）直接材料费用的分配。由于材料在生产开始时一次性投入，也就是说在产品投料程度为 100%，因而在产品负担的材料费用与完工产品相同，在产品的约当产量就是在产品的实际数量，则材料费用在完工产品与在产品之间分配如下。

$$直接材料费用分配率=\frac{57\,000}{500+300}=71.25（元/件）$$

$$月末在产品应分摊材料费用=71.25\times300=21\,375（元）$$

$$完工产品应分摊材料费用=71.25\times500=35\,625（元）$$

（2）其他费用分配。由于各道工序单位在产品工时定额不同，那么首先要计算每道工序在产品完工程度，其次计算在产品约当产量，最后才能将直接人工费用和制造费用分配给完工产品和在产品。

$$第一道工序在产品完工程度=\frac{60\times50\%}{100}\times100\%=30\%$$

$$第二道工序在产品完工程度=\frac{60+40\times50\%}{100}\times100\%=80\%$$

$$在产品约当产量=180\times30\%+120\times80\%=150（件）$$

$$直接人工费用分配率=\frac{32\,500}{500+150}=50（元/件）$$

$$制造费用分配率=\frac{19\,500}{500+150}=30（元/件）$$

在产品应分摊的直接人工费用=50×150=7 500（元）

完工产品应分摊的直接人工费用=50×500=25 000（元）

在产品应分摊的制造费用=30×150=4 500（元）

完工产品应分摊的制造费用=30×500=15 000（元）

根据上述计算归集乙产品月末在产品成本和完工产品成本，计算如下。

乙产品月末在产品成本=21 375+7 500+4 500=33 375（元）

乙产品完工产品成本=35 625+25 000+15 000=75 625（元）

编制完工产品入库的会计分录如下。

借：库存商品——乙产品	75 625	
贷：生产成本——基本生产成本——乙产品——直接材料		35 625
——直接人工		25 000
——制造费用		15 000

五、在产品按完工产品成本计价法

在产品按完工产品成本计价法是将在产品视同完工产品分配费用，适用于月末在产品已经接近完工，或者已经加工完毕，但尚未验收或包装入库的产品。在这种情况下，在产品成本已接近完工产品成本，为了简化核算工作，将月末在产品视同完工产品，按完工产品与在产品的数量分配费用。

六、在产品按定额成本计价法

扫一扫，看微课

在产品按定额成本计价法和定额比例法

在产品按定额成本计价法是指按照预先设定的定额成本计算月末在产品成本，然后从某种产品全部生产费用（月初在产品费用加本月生产费用）中减去月末在产品的定额成本，就是完工产品成本。也就是说，每月实际生产费用脱离定额的差异，全部计入当月完工产品成本。

这种方法适用定额管理基础较好，各项消耗定额或费用定额比较准确、稳定，而且各月在产品数量变化不大的产品。

采用这种分配方法，应根据各种在产品有关资料以及在产品月末结存数量，计算各种月末在产品的定额成本。月末在产品定额成本与实际成本之间的差异（脱离定额差异）全部计入完工产品成本，不尽合理。如前所述，在各项消耗定额或费用定额比较准确、稳定，又不需要经常修订定额成本的条件下，这种分配方法能够比较准确、简便地解决完工产品与月末在产品之间费用分配的问题，否则会影响产品成本计算的正确性。

如果产品成本中直接材料费用所占比重较大，为了进一步简化成本计算工作，月末在产品成本可以只按定额原材料费用计算，其他各项实际费用计入完工产品成本。在产品按所耗直接材料费用计价法，与在产品按定额成本计价法结合应用，即在产品按定额直接材料费用计价法，月末在产品只计算所耗直接材料费用，且直接材料也是按定额进行计算。

七、定额比例法

定额比例法是将产品的生产费用按照完工产品和月末在产品的定额消耗量或定额费用的比例，分配计算完工产品成本和月末在产品成本的方法。其中，直接材料费用按照直接材料定额消耗量或直接材料定额费用比例分配，直接人工费用、制造费用等各项加工费，可以按定额工时的比例分配，也可以按定额费用比例分配。

这种方法适用于各项消耗定额管理基础较好，各项消耗定额或费用定额比较准确、稳定，各月末在产品数量变动较大的产品。由于各月末在产品数量变化较大，因而月初在产品费用脱离定额的差异总额与月末在产品费用脱离定额的差异总额的差额会较大。如仍采用定额成本法，将会使月初、月末在产品费用脱离定额的差异总额计入完工产品成本，从而影响完工产品成本计算的正确性。定额比例法计算公式如下。

1. 直接材料费用的分配

直接材料费用分配率

$$=\frac{\text{月初在产品原材料成本}+\text{本月发生的原材料成本}}{\text{完工产品定额原材料耗用量（或费用）}+\text{月末在产品定额原材料耗用量（或费用）}}$$

完工产品应分配直接材料费用=完工产品定额原材料耗用量（或费用）×直接材料费用分配率

在产品应分配直接材料费用=在产品定额原材料耗用量（或费用）×直接材料费用分配率

2. 直接人工费用/制造费用的分配

直接人工费用（或制造费用）分配率

$$=\frac{\text{月初在产品直接人工费用（或制造费用）}+\text{本月发生的直接人工费用（或制造费用）}}{\text{完工产品定额定额工时}+\text{月末在产品定额工时}}$$

$$\text{完工产品应分配直接人工费用（或制造费用）}=\text{完工产品定额原材料耗用量（或费用）}\times\text{直接人工费用（或制造费用）分配率}$$

$$\text{在产品应分配直接人工费用（或制造费用）}=\text{在产品定额原材料耗用量（或费用）}\times\text{直接人工费用（或制造费用）分配率}$$

在产品的成本费用也可以采用倒推的方法计算，用月初在产品的各项成本费用分别加上本月投入的各项成本费用减去当月完工产成品的各项成本费用后，即为月末在产品的成本费用。

【例 4-2】某企业生产甲产品的主要材料是 A 材料，本月 A 材料费用共计 19 695 元。本月完工甲产品 150 件，在产品 120 件。甲产品完工产品 A 材料消耗定额为 9 千克，在产品 A 材料消耗定额是 5 千克，A 材料单价 10 元。A 材料费用分配计算如下。

完工产品 A 材料定额费用=150×9×10=13 500（元）

在产品 A 材料定额费用=120×5×10=6 000（元）

$$\text{材料费用分配率}=\frac{19\,695}{13\,500+6\,000}=1.01\text{（元/千克）}$$

完工产品应分配 A 材料费用=13 500×1.01=13 635（元）

在产品应分配 A 材料费用=6 000×1.01=6 060（元）

综上所述，生产费用在完工产品与期末在产品之间的分配，可根据在产品数量的多少及其稳定程度、费用结构等因素，相应地采用既合理又简便的方法计算月末在产品和完工产品的实际成本。生产费用分配方法的适用范围及特点如表 4-2 所示。

表 4–2　生产费用分配方法的适应范围及特点

项目	不计算在产品成本法	在产品按年初固定数计价法	在产品按所耗直接材料费用计价法	约当产量比例法	在产品按完工产品成本计价法	在产品按定额成本计价法	定额比例法
月末在产品数量	很少	较多	较多	较多	较多	较多	较多
月末数量变化	不大	不大	较大	较大	—	不大	较大
材料费用比重	—	—	较大	—	—	—	—
各项费用比重差别	—	—	—	较大	—	较大	较大
完工程度	—	—	—	—	接近完工	—	—

八、完工产品成本的结转

企业生产产品发生的各项生产费用，已在各种产品之间以及每种产品的完工产品和月末在产品之间进行了分配，最终计算各种完工产品的实际生产成本，为分析和考核产品成本计划的执行情况提供了依据。企业的完工产品，包括产成品以及自制材料、工具和模具等。产品完工验收入库后，其成本应从“基本生产成本”“辅助生产成本”账户及所属明细账贷方转出，记入“库存商品”“原材料”及“周转材料”账户的借方。“基本生产成本”账户的月末借方有余额，就是基本生产中在产品的成本，即占用在基本生产过程中的生产资金，应与所属各种产品成本明细账中月末在产品成本之和核对相符。

月末对各种产成品的成本数据进行统计归集，汇总编制产成品成本汇总表，并据以填制结转完工入库产品成本的记账凭证。

完工产品验收入库并结转成本操作流程，如图 4-1 所示。

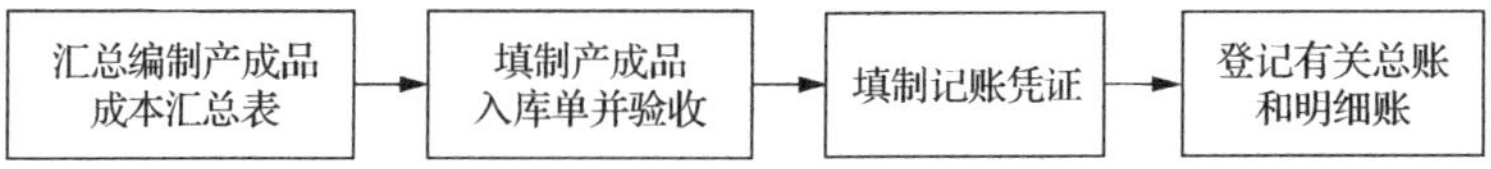

图 4–1　完工产品验收入库并结转成本操作流程

生产费用在各种产品之间以及在完工产品与月末在产品之间，进行横向和纵向分配和归集后，再计算各种完工产品的成本。

编制会计分录如下。

1. 结转完工产品的成本时

借：库存商品——产成品　×××

　　贷：生产成本　×××

2. 结转完工自制材料、工具、模具的成本时

借：原材料——　×××（自制材料成本）

　　低值易耗品——×××（自制工具、模具成本）

　　贷：生产成本——基本生产成本　×××

课外阅读

在《续玄怪录》中有一则“张老”的故事。神仙张老娶了一位姓韦的女子为妻。有一天，韦小姐的哥哥韦义方到张老家做客。临别时，张老交给韦义方一顶旧草帽，说：“大哥今后如果缺钱，可以到扬州北城卖药的王老府上取一千万钱，这个旧草帽就是凭证。”过了五六年，韦家出现了经济困难，无法维持生活，韦义方虽然怀疑张老“凭帽取钱”的说法，但仍然到扬州王老药店取钱。韦义方说：“张老让我来取一千万钱，他说把这个草帽给您就行。”王老说：“钱倒是有，不知帽子对不对？”韦义方说：“您老人家可以验一验草帽？”王老没说话，这时有一个少女掀开青布帘走出来说：“张老有一次来这里，让我给他缝帽子，当时没有黑线，就用红线缝上了。线的颜色和缝的针脚，我都能认出来。”说完把草帽拿过来验看，果然是张老的草帽，最后韦义方从王老那里取走了一千万钱。

我国民间故事在民间流传千百年，讲好中国故事，发扬中华传统文化及传统美德。诚实守信是中华民族的传统美德之一，早已融入我们民族的血液中，诚信是为人处事的基本原则，小到为人诚实不说谎，大到对事业，对祖国忠诚，诚信二字渗透在生活的各个层面。作为一名会计人员，同样也需要坚持诚信的基本原则，一方面是继承中华传统美德，另一方面，也是社会主义新时代内在要求。

思考：诚实守信对会计从业人员的重要性。

视野拓展

会计人员要养成细心、责任、担当等良好的职业素养和职业道德。工作中要时时刻刻践行“社会主义核心价值观”中法治和敬业理念。

课中实训

实训一　核算在产品成本

某工业企业基本生产车间在产品清查的结果如下。甲产品的在产品盘盈 10 件，单位定额成本为 20 元；乙产品的在产品盘亏 8 件，单位定额成本为 30 元，应由过失人赔款 20 元；丙产品的在产品毁损 250 件，单位定额成本为 20 元，残料入库作价 200 元。丙产品在产品的毁损是由自然灾害造成的，应由保险公司赔偿 3 000 元（款项尚未收到），其余损失计入产品成本。上述清查结果都已批准转账。

任务一　核算盘盈的在产品

（1）盘盈时：

（2）批准后转账：

任务二　核算盘亏的在产品

（1）盘亏时：

（2）批准后转账：

任务三　核算毁损的在产品

（1）毁损转账：

（2）残料入库：

（3）批准后转账：

实训二　分配生产费用

任务一　运用在产品按所耗直接材料费用计价法

某企业生产甲产品，该产品直接材料费用在产品成本中所占比重较大，完工产品与在产品之间分配费用采用在产品按所耗直接材料费用计价法。甲产品月初的在产品直接材料费用（即月初在产品费用）为 40 000 元；本月发生直接材料费用 210 000 元，直接人工费用 8 000 元，制造费用 2 000 元；完工产品为 850 件，月末在产品为 150 件。该产品的直接材料费用是在生产开始时一次投入的，直接材料费用按完工产品和在产品的数量比例分配。

分配计算过程如下。

任务二　运用约当产量法（原材料在生产开始时一次投入）

某企业生产乙产品，本月完工产品为 750 件，月末在产品为 150 件，月初在产品和本月合计直接材料费用为 45 000 元，直接人工费用为 8 400 元，制造费用为 12 600 元。直接材料是在生产开始时一次投入的，分配各项加工费用、计算约当产量所依据的完工率均为 60%。直接材料费用按照完工产品和在产品数量比例分配，各项加工费用按照完工产品数量和在产品约当产量比例分配，分配计算过程如下。

（1）计算月末在产品约当产量。

（2）直接材料费用分配。

（3）直接人工费用分配。

（4）制造费用分配。

（5）计算完工产品成本和在产品成本。

任务三　运用约当产量法（用完工率计算直接人工费用和制造费用）

某企业甲产品单位工时定额为 40 小时，经过三道工序制成。第一道工序工时定额为 8 小时，第二道工序工时定额为 16 小时，第三道工序工时定额为 16 小时。各道工序内各件在产品加工程度均按 50%计算。甲产品本月完工产品为 200 件。第一道工序的在产品为 20 件，第二道工序的在产品为 40 件，第三道工序的在产品为 60 件。

（1）根据各工序的月末在产品数量和各工序完工率，计算月末各工序在产品的约当产量及其总数，据以分配费用。

（2）根据各工序月末在产品数量和各工序的完工率，分别计算各工序月末在产品的约当产量及其总数并填入表 4-3 中。

表 4–3　　约当产量计算表

产品名称：甲产品　　2025 年 8 月

在产品所在工序	完工率	在产品数量/件		完工产品产量/件	产量合计
		结存量	约当产量		
1					
2					
3					
合计					

（3）甲产品月初加本月发生的加工费用为直接人工费用 7 980 元，制造费用 8 512 元。请计算完工产品与月末在产品加工费用的分配额。

a. 直接人工费用的分配。

b. 制造费用的分配。

任务四　运用约当产量法（原材料陆续投入）

甲产品需经两道工序制成，直接材料消耗定额为 500 千克，其中，第一道工序直接材料消耗定额为 240 千克，第二道工序直接材料消耗定额为 260 千克。月末在产品数量中第一道工序在产品为 200 件，第二道工序在产品为 150 件。完工产品为 241 件。月初在产品和本月发生的原材料费用共计 38 400 元。请计算各工序的完工率和约当产量并填入表 4-4。

表 4–4　　产量计算表

产品名称：甲产品　　2025 年 8 月

工序	本工序直接材料消耗定额/千克	完工率（投料率）	在产品约当产量/件	完工产品/件	合计
1					
2					
合计					

任务五 运用约当产量法（原材料在各工序前一次投入）

采用上题中甲产品在产品各工序的直接材料消耗定额，但直接材料在各工序开始时一次投入。计算结果填入表4-5。

表4–5 产量计算表

产品名称：甲产品 2025年8月

工序	本工序开始时一次投入直接材料消耗定额/千克	完工率（投料率）	在产品约当产量/件	完工产品/件
1				
2				
合计	500千克			

任务六 运用定额成本法（a）

假设金汐公司生产甲、乙两种产品。两种产品完工产品与月末在产品费用的分配均采用在产品按定额成本计价法。甲产品月末在产品为50件，单件原材料费用定额为310元（原材料在生产开始时一次投入），在产品定额机器总工时为200小时，在产品定额人工总工时为225小时；乙产品月末在产品为150件，单件原材料费用定额为300元（原材料在生产开始时一次投入），在产品定额机器总工时为450小时，在产品定额人工总工时为525小时。燃料和动力以及制造费用按机器工时计算，其他有关资料如表4-6所示，月末在产品定额成本计算结果填入表4-6中。

表4–6 月末在产品定额成本计算表

第一车间： 2025年9月

产品名称	在产品数量/件	直接材料定额费用/元	定额总工时		直接燃料和动力/（20元/机时）	直接人工费用/（35元/工时）	制造费用/（5元/机时）	定额成本合计/元
			机器工时	人工工时				
甲产品								
乙产品								
合计								

任务七 运用定额成本法（b）

某工业企业乙产品由A、B两个零件各一件组成，原材料在零件投产时一次投入，单位原材料费用定额为A零件5元，B零件6元。该产品各项消耗定额比较准确、稳定，各月在产品数量变化不大，月末在产品按定额成本计价。乙产品各工序工时定额和月末在产品数量如表4-7所示。

表4–7 乙产品各工序工时定额和月末在产品数量

零件名称	所在工序号	本工序工时定额/元	在产品数量/件
A	1	3	100
	2	2	80
	合计	5	180
B	1	6	200
	2	4	100
	合计	10	300

每道工序在产品的累计工时定额，按本道工序累计工时定额的50%计算。

每小时费用定额为燃料与动力0.5元，直接人工费用0.6元，制造费用0.8元，工时定额为15小时。乙产品月初在产品和本月生产费用如表4-8所示。

表 4-8　　月初在产品和本月生产费用　　金额单位：元

成本项目	原材料	燃料及动力	直接人工费用	制造费用	合计
月初在产品费用	4 500	1 630	1 728	2 400	10 258
本月生产费用	13 200	3 835	4 950	8 356	30 341

要求：

（1）计算并编制月末在产品定额成本计算表，如表 4-9 所示。

表 4-9　　月末在产品定额成本计算表　　金额单位：元

零件名称	所在工序	在产品数量/件	原材料费用		工时		燃料及动力	直接人工费用	制造费用	定额成本合计
			单件定额	定额费用	单件累计定额	定额工时				
A	1									
	2									
B	1									
	2									
合计			×		×					

（2）计算完工产品成本，登记乙产品的产品成本明细账，如表 4-10 所示。

表 4-10　　产品成本明细账

车间：第一车间　　产品：乙产品　　金额单位：元

月	日	摘要	成本项目				成本合计
			原材料	燃料及动力	直接人工费用	制造费用	
		月初在产品费用					
		本月生产费用					
		生产费用合计					
		本月完工产品成本					
		在产品费用					

任务八　运用定额比例法

某小微企业 9 月初甲在产品的费用为直接材料 15 000 元，直接人工费用 7 000 元，制造费用 3 000 元。本月投入的生产费用为直接材料 82 000 元，直接人工费用 35 000 元，制造费用 15 000 元。完工产品与月末在产品之间，直接材料费用按定额费用比例分配，其他费用按定额工时比例分配。计算各项费用分配结果并填入表 4-11。(表中*表示定额工时)。

表 4-11　　产品成本明细账

产品名称：甲产品　　2025 年 9 月　　金额单位：元

成本项目	月初在产品费用	本月费用	生产费用合计	费用分配率	完工产品费用		月末在产品费用	
					定额	实际	定额	实际
直接材料					80 000		20 000	
直接人工费用					1 000*		200*	
制造费用					1 000*		200*	
合计								

实训项目评价

技能点评指标		分值	得分
实训一　核算在产品成本	能准确进行在产品盘盈、盘亏及毁损的核算	10	
实训二　分配生产费用	能正确运用在产品按所耗直接材料费用计价法	10	
	能正确运用约当产量法	50	
	能正确运用定额成本法	15	
	能正确运用定额比例法	15	

同步测试题

一、单项选择题

1. 各月末在产品数量较多且各月之间数量变化也较大，如材料成本在产品成本中占的比重也较大，则在完工产品和在产品之间分配费用的方法可用（　　）。

A. 约当产量比例法　　B. 在产品按定额成本计价法

C. 在产品按完工产品成本计价法　　D. 在产品按所耗直接材料费用计价法

2. 直接按完工产品与在产品数量分配原材料费用的方法适用于（　　）的方式。

A. 原材料分工序一次投入　　B. 原材料随生产进度陆续投入

C. 原材料在投产时一次投入　　D. 原材料根据生产过程实际需要投入

3. 在多工序生产情况下，某工序在产品的完工程度为（　　）与单位完工产品工时定额的比率。

A. 所在工序单位在产品工时定额的 50%

B. 前道工序的单位在产品累计工时定额与所在工序单位在产品工时定额 50%的合计数

C. 所在工序单位在产品工时定额的 100%

D. 所在工序累计工时定额

4. 关于产品成本在完工产品和在产品之间的分配方法，下列说法不正确的是（　　）。

A. 在产品忽略不计法适用于各月在产品数量很少的产品

B. 在产品按固定成本计价法适用于各月月末之间在产品数量变化不大的产品

C. 如果在产品接近完工，处于尚未包装或尚未验收入库的状态，其按完工产品计算法计算在产品成本

D. 如果某产品各项消耗定额或费用定额比较准确、稳定，各月末在产品数量变化又不大，可以采用定额比例法进行计算

5. 分配加工费时所采用的在产品完工率是指在产品（　　）与完工产品工时定额的比率。

A. 所在工序工时定额的 50%

B. 所在工序的工时定额

C. 上道工序累计工时定额和所在工序工时定额之半的合计数

D. 所在工序在产品的累计工时定额

6. 在产品按年初固定数计价法，适用于（　　）。

A. 各月在产品数量较大　　B. 各月在产品数量很小

C. 各月在产品数量变化不大　　D. 月末在产品数量变化较大

7. 按完工产品与月末在产品数量的比例，分配计算完工产品和月末在产品的原材料费用，必

须具备的条件是（　　）。

A. 原材料在生产开始时一次投入　　B. 原材料陆续投入

C. 产品成本中原材料费用比重较大　　D. 原材料消耗定额比较准确

8. 约当产量比例法的适用条件是（　　）。

A. 月末在产品数量较大

B. 各月末在产品数量变化较大

C. 产品成本中原材料费用和工资等加工费用的比重相差不大

D. 以上三项条件同时具备

9. 某产品耗用的原材料是分工序一次投入的，各材料消耗定额为第一工序 30 千克，第二工序 20 千克，第三工序 30 千克，该种产品第二工序在产品的完工程度为（　　）。

A. 40%　　B. 50%　　C. 62.5%　　D. 100%

10. 采用约当产量法进行原材料费用的纵向分配，在产品完工程度可能按工时定额计算的条件是（　　）。

A. 原材料在生产开始时一次投入　　B. 原材料一次投入并与加工进度基本一致

C. 原材料陆续投入但与加工进度不一致　　D. 原材料分工序一次投入

二、多项选择题

1. 某企业的 A 产品经两道工序加工完成，原材料分两道工序并在每道工序中陆续投入，投料量分别为 700 千克、300 千克，两道工序单位在产品工时定额分别为 60 小时、40 小时，则每道工序的在产品投料程度为（　　）。

A. 70%　　B. 100%　　C. 30%　　D. 80%

2. 在产品按定额成本计价法下，下列说法正确的有（　　）。

A. 月末在产品定额工资成本与定额制造成本的计算依据即月末在产品定额工时是一样的

B. 如产品第一道工序工时定额为 40 小时，在产品数量为 50 件，则在产品定额工时为 1 000 小时

C. 此种方法的关键是确定在产品定额工时

D. 如原材料为投产时一次投料，则在产品定额原材料费用为每道工序在产品数量乘以材料定额费用之和

3. 某企业 B 产品经过三道工序加工而成，三道工序工时定额分别为 100 小时、0 小时和 40 小时；三道工序在产品数量分别为 100 件、200 件和 300 件，则 B 产品的在产品约当量为（　　）件。

A. 25　　B. 130　　C. 160　　D. 270

4. 下列说法正确的有（　　）。

A. 采用定额比例法的必备前提条件是要有比较稳定和准确的消耗定额或费用定额

B. 约当产量法下不分工序确定在产品完工程度的方法适用于各工序在产品数量和在产品在各工序加工量相差很大的产品

C. 为了简化核算，对各月在产品数量很少的产品，可以将本期产品成本全部计入本期完工产品成本

D. 约当产量比例法的核心是约当产量的计算，而计算约当产量的关键是在产品完工程度或投料程度的确定

5. 约当产量比例法下，关于在产品的原材料投料程度说法不正确的有（　　）。

A. 如原材料为生产开始时一次投入，在产品的投料程度应为 100%

B. 如原材料为分生产工序陆续投入，在产品的投料程度应为本工序的在产品工时定额除以完工产品的工时定额

C. 如原材料为分生产工序投入，并在每道工序开始时一次投入，则每道工序的在产品投料程度均应为 100%

D. 如原材料为分生产工序投入，并在每道工序开始时一次投入，则每道工序的在产品投料程度应为在产品上道工序累计投料数与本工序投料数之和除以完工产品应投料数

6. 采用约当产量比例法，必须正确计算在产品的约当产量，而在产品约当产量的计算正确与否取决于完工程度的测定，测定在产品完工程度的方法有（　　）。

A. 按 50%平均计算各工序完工率　　B. 分工序分别计算完工率

C. 按定额比例法计算　　D. 按定额工时计算

7. 企业的在产品包括（　　）。

A. 正在车间加工中的在制品

B. 已完成某个或几个加工步骤需进一步加工的半成品

C. 返修中的废品

D. 未经检验入库的产品

8. 完工产品与月末在产品之间分配费用的方法有（　　）。

A. 交互分配法　　B. 不计算在产品成本法

C. 约当产量比例法　　D. 在产品按定额成本计价法

9. 采用在产品按所耗用直接材料费用计价法分配生产费用时，应具备以下条件（　　）。

A. 原材料费用在产品成本中占的比重较大　　B. 各月末在产品数量较多

C. 各月末在产品数量变化较大　　D. 各月在产品数量比较稳定

10. 采用约当产量比例法分配完工产品和月末在产品费用，适用于（　　）产品。

A. 月末在产品数量不多　　B. 月末在产品数量较大

C. 产品成本中各项费用所占比重相差不多　　D. 各月在产品数量变化较大

三、判断题

1. 在产品成本按年初固定数计价法确定时，某种产品本月发生的生产费用加上月初在产品成本构成本月完工产品的成本。（　　）

2. 某工序的在产品完工率为该工序累计的工时定额占完工产品工时定额的比率。（　　）

3. 在有在产品的情况下，由于在产品完工程度与完工产品的完工程度不同，因此，产品成本的所有项目不能按它们的数量比例来分配。（　　）

4. 在会计实务中，生产费用在完工产品与在产品之间的分配并不一定通过编制“完工产品与月末在产品分配表”完成。（　　）

5. 在产品盘点发生毁损时，对该在产品成本连同应负担的增值税额一并计入“营业外支出”账户。（　　）

6. 约当产量比例法是将产品的生产费用按照完工产品和月末在产品的定额消耗量或定额费用的比例，分配计算完工产品成本和月末在产品成本的方法。（　　）

7. 煤矿可采用不计算在产品成本法计算产品成本。（　　）

8. 约当产量比例法适用于月末在产品数量较多，在产品数量变化也较大，原材料费用和直接人工费用比重相差不多的产品。（　　）

9. 不计算在产品成本法适用于在产品已接近完工的产品。（　　）

10. 定额比例法适用于各项消耗定额管理基础较好，各项消耗定额或费用定额比较准确、稳定，各月末在产品数量变动较大的产品。（　　）

项目五

产品成本计算的基本方法

学习目标

知识目标

1. 明确各种成本计算方法的特点、适用范围、一般计算流程及账务处理过程。

2. 掌握简化分批法的应用条件、基本生产明细账的作用以及在生产费用分配上的特点。

3. 掌握逐步结转分步法下，各种步骤间成本结转的方法以及成本还原的方法。

4. 掌握平行结转分步法下，广义在产品的含义以及生产费用在最终完工产品与广义在产品之间分配的方法。

5. 掌握逐步结转分步法和平行结转分步法各自的优缺点。

技能目标

1. 能熟练运用品种法、分批法进行成本计算。

2. 能正确运用分步法的基本原理，解决产品成本计算实际问题。

3. 能正确进行综合结转分步法的成本还原计算。

素养目标

培养学生新时代的“工匠精神”，做到干一行、爱一行，精一行，以适应复杂繁琐的成本核算工作，特别是管理上需要计算各生产步骤半成品成本的大量大批多步骤生产企业的成本计算工作。

思维导图

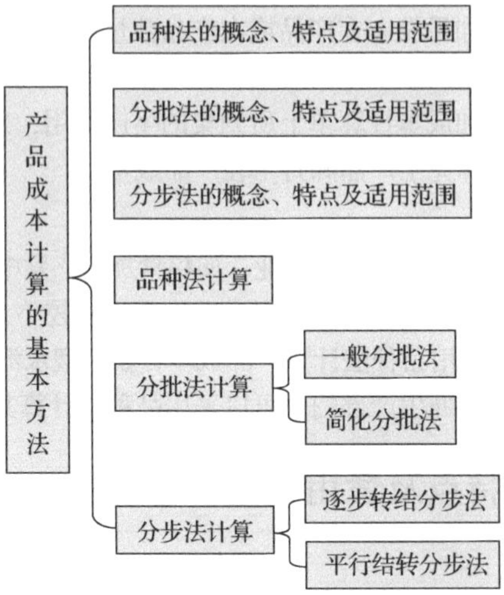

课前自学

一、品种法的概念、特点及适用范围

1. 品种法的概念

产品成本计算的品种法，是以产品品种为成本计算对象归集生产费用，计算产品成本的一种方法。

按照产品的生产类型和成本计算的繁简程度，可将品种法分为简单品种法和标准品种法。简单品种法是指企业最终只生产一种产品，生产过程中发生的应计入产品成本的各种费用都是直接生产费用，不存在各种产品之间进行分配的问题，而只需要根据有关原始凭证及费用汇总表登记产品成本明细账。在标准品种法下，凡是生产过程中发生的应计入产品成本的各种间接生产费用，均应在各种产品间分配。

2. 品种法的特点

（1）以产品品种作为成本计算对象。品种法以产品品种作为成本计算对象，设置产品成本明细账或编制成本计算单，归集生产费用，计算产品成本。采用品种法计算成本的企业，往往是大量大批重复生产一种或几种产品的企业。采用品种法进行成本计算时，如果企业只生产一种产品，发生的生产费用全部是直接费用，可以直接计入产品成本明细账和成本计算单有关成本项目中，而不存在将生产费用在各种产品间分配的问题。如果企业生产两种或两种以上产品，就需要按照每种产品分别开设成本明细账和成本计算单，直接费用应直接计入产品的成本明细账和成本计算单；不能分清应由哪种产品负担的间接费用，则应采用适当的分配方法分配计入各产品成本明细账和成本计算单。

（2）成本计算期与会计报告期一致，即按月定期计算产品成本。由于采用品种法计算产品成本的企业是大量大批连续不断地进行生产的，不可能在产品生产完工时就计算其产品成本，只能定期在月末计算当月生产的完工产品成本。所以，品种法的成本计算期与会计报告期一致，但与生产周期不一致。

（3）月末一般要将生产费用在完工产品与在产品之间进行分配。大量大批生产的企业，由于产品是不断地产出，而成本计算期是固定的。因此，在月末计算成本时，就可能有完工产品与在产品。月末计算产品成本时，如果没有在产品或在产品数量很少，则不需要计算在产品成本，成本明细账和成本计算单上所登记的全部生产费用，就是该产品的完工产品总成本；如果月末在产品数量较多，则将成本明细账和成本计算单上所归集的生产费用，采用适当的方法在完工产品与在产品之间进行分配，分别计算完工产品和月末在产品成本。

3. 品种法的适用范围

（1）主要适用于大量大批单步骤生产的企业，如粮食加工、发电、采掘、供水、铸造等企业。

（2）在大量大批多步骤生产的企业中，如果企业生产规模较小，而且成本管理又不要求提供各步骤的成本资料时，也可以采用品种法计算产品成本，如小型水泥厂、制砖厂、造纸厂等企业。

（3）企业中供水、供电等辅助生产部门也可以采用品种法计算其产品或劳务成本。

二、分批法的概念、特点及适用范围

1. 分批法的概念

产品成本计算的分批法是按照产品的生产批别作为成本核算对象，归集生产费用、计算产品成本的一种方法。在小批、单件生产的情况下，企业通常是按照订货单位的订单签发生产通知单进行组织生产的。因此，按照产品批别计算产品成本，就是按照订单计算产品成本，所以分批法

也叫订单法。

2. 分批法的特点

（1）不按产品的生产步骤而只按产品的批别（分批、不分步）计算成本。

分批法的成本计算对象是产品的批别（单件生产为件别），因此，企业应首先确定成本计算对象，即批别（件别）。

① 小批、单件生产，按批、按件计算产品成本，也就是按订单计算产品成本，所以分批法也称订单法。

② 如果一张订单中规定有几种产品，或者有一种产品但因其数量较多而要求分批交货时，按品种划分批别组织生产，计算产品成本。

③ 如果一张订单中只规定一种产品，但属于大型复杂的产品，可按产品的组成部分分批组织生产，计算产品成本。

④ 如果在同一时期，企业接到要求生产同一种产品的几张订单，可合为一批产品进行组织生产，并计算产品成本。

（2）成本计算期与生产周期一致。

为了保证各批产品成本计算的正确性，各批产品成本明细账的设立和结算，应与生产任务通知单的签发和结束密切配合，协调一致，即各批或各订单产品的成本总额，在其完工以后（完工月份的月末）计算确定。因而完工产品成本计算期是不定期的，它与产品的生产周期基本一致，与会计报告期不一致。

（3）一般不需要在完工产品和在产品之间分配生产费用。

由于成本计算期与产品的生产周期一致，因而在月末计算产品成本时，一般不存在完工产品与在产品之间分配费用的问题。按产品批别归集的生产费用，如果月末该批产品都已完工，或者在相距不久的时间内全部完工，月末计算产品成本时，或是全部已经完工，或是全都没有完工，因而一般也不存在完工产品与在产品之间分配费用的问题。但是，也有可能出现另一种情况，就是批内产品跨月陆续完工并交付购货单位，在这种情况下，需要采用一定的方法计算本月完工产品成本，具体的处理方法有两种。

第一，批内产品跨月陆续完工的情况不多，月末完工产品数量占全部批量的比重较小时，可以采用简便的分配方法，即按计划单位成本、定额单位成本或最近一期相同产品的实际单位成本计算完工产品成本；从产品成本明细账中转出完工产品成本后，各项费用余额之和即为在产品成本。在该批产品全部完工时，还应计算该批产品的实际总成本和单位成本，但对已经转账的完工产品成本，不进行账面调整。这样做主要是为了计算先交货产品的成本。这种分配方法虽然核算工作较简单，但分配结果不是很准确。

第二，批内产品跨月完工的情况较多，月末批内完工产品数量占全部批量的比重较大时，可以采用适当的分配方法（如约当产量法、定额比例法），将生产费用在完工产品和在产品之间分配，计算完工产品和在产品成本。为了使同一批产品尽量同时完工，避免跨月陆续完工的情况，减少完工产品与月末在产品之间分配费用的工作，在合理组织生产的前提下，可以适当缩小产品的批量。

这两种计算方法，由于都带有一定的假定性，所以在整批产品全部完工时，重新计算该批产品的总成本和单位成本。企业对于某批产品直接发生的费用，应根据原始凭证或费用分配表，直接计入该产品成本计算单位的有关项目；对于不能按批别划分的间接费用，首先，按费用发生的地点加以归集，其次，会计期末应在各受益对象之间进行分配。

（4）间接费用可采用“当月分配法”或“累计分配法”在各批产品之间进行分配。

当月分配法是指分配间接费用（主要为制造费用）时，无论各批次或各订单产品是否完工，都要按当月分配率分配其应负担的间接费用。采用当月分配法，月末间接费用明细账没有余额，未完工批次或订单的产品也要按月结转间接费用。如果企业在投产批次比较多而大多数为未完工批次或订单时，按月结转未完工批次产品的间接费用意义不大，而且手续烦琐，这种情况下，企业应考虑采用“累计分配法”分配间接费用。采用累计分配法时，间接费用明细账月末留有余额，完工批次或订单产品一次负担间接费用，因此，可以简化产品成本核算工作。

3. 分批法的适用范围

分批法主要适用于单件小批生产类型的企业，例如生产重型机械、船舶、精密仪器、专用设备、专用工具、模具等企业。在大量大批生产类型的企业中，其主要产品生产之外的新产品试制、来料加工、自制设备等，也可以采用分批法计算成本。

在单件小批生产类型的企业中，生产是按购买者的订单来进行的。各张订单中的产品往往种类不同或规格不一，所用的原料和制造方法各异，所以一张订单的成本，必须与其他各张订单的成本分开计算。特别是如订货合同规定在产品成本基础上定价时，则各张订单完工，要报给购买者这批订货的成本，这样就更需要按订单来计算成本。适合采用分批法计算成本的企业或成产车间有下列几种。

（1）根据购买者订单生产的企业。

这些企业专门根据购买者的要求，生产特殊规格、规定数量的产品。购买者的订货可能是单件的大型产品，如船舶、大型锅炉；也可能是多件同样规格的产品，如根据订货企业设计的图样生产的特殊仪器。

（2）提供机器设备修理等劳务的企业或企业的生产单位（车间、分厂）。

（3）从事新产品试制、自制设备、自制工具和模具等生产任务的生产单位（车间、分厂）。

（4）产品种类经常变动的小规模制造企业，如生产门窗把手等小型五金企业，由于其规模小，工人数量少，同时要根据市场需要不断变动产品和数量，不可能按产品设置流水线大量生产，因而必须按每批产品计算其成本。

三、分步法的概念、特点及适用范围

1. 分步法的概念

分步法是按照产品的生产步骤归集生产费用，计算产品成本的一种方法。

2. 分步法的特点

（1）不按产品的批别计算产品成本，而按产品的生产步骤计算产品成本。

分步法的成本计算对象是各种产品生产步骤，按产品的生产步骤设立产品成本明细账。

① 如果只生产一种产品，成本计算对象是该种产品及其所经过的各生产步骤，按产品的生产步骤设立成本明细账。

② 如果生产多种产品，成本计算对象是各种产品及其所经过的生产步骤，按每种产品的各个步骤设立成本明细账。

注意

在实际工作中，产品成本计算的分步与产品生产步骤的划分不一定完全一致。

（2）成本计算期与产品生产周期不一致。

在大量大批的多步骤生产类型企业中，由于生产过程较长，可以间断，产品往往都是跨月陆续完工，因此，成本计算一般都是按月、定期地进行，即在分步法下，成本计算期与会计报告期一致，而与产品的生产周期不一致。

（3）生产费用在完工产品与在产品之间的分配。

由于大量大批多步骤生产的产品往往是跨月陆续完工的，月末各步骤一般都存在未完工的在产品。因此，在计算成本时，还需要采用适当的分配方法，将汇集在各种产品、各生产步骤产品成本明细账中的生产费用，在完工产品和在产品之间进行分配，计算各产品、各生产步骤的完工产品成本和在产品成本。

（4）各步骤之间成本的结转。

由于产品生产是分步骤进行的，上一步骤生产的半成品是下一步骤的加工对象。因此，在采用分步法计算各种产品成本时，还需要按照产品品种结转各步骤成本，这是分步法的一个重要特点。由于各企业生产工艺过程和成本管理对各步骤成本资料的要求（要不要计算半成品成本）不同，产品成本计算的分步法又分为逐步转结分步法和平行结转分步法两种。

3. 分步法的适用范围

大量大批的而且管理要求按照产品的生产步骤归集生产费用计算各步骤成本的多步骤生产类型的企业中。产品生产可以划分为若干个生产步骤进行。例如，纺织企业生产可分为纺纱、织布等步骤；冶金企业可分为炼铁、炼钢、轧钢等步骤；机器制造企业生产可分为铸造、加工、装配等步骤。为了加强成本管理，企业往往不仅要求按照产品品种归集生产费用，计算产品成本，而且还要按照产品的生产步骤归集生产费用，计算各步骤产品成本，提供反映各种产品及其各生产步骤成本计划执行情况的资料。

教学内容

一、品种法计算

品种法是最基本的产品成本计算方法。无论是何种生产类型、何种生产工艺、何种成本管理要求，最终都必须计算每种产品的成本。所以，按产品品种计算产品成本，是进行产品成本核算最基本的要求。

在采用品种法计算产品成本的企业或车间中，如果只生产单一产品，成本计算对象就是该产品的产成品成本。在这种情况下，企业发生的全部生产费用都是直接计入费用，不存在费用在各个成本计算对象之间的分配问题。如果生产多种产品，就要按照产品的品种分别设立成本明细账，间接计入费用需在各成本计算对象之间进行分配，然后计入有关产品的成本明细账。

采用品种法计算产品成本时，可按以下步骤进行。

（1）设置产品成本明细账。按产品品种设立基本生产成本明细账或编制产品成本计算单，并按成本项目设置专栏。

（2）设置“辅助生产成本”“制造费用”等成本明细账。账内按成本项目或费用项目设置专栏。

（3）分配各种要素费用。

① 分配材料费用，根据领用材料凭证和退料凭证及有关分配标准编制材料费用分配表，分配材料费用，并据以登记有关明细账。

② 分配人工费用，根据各车间、部门人工费用结算凭证及人工费用的计提办法编制人工费用分配表，分配人工费用，并据以登记有关明细账。

③ 分配折旧费用，根据各车间、部门计提固定资产折旧的方法编制折旧费用分配表，分配折旧费用，并据以登记有关明细账。

④ 分配辅助生产费用。根据各种费用分配表和其他有关资料在“辅助生产成本明细账”归集的辅助生产费用，按照受益原则，采用适当的方法（直接分配法、交互分配法、顺序分配法、计划成本分配法和代数分配法）在各个受益对象之间进行分配，编制辅助生产费用分配表，分配辅助生产费用，并据以登记有关明细账。

⑤ 分配基本车间制造费用。根据基本生产车间“制造费用明细账”归集的生产费用，采用适当的方法（生产工人工时比例分配法、生产工人工资比例分配法、机器工时比例分配法、按年度计划分配率分配法等）在该车间生产的各种产品之间进行分配，编制制造费用分配表，据以登记各种产品的“基本生产成本明细账”或“产品成本计算单”。

（4）分配计算各种完工产品成本和在产品成本。根据各种费用分配表和其他有关资料在“基本生产成本明细账”或“产品成本计算单”归集的生产费用，月末应采用适当的方法分配计算各种完工产品成本和在产品成本。如果月末没有在产品，则本月发生的生产费用全部是完工产品成本。

（5）计算产成品成本。根据“产品成本计算单”计算本月完工产品成本，汇总编制“完工产品成本汇总表”，计算完工产品总成本和单位成本，并进行结转。品种法的计算流程如图 5-1 所示。

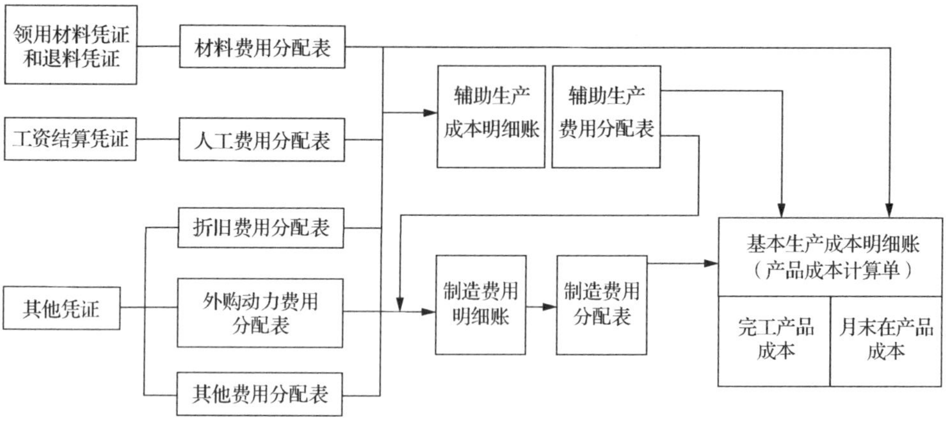

图 5–1　品种法的计算流程

二、分批法计算

（一）一般分批法

1. 按产品批别设置生产成本明细账（产品成本计算单）

分批法以产品批别为成本计算对象，因此，应当按产品批别设置生产成本明细账，用以归集和分配生产费用，计算各批产品的实际总成本和单位成本。

2. 按产品批别归集和分配本月发生的各种费用

企业当月发生的生产费用，能够按照批次划分的直接计入费用，包括直接材料费用、直接人工费用等，要在费用原始凭证上注明产品批号，以便据以直接计入各批产品生产成本明细账；对于多批产品共同发生的直接材料费用和直接人工费用等，则应在费用原始凭证上注明费用的用途，以便按费用项目归集，按照企业确定的费用分配方法，在各批产品（各受益对象）之间进行分配后，再计入各批产品生产成本明细账。

3. 分配辅助生产费用

设有辅助生产单位的企业，月末应将汇集的辅助生产费用分配给各受益对象，包括直接分配给产品的生产成本和基本生产单位的制造费用等。

4. 分配基本生产单位制造费用

基本生产单位的制造费用应计入该生产单位的各批产品成本，月末将汇集的基本生产单位制造费用分配给各受益对象。

5. 计算完工产品成本

月末加计完工批别成本明细账中所归集的生产费用，计算完工产品的实际总成本和单位成本；

月末各批未完工产品成本明细账内归集的生产费用即为月末在产品成本。如某批产品少量跨月陆续完工，可以用完工产品实际数量乘以近期实际单位成本或计划单位成本、定额单位成本，作为完工产品实际总成本。为了正确分析和考核该批产品成本计划的执行情况，在该批产品全部完工时还应计算该批产品的实际总成本和单位成本。

6. 结转完工产品成本

期末，根据产品成本计算结果结转本期完工产品的实际总成本。

分批法成本计算流程中，除了产品生产成本明细账的设置和完工产品成本的计算与品种法有区别外，其他计算流程与品种法是完全一样的。分批法的计算流程如图 5-2 所示。

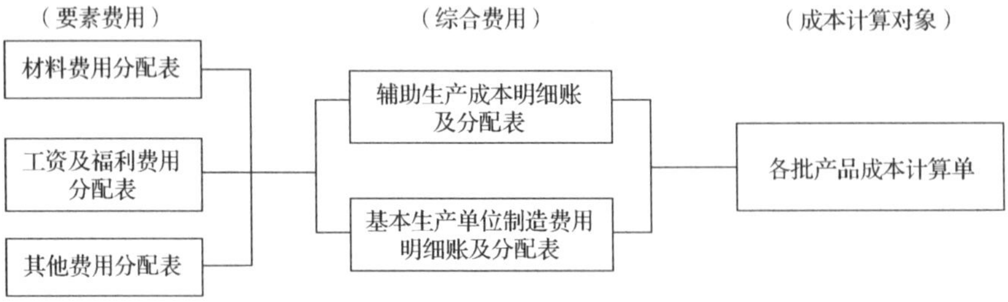

图 5-2　分批法的计算流程

（二）简化分批法

扫一扫，看微课

简化分批法

在小批单件生产类型的企业或车间中，如果同一月份投产的产品批数很多，且月末未完工的产品批数也比较多，如机械制造厂或修配厂同一月份投产的产品批数很多。在这种情况下，如果将当月发生的间接计入费用全部分配给各批产品，而不管各批产品是否已经完工，费用分配的核算工作将非常繁重。

为了简化核算工作，在这类企业或车间中还可采用另一种方法，将间接计入费用在各批产品之间的分配工作，与其在完工产品与月末在产品之间的分配工作相结合，即累计间接费用分配法，又称简化分批法。

1. 简化分批法的含义

简化分批法是指不按月分配制造费用的分批法，在每一批别的产品成本计算单中，日常只登记直接材料费用和直接成本，作为间接成本的制造费用，之后等某批别产品完工时才一并分配。简化分批法下，为了按月提供企业或车间的全部产品的累计生产费用和累计工时（实际工时或已完成的定额工时）资料，必须设立产品成本明细账。

2. 简化分批法的特点

简化分批法与一般分批法相比较，具有以下特点。

（1）设立基本生产成本明细账。

在按照产品批别设立产品成本计算单的同时，设立基本生产成本明细账，对不同批别产品发生的生产费用、生产工时登记入账。基本生产成本明细账有助于提供企业全部产品的累计生产费用和生产工时（实际生产工时或定额生产工时）等资料。

（2）不分批计算在产品成本。

月末，将完工产品应负担的间接费用转入各完工批次的产品成本计算单，基本生产成本明细账反映全部批次月末在产品成本。各未完工批次的产品成本计算单上只反映累计直接计入费用和累计工时，不反映各批次的在产品成本。对于未完工的在产品则不分配间接计入费用，即不分批计算在产品成本。

（3）采用累计间接计入费用分配率计算分配费用。

在有完工产品的月份，根据基本生产成本明细账的记录，计算全部产品累计间接计入费用分配率，按该批完工产品累计工时乘以全部产品累计间接计入费用分配率计算和分配其应负担的间接计入费用，并将分配的间接计入费用记入按产品批别设置的产品成本计算单（或产品成本明细账）。计算公式如下所示。

$$全部产品累计间接计入费用分配率=\frac{全部产品累计间接费用}{全部产品累计工时}$$

$$\begin{matrix}某批完工产品应负担\\的间接计入费用\end{matrix}=\begin{matrix}该批完工\\产品累计工时\end{matrix}\times\begin{matrix}全部产品累计间接\\计入费用分配率\end{matrix}$$

（4）计算完工产品应分配的间接费用。

计算完工产品应分配的间接费用时，首先，应在基本生产成本明细账中分批次计算（即用各批次完工产品的累计生产工时乘以不同成本项目的间接费用分配率），并在各批次的成本明细账中登记。其次，将所有批次的成本明细账中完工产品的各项间接费用汇总起来，再计入基本生产成本明细账的相应成本项目栏。基本生产成本明细账中完工产品的原材料费用和生产工时也是根据各批次产品基本生产成本明细账中完工产品的原材料费用和生产工时汇总登记的。简化分批法的计算流程如图 5-3 所示。

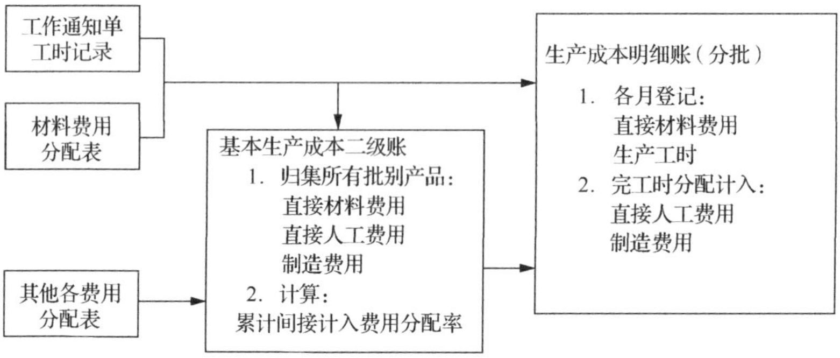

图 5–3　简化分批法的计算流程

3. 简化分批法的优缺点和应用条件

采用简化分批法，企业可以简化费用的分配和登记工作，月末未完工产品越多，核算工作就越简便。但是，这种方法在各月间接计入费用水平相差悬殊的情况下不宜采用，会影响各月产品成本计算的正确性。

采用简化分批法时，必须具备以下两个条件。

（1）各月间接计入费用的水平相差不多。

（2）月末未完工产品的批数比较多。

三、分步法计算

分步法按是否需要计算和结转各步骤半成品成本，分为逐步结转分步法和平行结转分步法两种。

（一）逐步转结分步法

逐步结转分步法是按各加工步骤归集生产费用，计算各加工步骤半成品成本，而且半成品成本随半成品实物转移在各加工步骤之间顺序结转，最后计算产成品成本的一种成本计算方法。半成品实物流转程序有两种，即不通过仓库收发和通过仓库收发。

半成品不通过仓库收发的计算流程：首先，计算第一步骤半成品成本，其次，随半成品实物转移，将其成本转入第二步骤产品成本明细账，再加上第一步骤所发生的费用，计算第二步骤半成品成本，依次逐步累计结转，直到最后步骤计算产成品成本为止。

在半成品完工和领用通过仓库收发的情况下，成本核算的基本步骤与上述半成品不通过仓库收发基本相同，唯一的差别是在各步骤设立“自制半成品明细账”，核算各步骤半成品的收、发、存情况。

逐步结转分步法实际上是品种法在各步骤中多次连续的应用。

按照半成品成本在下一步骤成本明细账中的反映方法的不同，又可分成综合逐步结转分步法和分项逐步结转分步法两种。

1. 综合逐步结转分步法

扫一扫，看微课

综合逐步结转分步法

综合逐步结转分步法是将各步骤所耗用上一步骤的半成品成本，以“直接材料”或专设的“半成品”项目，综合计入各该步骤的生产成本明细账中。

综合逐步结转可以按照半成品的实际成本结转，也可以按照半成品的计划成本（或定额成本）结转。

（1）半成品按实际成本综合结转的账务处理如下所示。

半成品的实际成本=实际数量×实际单位成本

如果半成品通过半成品仓库收发，则编制会计分录如下。

① 上一步骤半成品交半成品仓库验收入库时。

借：原材料——自制半成品——×××半成品

　　贷：生产成本——基本生产成本——×××半成品（上一步骤）

② 本步骤从半成品仓库领用上一步骤半成品时。

借：生产成本——基本生产成本——×××半成品或×××产成品（本步骤）

　　贷：原材料——自制半成品——×××半成品（上一步骤）

③ 最后步骤完工时，结转完工产品成本。

借：库存商品——×××产成品

　　贷：生产成本——基本生产成本——×××产成品（最后步骤）

逐步结转分步法的计算流程（半成品入库），如图 5-4 所示。

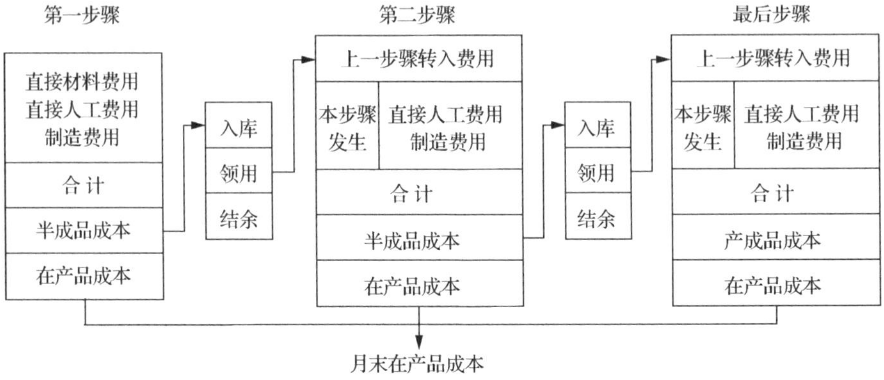

图 5–4　逐步结转分步法的计算流程（半成品入库）

如果半成品不通过半成品仓库收发，而直接从上一步骤移送下一步骤，则编制会计分录如下。

借：基本生产成本——本步骤（×××半成品或×××产成品）

　　贷：基本生产成本——上一步骤（×××半成品）

逐步结转分步法的计算流程（半成品不入库），如图 5-5 所示。

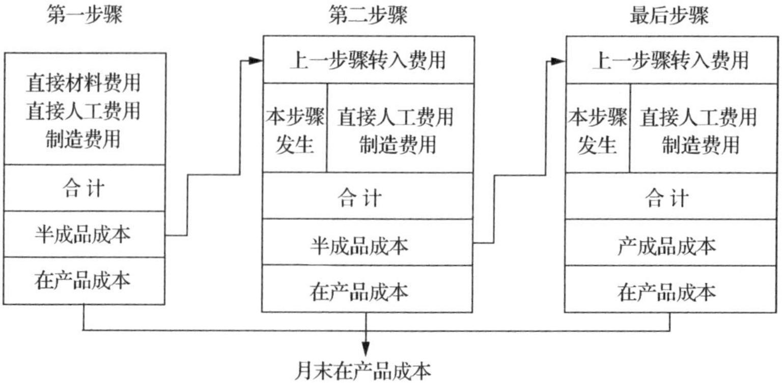

图 5-5　逐步结转分步法计算流程图（半成品不入库）

（2）半成品按计划成本（或定额成本）综合结转，半成品日常收发的明细核算均按计划成本计价，在半成品实际成本计算出来后，再计算半成品的成本差异额和差异率，并调整领用半成品计划成本，而半成品收发的总分类核算则按实际成本计价。

半成品按计划成本综合结转所用明细账的特点，如表 5-1 所示。

① 自制半成品明细账不仅要反映半成品收发和结存的数量和实际成本，而且要反映其计划成本，以及成本差异率和成本差异额。自制半成品明细账如表 5-1 所示。

表 5-1　　自制半成品明细账

半成品名称：××半成品　　数量单位：件　　金额单位：元

月份	月初余额			本月增加			合计				本月减少			
	数量	计划成本	实际成本	数量	计划成本	实际成本	数量	计划成本	实际成本	成本差异	差异率	数量	计划成本	实际成本
	①	②	③	④	⑤	⑥	⑦=①+④	⑧=②+⑤	⑨=③+⑥	⑩=⑨-⑧	⑪=⑩/⑧	⑫	⑬	⑭=⑬+⑬×⑪
1														
2														

② 在产品成本明细账中，对于所耗用半成品的成本，可以直接按照调整成本差异后的实际成本登记，也可以按照计划成本和成本差异分别登记，以便分析上一步骤半成品成本差异对本步骤成本的影响。如采用后一种做法，产品成本明细账中的“半成品”项目，应分设“计划成本”“成本差异”“实际成本”三栏。产成品成本明细账如表 5-2 所示。

表 5-2　　产成品成本明细账

第×车间：×产品　　金额单位：元

2025 年		凭证号数	摘要	产量/件	半成品			直接人工费用	制造费用	成本合计
月	日				计划成本	成本差异	实际成本			
			月初在产品（定额成本）							
			本月费用							
			合计							
			完工转出产成品							
			单位成本							
			月末在产品（定额成本）							

与按实际成本综合结转半成品成本方法相比较，按计划成本综合结转半成品成本具有以下优点。

第一，可以简化和加速半成品产品成本核算和产品成本计算的工作。

第二，便于各步骤进行成本的考核和分析。

（3）综合结转的成本还原。

从产品成本明细账可以看出，采用综合结转法的结果是表现在产成品成本中的绝大部分费用是第二车间所耗半成品的费用，而直接人工费用、制造费用只是第二车间发生的费用，在产成品成本中所占比重很小。显然，这不符合产品成本构成的实际情况，因而不能据以从整个企业角度分析和考核产品成本的构成和水平。因此，在管理上要求从整个企业角度考核和分析产品成本构成和水平时，还应将综合结转算出的产成品成本进行还原。

① 成本还原是在采用综合结转分步法的情况下，从最后一个步骤起，把本月产成品成本中所耗用上一步骤半成品的综合成本还原为按直接材料费用、直接人工费用、制造费用等原始成本项目反映的产成品成本资料。

② 成本还原的对象是产品成本明细账中的“半成品”项目。

③ 成本还原的方法是将本月产成品所耗上一步骤半成品的综合成本，按本月所产该种半成品的成本构成进行还原。

④ 成本还原的依据是各成本项目费用之间的比例。

⑤ 计算还原分配率。

$$还原分配率=\frac{需要还原的半成品综合成本}{上一步骤本月所产该种半成品成本合计}$$

还原分配率的含义是每一元所产半成品成本相当于产成品所耗半成品费用若干元。

⑥ 按原始成本项目反映产成品中“半成品”成本。

“半成品”成本费用=还原分配率×本月所产该种半成品各个成本项目的费用

⑦ 编制产成品成本还原计算表。

假设某产品经过两个生产步骤完成，则产成品成本还原计算的格式和相关计算过程如表 5-3 所示。

表 5–3　　产成品成本还原计算表

××年××月　　金额单位：元

行次	项目	产量	还原分配率	半成品	直接材料费用	直接人工费用	制造费用	成本合计
①	还原前产成品成本	x		a_2		b_2	c_2	d_2
②	本月所产半成品成本				a_1	b_1	c_1	d_1
③	产成品成本中半成品成本还原			$-a_2$	$a_1\cdot\frac{a_2}{d_1}$	$b_1\cdot\frac{a_2}{d_1}$	$c_1\cdot\frac{a_2}{d_1}$	0
④	还原后产成品总成本				$a_1\cdot\frac{a_2}{d_1}$	$b_2+b_1\cdot\frac{a_2}{d_1}$	$c_2+c_1\cdot\frac{a_2}{d_1}$	d_2
⑤	还原后产成品单位成本				$\frac{1}{x}a_1\cdot\frac{a_2}{d_1}$	$\frac{1}{x}\left(b_2+b_1\cdot\frac{a_2}{d_1}\right)$	$\frac{1}{x}\left(c_2+c_1\cdot\frac{a_2}{d_1}\right)$	$\frac{d_2}{x}$

说明：①由产品明细账资料填列；②由半成品明细账资料填列；③=②×还原分配率；④=①+③；⑤=④÷产量

如果上例中该产品的生产步骤不是两步，而是三步，按照上述方法还原以后，表 5-3 中“半成品”项目还会有未完全还原的综合费用，这时应再进行一次还原。如果生产步骤是四步，则应还原三次，以此类推，直至“半成品”项目的综合费用全部分解，还原为原始成本项目为止。

【例 5-1】凯严公司某产品经过三个生产步骤加工完成，各步骤生产费用如表 5-4 所示。

表 5–4 各步骤生产费用表

金额单位：元

生产步骤	半成品	直接材料费用	直接人工费用	制造费用	合计
第一步骤完工半成品		12 000	5 000	3 000	20 000
第二步骤完工半成品	25 000	2 000	4 000	4 000	35 000
第三步骤完工产成品	31 500		8 000	5 000	44 500

第一次成本还原，将产成品成本中的半成品费用按照第二步骤完工半成品成本结构还原，编制第一次成本还原计算表，如表 5-5 所示。

表 5–5 第一次成本还原计算表

金额单位：元

项目	还原分配率	半成品	直接材料费用	直接人工费用	制造费用	合计
还原前产品成本		31 500		8 000	5 000	44 500
第二步骤半成品成本	$\frac{31\,500}{35\,000}=0.9$	25 000	2 000	4 000	4 000	35 000
半成品费用还原		−31 500	2 000×0.9= 1 800	4 000×0.9= 3 600	4 000×0.9= 3 600	0
还原后产成品成本		25 000×0.9= 22 500	1 800	8 000+3 600= 11 600	5 000+3 600= 8 600	44 500

第二次成本还原，经过第一次成本还原以后，产成品成本中仍然有半成品费用 22 500 元。这些半成品费用，为产成品耗用的第一步半成品费用，还应按照第一步骤半成品成本的结构进行还原。编制第二次成本还原计算表，如表 5-6 所示。

表 5–6 第二次成本还原计算表

金额单位：元

项目	还原分配率	半成品	直接材料费用	直接人工费用	制造费用	合计
第一次还原后产成品成本		22 500	1 800	11 600	8 600	44 500
第一步骤半成品成本			12 000	5 000	3 000	20 000
半成品费用还原	$\frac{22\,500}{20\,000}=1.125$	−22 500	13 500	5 625	3 375	0
还原后产成品成本		0	15 300	17 225	11 975	44 500

采用综合逐步结转分步法，便于分析和考核各步骤所耗半成品费用水平，以便加强内部成本控制，降低成本。但成本还原工作量较大，一般适用于管理上既要求单独计算各步骤所耗半成品费用又不要求成本还原的情况。

2. 分项逐步结转分步法

分项逐步结转分步法是将各生产步骤所耗用的上一步骤半成品成本，按照成本项目分项转入该步骤产品成本明细账的各个成本项目。如果半成品通过仓库收发，那么在自制半成品明细账中登记半成品成本时，也应当按照成本项目分别登记。

分项逐步结转可以按照计划成本结转，也可以按照实际成本结转。在按计划成本结转时，要分成本项目调整成本差异，因而计算工作量较大。实际工作中，一般按实际成本分项结转。分项逐步结转分步法的基本原理与综合逐步结转分步法基本相同。

采用分项逐步结转分步法结转半成品成本可以直接、准确地提供按原始成本项目反映的企业产品成本资料，便于从整个企业的角度考核和分析产品成本计划的执行情况，不需要进行成本还原。但是，这种方法的成本结转工作比较复杂，而且在各步骤完工的产品成本中不能专项反映所耗上一步骤的半成品成本是多少，本步骤加工费用是多少，不利于对各步骤完工产品的成本进行分析，因而这种方法一般适用于管理上不要求分别提供各步骤完工产品所耗半成品费用和本步骤加工费用资料，但要求按原始成本项目反映产品成本的企业。

（二）平行结转分步法

扫一扫，看微课

平行结转分步法

采用分步法计算成本的大量大批多步骤生产类型的企业，如果其自制半成品的种类较多，但成本管理不需要计算半成品成本。在这种情况下，为了简化和加速成本计算工作，可以不计算各步骤所产生的半成品成本，也不计算各步骤所耗上一生产步骤的半成品成本，而只计算本步骤发生的各项其他费用以及这些费用中应计入产成品的“份额”。将相同产品的各步骤成本明细账中的这些份额平行结转、汇总，即可以计算该种产品的产成品成本。这种方法就是平行结转分步法，也称不计算半成品成本分步法。

1. 平行结转分步法的特点

① 各生产步骤只计算本步骤所发生的生产费用。

② 各生产步骤之间不结转半成品成本，半成品成本不随半成品实物转移而结转。

③ 必须将每一生产步骤发生的费用划分为耗用于产成品部分和尚未最后制成的在产品部分。将各步骤费用中应计入产成品的“份额”，平行结转、汇总计算该种产成品的总成本和单位成本。

2. 平行结转分步法下在产品的含义

平行结转分步法下的在产品是指尚未完工的全部在产品和半成品，如以下情况。

① 尚在本步骤加工中的在产品。

② 本步骤已完工转入半成品库的半成品。

③ 已从半成品库转到以后各步骤进一步加工、尚未最后产成的在产品。

平行结转分步法要求每一生产步骤的生产费用都要在最终的产成品与在产品之间进行分配。不同于逐步结转分步法，这里的在产品是就整个企业而言的广义在产品。

3. 平行结转分步法下“份额”的确定

在平行结转分步法下，各步骤的生产费用（不包括所耗上一步骤的半成品费用）要在产成品与广义在成品之间进行分配，计算这些费用在产成品成本和广义在产品成本中所占的份额。计算公式如下。

某步骤计入产品成本的份额=产成品数量×单位产成品耗用该步骤半成品数量×该步骤半成品单位成本

在实际工作中，确定“份额”的方法是采用定额比例法或约当产量比例法等计算各步骤应计入产成品的“份额”。

（1）采用定额比例法确定各步骤应计入产品成本的“份额”。

采用定额比例法计算应计入产成品成本的份额，就是将各步骤生产耗费按照完工产成品与月末广义在产品定额成本或定额消耗量的比例进行分配，以确定各步骤生产费用中应计入产成品成本的份额。其中直接材料耗费，按原材料的定额成本的比例进行分配，直接人工费用和制造费用等加工成本，一般根据定额工时比例进行分配。

$$\text{材料费用分配率}=\frac{\text{期初结存材料费用}+\text{本期发生材料费用}}{\text{完工产品定额材料成本}+\text{广义在产品定额材料成本}}$$

应计入完工产品成本的材料费用“份额”=完工产品定额材料成本×材料费用分配率

广义在产品应负担的材料费用=广义在产品定额材料成本×材料费用分配率

$$其他费用分配率=\frac{期初结存其他费用+本期发生其他费用}{完工产品定额工时+广义产品定额工时}$$

应计入完工产品成本的其他费用“份额”=完工产品定额工时×其他费用分配率

广义在产品应负担的其他费用=广义在产品定额工时×其他费用分配率

（2）采用约当产量比例法确定各步骤应计入产品成本的“份额”。

在连续式多步骤生产条件下，如果采用平行结转分步法计算完工产品成本，则等于各步骤应计入完工产品成本中的“份额”之和。某步骤应计入产品成本的份额的计算过程如下。

某步骤应计入产品成本的份额=产成品产量×单位产成品耗用该步骤半成品数量×该步骤半成品单位成本

$$某步骤半成品单位成本=\frac{该步骤月初在产品成本+该步骤本月发生费用}{本月产成品数量+该步骤广义在产品约当产量}$$

某步骤广义在产品约当产量=本步骤在产品约当产量+经本步骤加工转入后面各步骤的半成本数量及入库的半成品数量

4. 平行结转分步法的计算流程

（1）按产品品种和生产步骤设置产品成本明细账，归集生产费用。

（2）在各生产步骤中计算某产品在本步骤所发生的全部费用。

（3）将各生产步骤该产品所发生的全部费用在本月最终产品与月末在产品（广义在产品）之间进行分配，确定各生产步骤应计入产成品成本的“份额”。

（4）将各生产步骤应计入相同产成品成本的份额直接相加（汇总），计算最终产成品的实际总成本。平行结转分步法的计算流程如图 5-6 所示。

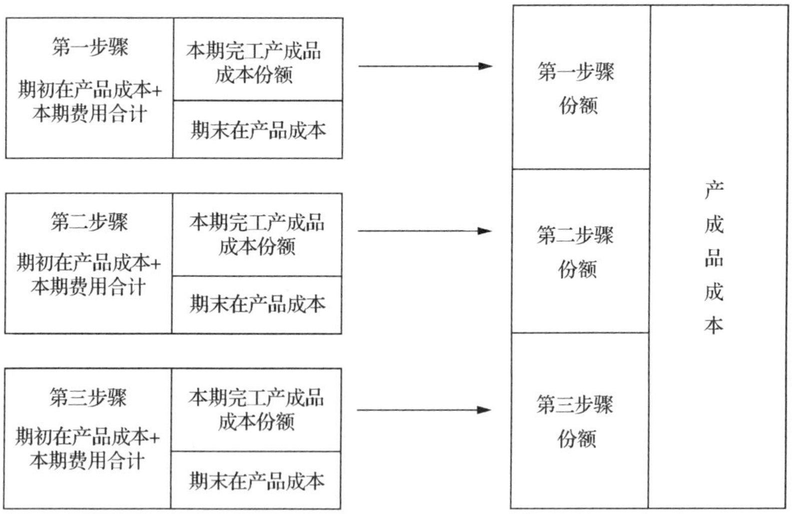

图 5-6　平行结转分步法的计算流程

在平行结转分步法下，将生产费用在最终完工产品与广义在产品之间的分配是最为关键的问题。

平行结转分步法的各步骤可以同时计算产品成本，平行汇总计入产成品成本，不必逐步结转半成品成本，并且能够直接反映产成品原始成本项目构成，不必进行成本还原，因而能够简化并加速成本计算工作。

但是平行结转分步法不能提供各个生产步骤的半成品成本资料，不利于在产品的实物管理和资金管理，也不利于对各步骤成本耗费水平进行分析和考核。

平行结转分步法主要适用于不对外销售半成品的大量大批多步骤生产和管理上不要求计算半成品成本的企业，如机械制造、汽车制造等企业。这类企业生产先由各生产步骤对各种原材料平行加工，形成产成品必需的半成品（零件、部件），然后由最后生产步骤将零件、部件装配成各种产成品。半成品种类较多且对外出售业务较少的企业，为简化成本计算，也可以采用此方法。

课外阅读

1990 年出生的王某是北京市东城区某研究所的出纳员。仅一年时间，王某利用职务便利，侵吞、骗取公款多达 720 余万元，均用于个人消费。2019 年 3 月，王某因涉嫌贪污罪被北京市东城区监委留置，同年 9 月被开除公职。2019 年 12 月，王某被北京市东城区人民法院判处有期徒刑 12 年，并处罚金人民币 100 万元。王某所在单位的财务管理流程存在重大漏洞，严重缺失日常监督管理。本案涉及的分管领导、相关负责人等均已被立案追责。

通过以上案例可以看出，一方面，王某的行为违背了会计职业道德规范中廉洁自律的要求。廉洁自律是会计职业道德的前提，也是会计职业道德的内在要求。廉洁自律要求财务人员树立正确的人生观和价值观；公私分明，不贪不占；遵纪守法，一身正气。廉洁是指不收受贿赂、不贪污钱财，保持清白；自律是指自我约束、自我控制、自觉抵制不良欲望。

廉洁自律是财务人员职业声誉的“试金石”，财务人员首先要做到自身廉洁，严格约束自己，才能要求别人廉洁，才能阻止或防止别人侵占集体利益，进而正确行使反映和监督的职责，保证各项经济活动正常进行。

另一方面，该单位财务监督管理存在重大漏洞。一般来说，会计工作管理体制上实行“统一领导，分级管理”原则，单位的会计与出纳应该相互监督、相互制约，要有完善的管理制度，企业各级人员应严格按制度办事。除此之外，单位还应当建立完备、严格的货币资金内部控制制度，这才能更好地保证维护财经纪律、经营秩序，防止或抑制营私舞弊、贪污行为的发生。

思考：请结合本案例谈一谈自己的心得体会。

视野拓展

“纸上得来终觉浅，绝知此事要躬行”，在课堂上我们学会了成本核算的基本方法，实际工作中比理论要繁杂得多，在校期间还要珍惜实训、实习的机会，提高自己的应用技能。理论与实践的统一，是马克思主义的一个最基本的原则。作为未来的财会人员要从二十大精神中汲取砥砺奋进力量，并学以致用，要主动积极投身实践中，不断在实践中丰富经验、提升本领，为建设现代化产业体系贡献力量。

课中实训

实训一　运用成本计算的品种法

河东洗车机制造公司有一个基本生产车间，大量生产甲、乙两种产品，其生产工艺过程属于单步骤生产。根据生产特点和管理要求，确定采用品种法计算产品成本。该公司还设有机修和运输两个辅助生产车间，辅助生产车间的制造费用通过“制造费用”科目核算。该公司不单独核算废品损失，产品成本包括“直接材料”“直接燃料及动力”“直接人工”“制造费用”4 个成本项目。

要求：根据公司 2025 年 10 月各项费用资料，填写表内相关内容并编制相应的会计分录。

1. 根据各项费用的原始凭证和其他有关资料，编制各种费用分配表，分配各种要素费用。

（1）根据 10 月银行存款付款凭证汇总表（见表 5-7），编制各项货币支出（假定全部用银行存款支付）汇总表及相应会计分录。

表 5–7　　银行存款付款凭证汇总表

金额单位：元

<table>
<tr><th colspan="3">应借科目</th><th rowspan="2">金额</th></tr>
<tr><th>总账科目</th><th>明细科目</th><th>成本或费用项目</th></tr>
<tr><td>辅助生产成本</td><td>运输车间</td><td>燃料及动力</td><td>17 000</td></tr>
<tr><td rowspan="10">制造费用</td><td rowspan="3">基本生产车间</td><td>办公费</td><td>7 000</td></tr>
<tr><td>劳动保护费</td><td>5 000</td></tr>
<tr><td>其他</td><td>900</td></tr>
<tr><td rowspan="3">机修车间</td><td>办公费</td><td>2 700</td></tr>
<tr><td>劳动保护费</td><td>2 500</td></tr>
<tr><td>其他</td><td>500</td></tr>
<tr><td rowspan="3">运输车间</td><td>办公费</td><td>2 100</td></tr>
<tr><td>劳动保护费</td><td>1 800</td></tr>
<tr><td>其他</td><td>2 000</td></tr>
<tr><td colspan="2">小计</td><td></td></tr>
<tr><td rowspan="4">管理费用</td><td rowspan="3"></td><td>办公费</td><td>10 000</td></tr>
<tr><td>劳动保护费</td><td>1 000</td></tr>
<tr><td>其他</td><td>5 000</td></tr>
<tr><td colspan="2">小计</td><td></td></tr>
<tr><td colspan="3">合计</td><td></td></tr>
</table>

根据银行存款付款凭证汇总表，编制会计分录如下。

借：生产成本——辅助生产成本——运输（燃料及动力）

　　制造费用——基本生产车间

　　　　　　——机修车间

　　　　　　——运输车间

　　管理费用

　　贷：银行存款

（2）根据按原材料用途归类的领、退料凭证和有关的费用分配标准，编制原材料费用分配表（见表 5-8）及相应会计分录。

表 5-8　原材料费用分配表

金额单位：元

应借科目			原材料及主要材料	其他材料	金额
总账科目	明细科目	成本或费用项目			
基本生产成本	甲产品	直接材料	87 000	3 000	
	乙产品	直接材料	75 000	2 000	
	小计				
辅助生产成本	机修车间	材料费	1 900	500	
	运输车间	材料费	1 700	300	
	小计				
制造费用	基本生产车间	机物料消耗		1 500	
	机修车间			700	
	运输车间			2 100	
	小计				
管理费用	物料消耗			2 700	2 700
合计					

根据原材料费用分配表，编制会计分录如下。

借：生产成本——基本生产成本——甲产品（直接材料）

——乙产品（直接材料）

生产成本——辅助生产成本——机修（材料费）

——运输（材料费）

制造费用——基本生产车间

——机修车间

——运输车间

管理费用

贷：原材料

（3）根据各车间、部门耗电量、电价和有关的费用分配标准（各种产品耗电的生产工时）编制外购动力费（电费）分配表（见表 5-9）及相应会计分录。

表 5-9　外购动力费（电费）分配表

金额单位：元

应借科目			数量	金额
总账科目	明细科目	成本或费用项目	用电量（单价：0.4 元）	
基本生产成本	甲产品	直接燃料及动力	15 000	6 000
	乙产品	直接燃料及动力	10 000	4 000
	小计		25 000	10 000
辅助生产成本	机修车间	燃料及动力	5 000	2 000
	运输车间	燃料及动力	4 000	1 600
	小计		9 000	3 600
制造费用	基本生产车间	水电费	1 500	600
	机修车间	水电费	1 000	400
	运输车间	水电费	1 000	400
	小计		3 500	1 400
管理费用	水电费		500	200
合计			38 000	15 200

根据外购动力费（电费）分配表，编制会计分录如下。

借：生产成本——基本生产成本——甲产品（直接燃料及动力）

——乙产品（直接燃料及动力）

生产成本——辅助生产成本——机修（燃料及动力）

——运输（燃料及动力）

制造费用——基本生产车间

——机修车间

——运输车间

管理费用

贷：应付账款（或银行存款）

（4）根据各车间、部门的工资结算凭证和其他应付职工薪酬的计提比例，编制职工薪酬费用分配表（见表 5-10）及相应会计分录。

表 5-10 职工薪酬费用分配表

金额单位：元

应借科目		生产工时/时	应付工资			其他职工薪酬（工资总额的40%）	合计
总账科目	明细科目		生产工人（分配率：250）	管理人员	小计		
基本生产成本	甲产品	320	80 000		80 000	32 000	112 000
	乙产品	200	50 000		50 000	20 000	70 000
	小计	520	130 000		130 000	52 000	182 000
辅助生产成本	机修车间		15 000		15 000	6 000	21 000
	运输车间		12 000		12 000	4 800	16 800
	小计		27 000		27 000	10 800	37 800
制造费用	基本生产车间			10 000	10 000	4 000	14 000
	机修车间			4 000	4 000	1 600	5 600
	运输车间			4 000	4 000	1 600	5 600
	小计			18 000	18 000	7 200	25 200
管理费用				20 000	20 000	8 000	28 000
合计			157 000	38 000	195 000	78 000	273 000

根据职工薪酬费用分配表，编制会计分录如下。

借：生产成本——基本生产成本——甲产品（直接人工）

——乙产品（直接人工）

生产成本——辅助生产成本——机修（职工薪酬）

——运输（职工薪酬）

制造费用——基本生产车间

——机修车间

——运输车间

管理费用

贷：应付职工薪酬

（5）根据本月应计折旧固定资产原价和月折旧率，计算本月应计提固定资产折旧，编制固定资产折旧费用分配表（见表 5-11）及相应会计分录。

表 5–11　　固定资产折旧费用分配表

金额单位：元

项目	生产车间				企业管理部门	合计
	基本生产车间	机修车间	运输车间	小计		
折旧费用	51 000	7 000	12 000	70 000	17 000	87 000

根据固定资产折旧费用分配表，编制会计分录如下。

借：制造费用——基本生产车间

——机修车间

——运输车间

管理费用

贷：累计折旧

2. 乙产品的在产品毁损 5 件，按定额成本计价。在产品的单位原材料费用定额为 350 元；毁损在产品的定额工时为 10 小时。每小时费用定额：直接燃料及动力为 50 元，直接人工费用为 210 元，制造费用为 75 元。毁损在产品的定额成本和净损失的计算，如表 5-12 所示。

表 5–12　　毁损在产品的定额成本和净损失计算表

产品名称：乙产品

毁损数量：5 件　　毁损在产品的定额工时：10/小时　　金额单位：元

项目	直接材料	直接燃料及动力	直接人工	制造费用	合计
单件（或小时、机时）费用定额	350	50	210	75	—
毁损在产品成本（5 件）	1 750	500	2 100	750	
减：回收残料价值	180				180
在产品毁损损失	1 570				
向过失人索赔					100
基本生产车间在产品毁损净损失					

编制会计分录如下。

借：待处理财产损溢——待处理流动资产损溢

贷：生产成本——基本生产成本——乙产品

回收残料 180 元，向过失人索赔 100 元；经审批，将净损失转入当月管理费用。编制会计分录如下。

借：原材料

其他应收款

管理费用

贷：待处理财产损溢——待处理流动资产损溢

3. 本月基本生产车间领用工具一批 3 600 元，经审批，采用五五摊销法，低值易耗品摊销费用明细账，如表 5-13 所示。

表 5-13　　低值易耗品摊销费用明细账

（费用种类：低值易耗品摊销）　　金额单位：元

月	日	摘要	借方发生额（费用发生额）	贷方发生额（费用摊销额）	余额	
					借或贷	金额
10	1	根据低值易耗品领用单，为基本生产车间领用 3 600 元，本月摊销 1 800 元	3 600		借	3 600
10	31	根据待摊费用分配表		1 800	借	1 800

领用时，编制会计分录如下。

借：周转材料——低值易耗品——在用低值易耗品

　　贷：周转材料——低值易耗品——在库低值易耗品

推销费用明细账中的贷方发生额（费用摊销额），应根据摊销低值易耗品的待摊费用分配表进行登记。待摊费用分配表，如表 5-14 所示。

表 5-14　　待摊费用分配表

（费用种类：低值易耗品摊销）　　金额单位：元

费用种类	应借科目		应贷（摊销）金额
	总账科目	明细科目	
低值易耗品摊销	制造费用	基本生产车间——低值易耗品摊销	1 800

分月摊销时，编制会计分录如下。

借：制造费用——基本生产车间——低值易耗品摊销

　　贷：周转材料——低值易耗品——在用低值易耗品

4. 归集和分配辅助生产费用

（1）根据以上各种费用分配表，登记辅助生产车间制造费用明细账，如表 5-15、表 5-16 所示，并结转辅助生产车间制造费用，如表 5-17 所示。

表 5-15　　辅助生产车间制造费用明细账（a）

车间名称：机修车间　　金额单位：元

月	日	摘要	职工薪酬	机物料消耗	水电费	折旧费	修理费	劳动保护费	办公费	其他	合计	转出	余额
10	31	根据银行存款付款凭证汇总表											
10	31	根据原材料费用分配表											
10	31	根据外购动力费（电费）分配表											
10	31	根据职工薪酬费用分配表											
10	31	根据固定资产折旧费用分配表											
10	31	待分配费用小计											
10	31	根据辅助生产车间制造费用分配表											
		合计											

表 5–16　　辅助生产车间制造费用明细账（b）

车间名称：运输车间　　金额单位：元

月	日	摘要	职工薪酬	机物料消耗	水电费	折旧费	修理费	劳动保护费	办公费	其他	合计	转出	余额
10	31	根据银行存款付款凭证汇总表											
10	31	根据原材料费用分配表											
10	31	根据外购动力费（电费）分配表											
10	31	根据职工薪酬费用分配表											
10	31	根据固定资产折旧费用分配表											
10	31	待分配费用小计											
10	31	根据辅助生产车间制造费用分配表											
		合计											

结转辅助生产车间制造费用明细账，编制费用分配表，如表 5-17 所示，并编制相应会计分录。

表 5–17　　辅助生产车间制造费用分配表

金额单位：元

应借科目		机修车间制造费用	运输车间制造费用	合计
总账科目	明细科目			
辅助生产成本	机修车间			
	运输车间			
合计				

编制会计分录如下。

借：生产成本——辅助生产成本——机修车间

　　　　　　　　　　　　　　——运输车间

　贷：制造费用——机修车间

　　　　　　　——运输车间

（2）根据以上各种费用分配表，登记辅助生产成本明细账，如表 5-18、表 5-19 所示。

表 5–18　　辅助生产成本明细账（a）

车间名称：机修车间　　金额单位：元

月	日	摘要	材料费	燃料及动力	职工薪酬	制造费用	合计	转出	余额
10	31	根据银行存款付款凭证汇总表							
10	31	根据原材料费用分配表							
10	31	根据外购动力费（电费）分配表							
10	31	根据职工薪酬费用分配表							
10	31	待分配费用小计							
10	31	根据辅助生产车间制造费用分配表							
10	31	根据辅助生产费用分配表							
		合计							

表 5-19　　辅助生产成本明细账（b）

车间名称：运输车间　　金额单位：元

月	日	摘要	材料费	燃料及动力	职工薪酬	制造费用	合计	转出	余额
10	31	根据银行存款付款凭证汇总表							
10	31	根据原材料费用分配表							
10	31	根据外购动力费用（电费）分配表							
10	31	根据职工薪酬费用分配表							
10	31	待分配费用小计							
10	31	根据辅助生产车间制造费用分配表							
10	31	根据辅助生产费用分配表							
		合计							

（3）该公司采用直接分配法分配辅助生产费用。本月机修车间提供修理劳务 1 200 小时，其中为运输车间修理 80 小时，为基本生产车间修理 1 100 小时，为行政管理部门修理 20 小时。运输车间提供运输劳务 51 000 吨公里，其中为机修车间运输 700 吨公里，为基本生产车间运输 50 000 吨公里，为行政管理部门运输 300 吨公里。

根据辅助生产成本明细账和辅助生产车间制造费用明细账中的待分配费用以及机修车间和运输车间提供劳务数量，编制辅助生产费用分配表（直接分配法），如表 5-20 所示。

表 5-20　　辅助生产费用分配表（直接分配法）

金额单位：元

项目			机修车间	运输车间	合计
待分配费用	“辅助生产成本”科目发生额				
	“制造费用”科目发生额				
	小计				
供应辅助生产以外单位的劳务数量			小时	吨公里	—
费用分配率（单位成本）					—
应借“制造费用”	基本生产车间	耗用数量	小时	吨公里	—
		分配金额			
应借“管理费用”		耗用数量	小时	吨公里	—
		分配金额			
合计					

费用分配率的计算如下。

机修费用分配率=

运输费用分配率=

编制会计分录如下。

借：制造费用——基本生产车间

　　管理费用

　　贷：辅助生产成本——机修

　　　　　　　　　　——运输

5. 归集和分配基本生产车间的制造费用。

（1）根据以上各种费用分配表，登记基本生产车间制造费用明细账，如表 5-21 所示。

表 5-21　　基本生产车间制造费用明细账

车间名称：基本生产车间　　金额单位：元

月	日	摘要	职工薪酬	机物料消耗	低值易耗品摊销	折旧费	修理费	水电费	办公费	劳动保护费	其他	合计	转出	余额
10	31	根据银行存款付款凭证汇总表												
10	31	根据原材料费用分配表												
10	31	根据外购动力费（电费）分配表												
10	31	根据职工薪酬费用分配表												
10	31	根据固定资产折旧费用分配表												
10	31	根据待摊费用分配表												
10	31	根据辅助生产费用分配表												
10	31	根据基本生产车间制造费用分配表												
		合计												

（2）根据基本生产车间制造费用明细账归集的制造费用和甲、乙产品的生产工时，编制基本生产车间制造费用分配表，如表 5-22 所示。

表 5-22　　基本生产车间制造费用分配表

金额单位：元

应借科目		生产工时	分配金额（分配率：　）
总账科目	明细科目		
基本生产成本	甲产品	15 000	
	乙产品	10 000	
合计			

分配率的计算如下。

分配率=

编制会计分录如下。

借：生产成本——基本生产成本——甲产品

——乙产品

贷：制造费用——基本生产车间

6. 根据以上各种费用分配表，登记管理费用和财务费用明细账，归集并结转管理费用和财务费用。（略）

7. 根据以上各种费用分配表和其他有关资料，登记产品成本明细账，分别归集甲、乙两种产品的生产费用，并采用适当的分配方法，分配计算甲、乙产品的完工产品成本和月末在产品成本。

（1）根据上月产品成本明细账和本月各种费用分配表，登记产品成本明细账的上月末即本月初在产品成本和本月生产费用发生额。

请完善下列甲、乙两种产品成本明细账，如表 5-23、表 5-24 所示。

表 5-23　　产品成本明细账（a）

产品名称：甲产品　　金额单位：元

月	日	摘要		产量/件	直接材料	直接燃料及动力	直接人工	制造费用	成本合计
9	30	在产品成本（定额成本）		8	4 000	800	3 360	1 200	
10	31	根据原材料费用分配表							
10	31	根据外购动力费（电费）分配表							
10	31	根据职工薪酬费用分配表							
10	31	根据基本生产车间制造费用分配表							
10	31	本月生产费用合计							
10	31	生产费用累计							
10	31	产成品成本	总成本	150					
10	31		单位成本						
10	31	在产品成本（定额成本）		5					

表 5-24　　产品成本明细账（b）

产品名称：乙产品　　金额单位：元

月	日	摘要		产量/件	直接材料	直接燃料及动力	直接人工	制造费用	成本合计
9	30	在产品成本（定额成本）		5	1 750	500	2 100	750	
10	31	根据原材料费用分配表							
10	31	根据外购动力费（电费）分配表							
10	31	根据职工薪酬费用分配表							
10	31	根据基本生产车间制造费用分配表							
10	31	本月生产费用合计							
10	31	生产费用累计							
10	31	减：毁损在产品成本（见表 5-12）							
10	31	生产费用净额							
10	31	产成品成本	总成本	110					
			单位成本						
10	31	在产品成本（定额成本）		3					

（2）该公司产品的消耗定额比较准确、稳定，甲、乙产品各月在产品数量变动不大，采用在产品按定额成本计价法进行完工产品与在产品之间的费用分配。根据在产品的盘存资料，请编制月末在产品定额成本计算表，如表 5-25 所示，作为分配费用的依据。

表 5-25　　月末在产品定额成本计算表　　金额单位：元

产品名称	在产品数量/件	原材料费用		在产品定额总工时	直接燃料及动力（每小时 50 元）	直接人工（每小时定额为 210 元）	制造费用（每小时定额为 75 元）	定额成本合计
		费用定额	定额费用					
①	②	③	④	⑤	⑥	⑦	⑧	⑨
甲产品	5	500		10	500			
乙产品	3	350		6	300			

其中：④=②×③；⑨=④+⑥+⑦+⑧

（3）计算完工产品的实际成本，将月末在产品的定额成本计入产品成本明细账，并从生产费用累计（或净额）中减去月末在产品定额成本，即可计算完工产品（产成品）的实际总成本。本月甲产品完工 150 件，乙产品完工 110 件，各种产品的总成本除以各该产品产量，即可计算各种完工产品的单位成本。

8. 根据甲、乙产品成本明细账中的产成品成本，编制产成品成本汇总表，如表 5-26 所示，并结转产成品成本。

表 5–26 产成品成本汇总表 金额单位：元

产成品名称	单位	产品数量	直接材料	直接燃料及动力	直接人工	制造费用	成本合计
甲产品	件						
乙产品	件						
合计							

编制会计分录如下。

借：库存商品——甲产品

——乙产品

贷：生产成本——基本生产成本——甲产品

——乙产品

实训二 运用成本计算的分批法

任务一 练习产品成本计算的一般分批法

山西河东航平设备制造公司根据购买单位的订单小批生产镀铜、镀铬两种电镀槽产品，直接材料是投产时一次性投入，采用分批法计算产品成本。2025 年 7 月生产产品的批号情况和生产费用支出情况相关资料如下。

1. 本月生产产品的批号情况。

0116 订单镀铜槽 5 台，5 月投产，本月全部完工。

0117 订单镀铜槽 10 台，6 月投产，本月完工 6 台，未完工 4 台。

0217 订单镀铬槽 8 台，本月投产，计划 8 月完工，本月提前完工 2 台。

2. 生产费用支出情况。

各批产品的月初在产品费用表，如表 5-27 所示；汇总各批产品本月发生的生产费用表，如表 5-28 所示。

表 5–27 各批产品的月初在产品费用表 金额单位：元

批号	直接材料	直接燃料及动力	直接人工	制造费用	合计
0116	13 560	3 200	15 000	5 700	
0117	27 860	10 280	20 000	5 890	

表 5–28 汇总各批产品本月发生的生产费用表 金额单位：元

批号	直接材料	直接燃料及动力	直接人工	制造费用	合计
0116		3 150	5 000	270	
0117		7 500	20 000	3 770	
0217	55 768	7 550	10 000	3 050	

3. 其他资料。

0117 批号镀铜槽，本月末完工产品数量较多。原材料是在生产开始时一次投入，其费用可以按照完工产品和在产品实际数量比例分配；其他费用采用约当产量比例法在完工产品与月末在产品之间进行分配，在产品完工程度为 60%。0217 批号镀铬槽，本月末完工产品数量为 2 台。为简化核算，完工产品按计划成本转出，每台计划成本为直接材料 6 971 元，直接燃料及动力 1 720 元，直接人工 5 000 元，制造费用 1 170 元，合计 14 861 元。

要求：根据上述各项资料，登记各批产品成本明细账，如表 5-29、表 5-30 和表 5-31 所示。

表 5-29　　产品成本明细账（a）

投产日期：5 月

产品批号：0116　　购货单位：拉哈尔制版厂　　完工日期：7 月

产品名称：镀铜槽　　批量：5 台　　金额单位：元

摘要	直接材料	直接燃料及动力	直接人工	制造费用	合计
月初在产品费用					
本月生产费用					
累计					
完工产品成本					
完工产品单位成本					

表 5-30　　产品成本明细账（b）

投产日期：6 月

完工日期：8 月

产品批号：0117　　购货单位：卡拉奇制版公司（本月完工 6 台）

产品名称：镀铜槽　　批量：10 台　　金额单位：元

摘要	直接材料	直接燃料及动力	直接人工	制造费用	合计
月初在产品费用					
本月生产费用					
累计					
完工 6 台产品的成本					
完工产品单位成本					
月末在产品费用					

表 5-31　　产品成本明细账（c）

投产日期：7 月

完工日期：8 月

产品批号：0217　　购货单位：新德里制版厂（本月完工 2 台）

产品名称：镀铬槽　　批量：8 台　　金额单位：元

摘要	直接材料	直接燃料及动力	直接人工	制造费用	合计
本月生产费用					
单台计划成本					
完工 2 台产品成本					
月末在产品费用					

任务二　练习产品成本计算的简化分批法

金汐服装厂接收各类订单进行代加工，由于产品批数较多，采用简化分批法计算成本。该服装厂 9 月的产品批号有：01010 号，甲产品 6 件，7 月投产，本月完工；02011 号，乙产品 8 件，8 月投产，尚未完工；03031 号，丙产品 12 件，8 月投产，本月完工 2 件（丙产品的材料费是生产开始时一次投入）；05033 号，丁产品 4 件，9 月投产，尚未完工。其他资料如表 5-32、表 5-33、表 5-34 所示。

表 5–32　　材料费用表

金额单位：元

月份	甲产品	乙产品	丙产品	丁产品
7	5 800			
8	1 130	9 840	13 350	
9	1 210	2 980		19 910

表 5–33　　工时资料表

单位：工时

月份	甲产品	乙产品	丙产品	丁产品
7	5 430			
8	8 870	19 070	28 630	
9	16 700	42 080	14 140	28 580

表 5–34　　生产费用表

金额单位：元

月	日	摘要	直接人工	制造费用
7	31	本月发生	215 150	397 550
8	31	本月发生	381 100	503 950
9	30	本月发生	1 038 750	1 142 250

要求：根据上述资料，登记基本生产成本二级账和各产品成本明细账，如表 5-35、表 5-36、表 5-37、表 5-38、表 5-39 所示。

表 5–35　　基本生产成本二级账

（各批产品总成本）

金额单位：元

月	日	摘要	直接材料	生产工时/时	直接人工	制造费用	合计
8	31	在产品					
9	30	本月发生					
9	30	累计					
9	30	全部产品累计间接计入费用分配率					
9	30	本月完工产品转出					
9	30	在产品					

表 5-36　　产品成本明细账（a）

投产日期：7 月

产品批号：01010　　购货单位：美好商场　　完工日期：9 月

产品名称：甲产品　　批量：6 件　　金额单位：元

月	日	摘要	直接材料	生产工时/时	直接人工	制造费用	合计
7	31	本月发生					
8	31	本月发生					
9	30	本月发生					
9	30	累计数及累计间接计入费用分配率					
9	30	本月完工产品转出					
9	30	完工产品单位成本					

表 5-37　　产品成本明细账（b）

投产日期：8 月

产品批号：02011　　购货单位：华东公司　　完工日期：

产品名称：乙产品　　批量：8 件　　金额单位：元

月	日	摘要	直接材料	生产工时/时	直接人工	制造费用	合计
8	31	本月发生					
9	30	本月发生					

表 5-38　　产品成本明细账（c）

投产日期：8 月

产品批号：03031　　购货单位：永恒百货　　完工日期：9 月完成 2 件

产品名称：丙产品　　批量：12 件　　金额单位：元

月	日	摘要	直接材料	生产工时/时	直接人工	制造费用	合计
8	31	本月发生					
9	30	本月发生					
9	30	累计数及累计间接计入费用分配率					
9	30	本月完工产品（2 件）转出					
9	30	完工产品单位成本					
9	30	在产品					

表 5-39　　产品成本明细账（d）

投产日期：9 月

产品批号：05033　　购货单位：联合商场　　完工日期：

产品名称：丁产品　　批量：4 件　　金额单位：元

月	日	摘要	直接材料	生产工时/时	直接人工	制造费用	合计
9	30	本月发生					

实训三　运用成本计算的分步法

任务一　练习产品成本计算的综合逐步结转分步法

凯严公司大量生产甲产品，分两个步骤，分别由两个车间进行。第一车间为第二车间提供半成品，第二车间将半成品加工为产成品，采用逐步结转分步法计算产品成本。

本月第一、二车间发生的生产费用（不包括所耗半成品的费用）主要分为以下两个部分。第一车间：原材料费用为 12 600 元，工资及福利费为 6 000 元 制造费用为 12 200 元。第二车间：工资及福利费为 7 400 元，制造费用为 17 700 元。

本月初半成品库结存为 400 件，其实际成本为 20 600 元。本月第一车间完工入库半成品 500 件，第二车间从半成品库领用甲半成品 700 件。本月第二车间完工入库产成品 350 件，在产品按定额成本计价，月初在产品定额成本，第一车间的原材料费用为 3 800 元，工资及福利费为 2 200 元，制造费用为 4 600 元；　第二车间的半成品费用为 12 200 元，工资及福利费为 2 400 元，制造费用为 5 000 元。月末在产品定额成本，第一车间的原材料费用为 5 600 元，工资及福利费为 2 600 元，制造费用为 5 200 元；第二车间的半成品费用为 5 200 元，工资及福利费为 1 000 元，制造费用为 2 800 元。

要求：根据上述资料，登记产成品明细账和自制半成品明细账，按实际成本综合结转半成品成本（库存半成品成本采用全月一次加权平均法计算），计算产品成本，编制产品成本明细账，填入表 5-40、表 5-41、表 5-42。

表 5-40　　　　成本明细账

车间名称：第一车间

产品名称：半成品 甲　　　　2025 年 10 月　　　　产量：　件

成本项目	月初在产品定额费用	本月费用	生产费用合计	完工半成品成本	月末在产品定额费用
原材料					
工资及福利费					
制造费用					
合计					
单位成本					

表 5-41　　　　自制半成品明细账

半成品名称：甲　　　　单位：件

月份	月初余额		本月增加		合计			本月减少	
	数量	实际成本	数量	实际成本	数量	实际成本	单位成本	数量	实际成本
10									
11									

表 5-42　　　　成本明细账

车间名称：第二车间

产品名称：产成品　甲

2025 年 10 月　　　　产量：　件

成本项目	月初在产品定额费用	本月费用	生产费用合计	产成品成本		月末在产品定额费用
				总成本	单位成本	
半成品						
工资及福利费						
制造费用						
合计						

任务二　完成计算综合逐步结转分步法成本还原

某企业本月生产某产品100件，分两步骤完工，半成品通过库房收发。成本资料如表5-43所示。该企业采用逐步结转分步法中的综合逐步结转法结转半成品成本。

表5-43　　成本资料表

单位：元

项目	半成品	原材料	工资及福利费	制造费用	合计
还原前产成品成本	15 200	—	6 420	5 880	27 500
本月所产半成品成本	—	18 240	6 980	5 180	30 400

要求：将本月所产产成品成本进行成本还原（填表计算，写出计算过程，并填入表5-44中）。

表5-44　　产成品成本还原计算表

产量：100件

项目	还原分配率	半成品	原材料	工资及福利费	制造费用	合计
还原前产品成本						
本月所产半成品成本						
产品成本中半成品成本还原						
还原后产品总成本						
产成品单位成本						

任务三　练习产品成本计算的分项逐步结转分步法

某企业生产B产品，分两道生产工序进行加工。完工半成品不通过半成品库收发，直接交给下道工序继续加工。各工序月末在产品成本均采用固定成本计算。成本计算方法采用分项逐步结转分步法计算并结转半成品成本及计算产成品成本。

要求：完成表5-45、表5-46空格部分的数据填写。

表5-45　　产品成本计算表（a）

工序：第一道　　金额单位:元

项目	产量/件	直接材料	直接人工	制造费用	成本合计
生产费用合计	100	2 200	560	920	
完工半产品成本	80				
月末在产品成本（固定成本）	20	200	60	120	

表5-46　　产品成本计算表（b）

工序：第二道　　金额单位：元

项目	产量/件	直接材料	直接人工	制造费用	成本合计
生产费用合计		1 000	300	400	
上道工序转来					
完工产品成本	80				

任务四　练习产品成本计算的平行结转分步法

某企业生产乙产品，生产费用在完工产品与在产品之间的分配采用定额比例法，其中原材料费用按定额原材料费用比例分配，其他各项费用均按定额工时比例分配。

要求：完成表5-47、表5-48、表5-49、表5-50中有关资料填写，以及表5-48、表5-49、表5-50空格部分的数据填写。

表 5-47　　乙产品定额资料　　2025 年 5 月　　金额单位：元

车间份额	月初在产品		本月投入		本月产成品				
	定额原材料费用/元	定额工时	定额原材料费用/元	定额工时	单件定额		产量/件	定额原材料费用/元	定额工时
					原材料费用/元	工时			
第一车间份额	80 000	6 000	400 000	54 000	400	50	1 100	440 000	55 000
第二车间份额		5 000		42 000		40	1 100		44 000
合计	80 000	11 000	400 000	96 000	400	90	2 200	440 000	99 000

表 5-48　　产品成本明细账（a）

第一车间：乙产品　　2025 年 5 月　　产量 1 100 台　　金额单位：元

摘要	直接材料		定额工时	直接人工	制造费用	成本合计
	定额	实际				
月初在产品	80 000	79 800	6 000	54 000	49 000	182 800
本月生产费用	400 000	424 200	54 000	516 000	401 000	1 341 200
合计	480 000	504 000	60 000	570 000	450 000	1 524 000
费用分配率			—			—
产成品成本中本步骤份额						
月末在产品						

表 5-49　　产品成本明细账（b）

第二车间：乙产品　　2025 年 5 月　　产量 1 100 台　　金额单位：元

摘要	直接材料		定额工时	直接人工	制造费用	成本合计
	定额	实际				
月初在产品	—	—	5 000	45 000	36 000	81 000
本月生产费用	—	—	42 000	401 500	340 000	741 500
合计	—	—	47 000	446 500	376 000	882 500
费用分配率	—	—	—			—
产成品成本中本步骤份额	—	—				
月末在产品	—	—				

表 5-50　　乙产品成本汇总表

2025 年 5 月　　金额单位：元

车间份额	产量/件	直接材料	直接人工	制造费用	成本合计
第一车间份额					
第二车间份额		—			
合计	—				
单位成本	—				

实训项目评价

技能点评指标		分值	得分
实训一　运用成本计算的品种法	运用品种法进行产品成本核算的准确性	20	
实训二　运用成本计算的分批法	运用一般分批法进行产品成本核算的准确性	10	
	运用简化分批法进行产品成本核算的准确性	10	
实训三　运用成本计算的分步法	运用综合逐步结转分步法核算的准确性	10	
	运用综合逐步结转分步法成本还原计算的准确性	20	
	运用分项逐步结转分步法核算的准确性	15	
	运用平行结转分步法核算的准确性	15	

同步测试题

一、单项选择题

1. 采用简化分批法，在产品完工之前，产品成本明细账（ ）。
A. 不登记任何费用 B. 只登记直接计入费用和生产工时
C. 只登记原材料费用 D. 登记间接计入费用不登记直接计入费用

2. 如果一张订单中有几种不同的产品，则其成本明细账按（ ）设置。
A. 该订单 B. 该订单下不同的产品
C. 该订单下各种产品的不同步骤 D. 产品完工的先后顺序

3. 下列方法中，属于不计算半成品成本的分步法是（ ）。
A. 逐步结转法 B. 综合结转法 C. 分项结转法 D. 平行结转法

4. 采用逐步结转分步法，按照半成品成本在下一步骤成本明细账中的反映方法，可以分为（ ）。
A. 实际成本结转法和计划成本结转法 B. 综合结转法和分项结转法
C. 平行结转法和分项结转法 D. 平行结转法和综合结转法

5. 成本还原的对象是（ ）。
A. 产成品成本 B. 各步骤半成品成本
C. 最后步骤的产成品成本 D. 各步骤所耗上一步骤半成品的综合成本

6. 采用逐步结转分步法时，前一生产步骤完工的半成品直接转入后一生产步骤，半成品成本应借记（ ）账户。
A. “自制半成品” B. “基本生产成本” C. “原材料” D. “制造费用”

7. 简化分批法与分批法的区别主要是表现在（ ）。
A. 不分批计算在产品成本 B. 不分批计算完工产品成本
C. 不进行间接费用的分配 D. 不分批核算原材料费用

8. 采用分批法，产品成本明细账的设立应按（ ）。
A. 产品批别 B. 产品品种 C. 产品生产步骤 D. 生产部门通知

9. 在简化分批法下，累计分配率不是（ ）分配间接计入费用的依据。
A. 各批完工产品之间 B. 完工批别与月末在产品批别之间
C. 某批产品的完工产品与月末在产品之间 D. 完工产品与月初在产品之间

10. 一般来说，小型水泥厂应采用的产品成本计算的基本方法是（ ）。
A. 品种法 B. 分批法 C. 分步法 D. 分类法

二、多项选择题

1. 产品成本计算的主要方法有（ ）。
A. 分类法 B. 定额法 C. 品种法 D. 分步法

2. 采用分步法计算各步骤半成品成本的有（ ）。
A. 成本计算的需要 B. 对外销售的需要
C. 成本控制的需要 D. 全面考核和分析成本计划执行情况的要求

3. 下列企业中，在计算成本时适宜采用品种法的有（ ）。
A. 发电厂 B. 煤厂 C. 钢铁厂 D. 机械制造厂

4. 按计划成本综合结转半成品成本的优点有（ ）。
A. 可以简化和加速半成品核算和产品成本计算工作
B. 便于各步骤进行成本的考核和分析

C. 便于从整个企业角度进行成本考核和分析

D. 便于考核产品成本的构成和水平

5. 采用分批法计算产品成本时，如果批内产品跨月陆续完工的情况不多，完工产品数量占全部批量的比重很小，先完工的产品可以（　　）从产品成本明细账转出。

A. 按计划单位成本计价　　B. 按定额单位成本计价

C. 按近期相同产品的实际单位成本计价　　D. 按实际单位成本计价

6. 关于成本计算的分批法，下列说法正确的有（　　）。

A. 没有完工产品与在产品之间费用分配问题

B. 成本的计算期与会计报告期往往是不一致的

C. 适用于小批单件，管理上不要求分步骤计算成本的多步骤生产类型

D. 以上说法都不正确

7. 分批法适用（　　）。

A. 小批生产　　B. 管理上不要求分步计算成本的多步骤生产

C. 分批连续生产同一种产品　　D. 单件生产

8. 简化分批法也被称为（　　）。

A. 累计间接费用分配法　　B. 间接费用分配法

C. 累计分配法　　D. 不分批计算在产品成本的分批法

9. 分批法成本计算的特点有（　　）。

A. 以生产批次作为成本计算对象

B. 产品成本计算期不固定

C. 按月计算产品成本

D. 一般不需要进行完工产品和在产品的成本分配

10. 采用分步法时，作为成本计算对象的生产步骤可以（　　）。

A. 按生产车间设立　　B. 按实际生产步骤设立

C. 在一个车间内按不同生产步骤设立　　D. 将几个车间合并设立

三、判断题

1. 采用品种法计算产品成本时，企业如果只生产一种产品，只需要为这一种产品设立产品成本明细账即可。（　　）

2. 品种法的产品成本明细账内应按照产品的成本项目设立栏目。（　　）

3. 采用简化分批法计算产品成本，全部产品某项累计间接费用分配率等于全部产品该项本月间接费用除以全部产品累计生产工时。（　　）

4. 分步法是按照产品的批别归集生产费用，计算产品成本的方法。（　　）

5. 品种法产品成本的计算一般都定期在每个月的月末进行。（　　）

6. 采用品种法计算产品成本，月末如果没有在产品或在产品数量很少且在产品成本的数额不大，也可以不计算在产品成本。（　　）

7. 分批法以产品的生产周期作为成本的计算期。（　　）

8. 分步法可进一步细分为单步骤结转分步法和多步骤结转分步法两种方法。（　　）

9. 逐步结转分步法按照半成品是否入半成品库的标准，可划分为综合逐步结转分步法和分项逐步结转分步法两种方法。（　　）

10. 产品成本需要进行成本还原的次数与其计算成本的生产步骤数相等。（　　）

11. 在平行结转分步法下，如果半成品通过仓库收发，应设置“自制半成品”账户核算。（　　）

项目六

产品成本计算的辅助方法

学习目标

知识目标

■ 明确定额法、分类法的概念、计算流程、适用范围；

■ 学会分类法下类内各种产品成本计算的方法，掌握联产品、副产品、等级品成本的计算；

■ 学会定额法下的产品成本计算方法，掌握定额差异的计算。

技能目标

■ 能正确运用定额法、分类法的基本原理进行相应条件下的成本核算；

■ 能正确计算定额法下各项目的成本差异；

■ 能正确计算联产品、副产品的成本。

素养目标

■ 通过产品成本计算辅助方法的学习，使学生明白胜任一个职业岗位，知识技能不仅要“专”，而且还要“广”，在综合运用知识技能过程中，提高学生的职业判断能力。

思维导图

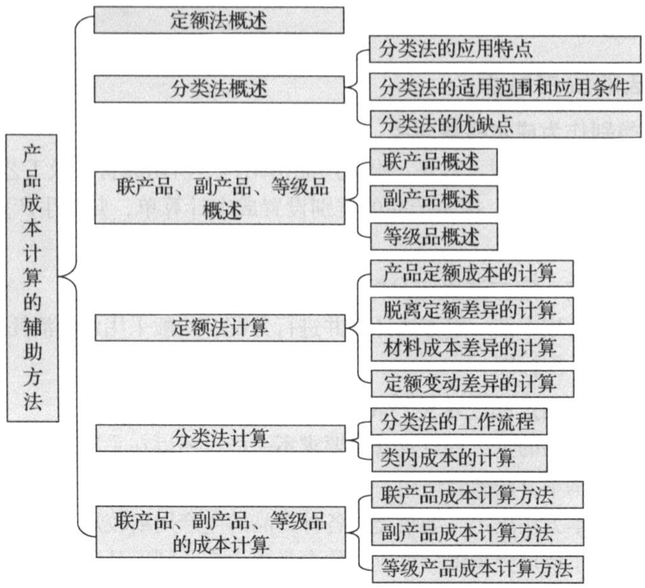

课前自学

一、定额法概述

定额法是为了及时地反映和监督生产费用和产品成本脱离定额的差异，加强成本管理，而采用的一种成本计算方法，它与生产类型的特点没有直接关系。

定额法的应用方式是将事先制定的产品消耗定额、费用定额和定额成本作为降低成本的目标。在发生生产费用时，分别核算符合定额的费用和脱离定额的差异。月末，在定额成本的基础上，加减各种成本差异，计算产品的实际成本，为成本定期考核和分析提供数据。

定额法的主要优点：（1）有利于企业加强成本控制，可以及时、有效地促进生产耗费的节约、降低产品成本；（2）便于对各项生产耗费和产品成本进行定期分析、有利于进一步挖掘降低成本的潜力；（3）有利于提高成本的定额管理和计划管理工作的水平；（4）能较为合理、简便地解决完工产品和月末在产品之间分配费用问题。而定额法的主要缺点是核算工作量大。

定额法是产品成本计算的辅助方法，它与产品的生产类型没有直接联系，不涉及成本计算对象。因而适用于各种类型的生产。由此可知，定额法不能单独应用，必须与确定产品成本计算对象的基本方法，即品种法、分批法或分步法结合应用。

定额法需具备两个应用条件，第一是企业定额管理制度比较健全，定额管理工作的基础比较好。

第二是产品的生产类型已确定、消耗定额比较准确、稳定。

二、分类法概述

分类法是为了简化某些特定企业的成本计算工作，是在产品成本基本计算方法的基础上发展的一种方法。它是按产品类别归集生产费用，先计算各类产品的总成本，再分别计算该类下各种产品成本的一种方法。

（一）分类法的应用特点

1. 以产品的类别作为成本核算对象

采用分类法计算产品成本时，首先，根据产品的结构、所用原材料及工艺技术过程的不同，将产品划分为若干类别，其次，按照产品的类别设置成本计算单，归集生产费用，计算各类产品成本。

2. 类内产品成本按一定方法确定分配

类内不同品种的产品成本按一定方法计算并进行分配，一般采用定额消耗量、定额费用、产品的重量和体积等作为分配标准。

3. 产品成本计算期由产品成本生产特点及管理要求决定

由于每个企业每个产品的生产特点及管理要求不一样，所以在采用分类法计算产品成本时，需要与产品成本计算的基本方法结合使用，因此采用分类法计算产品成本时，其产品成本计算期要由产品成本计算的基本方法决定。如果类内各种产品的生产周期较短，同时又是大量大批的单步骤生产，或者管理上不要求分步骤计算成本的多步骤生产，则以品种法为基本成本计算方法并结合使用分类法，其成本计算期通常与会计核算期一致。如果类内产品是小批生产或单件生产，与分类法结合使用的基本方法则是分批法。每批产品的实际成本，通常要在该批产品全部完工以后才能确定，因而成本计算期不固定。如果类内产品的成本需要按产品的生产步骤确定，与分类法结合使用的基本方法就是分步法，则其成本计算期只能与会计核算期一致，即按月定期进行成本计算。

4. 月末通常要在完工产品与月末在产品之间分配生产费用

与产品成本计算的基本方法一样，采用分类法计算产品成本时，只要存在月末在产品，月末就需要在完工产品与月末在产品之间分配生产费用。

（二）分类法的适用范围和应用条件

如果生产的产品品种繁多，且可以按照一定的要求划分为若干类别的企业或车间，则可以采用分类法计算产品成本。分类法与产品生产的类型没有直接联系，因而可以在各种类型的生产中应用。例如，食品企业生产的各种糖果、饼干和面包；针织企业生产的各种不同种类和规格的针织品；照明企业生产的不同类别和规格的电灯泡；制鞋企业生产的不同型号的鞋子等。虽然生产类型各不相同，但都可以采用分类法计算产品成本，如同原料、同工艺生产的不同规格产品企业。有很多企业在生产过程中采用同样的原材料、经过同样的生产工艺，加工不同规格的产品，如用同样的化纤原料、相同的针织工艺，生产不同款式和不同规格产品的针织厂。类似的还有铝制品厂、电子元件厂、制钉厂等，对所耗原材料质量或生产工艺要求不同而产出不同等级产品的企业，可以采用分类法计算等级产品成本。但如果是工人操作失误造成的不同等级产品，不应采用分类法计算产品成本。某些企业除主要产品外，还生产一些零星产品，这些零星产品在生产工艺和原材料消耗上不一定相同，但由于它们品种、规格多而数量少，所负担的生产费用不多，为了简化产品成本计算的工作量，也可以将零星产品归为一类产品进行成本计算。

（三）分类法的优缺点

分类法的优点是按照产品类别归集生产费用，计算成本，不仅能简化费用核算工作，而且能够在产品品种规格繁多的情况下，分类掌握产品的成本水平。分类法的缺点是采用分类法计算产品成本，由于类内各种产品成本是按照总系数标准分配计算的，因此，产品成本具有一定的假定性。

三、联产品、副产品、等级品概述

（一）联产品概述

联产品是指用同一种原料，经过同一个生产过程，生产两种或两种以上的不同性质和用途的产品，这些产品在经济上也有不同的性质和用途。其成本称为联产品成本。

例如，炼油厂经过同一加工过程，从原油中提炼汽油、煤油、柴油等联产品。如果在同一生产过程中同时生产性质与用途均相同，只是质量有差异的产品，则称为等级品，而不是联产品。

（二）副产品概述

副产品是指使用同种原材料在同一生产过程中生产主要产品的同时，附带生产一些非主要产品，或利用生产中废料加工而成的产品。例如，大豆油厂以大豆为原料，经过一定的生产工艺过程，加工成食用大豆油主产品及豆粕、油脚饲料及化妆品原材料等副产品；提炼原油过程中产出的渣油和石油焦，制皂业生产中产出的甘油等，均为副产品。

副产品不是企业生产的主要产品，其价值与主要产品相比较低，但它仍具有一定的经济价值，能满足社会某些方面的需要，而且客观上也发生耗费，因此，需要采取一定的成本计算方法计算其成本。副产品和联产品都是投入同一原材料，经过同一生产过程同时生产出来的。联产品全部是主要产品，而副产品则是伴随着主要产品生产出来的次要产品，其价值较低。当然，副产品与主要产品是相对而言的，随着生产技术的发展和综合利用，在一定条件下，副产品也能转为主要产品，同样，主要产品也会转为副产品。

（三）等级品概述

等级品是指使用同种原材料，经过相同加工过程生产的品种相同，但质量有所差别的产品，如纺织品、搪瓷器皿的生产常有等级品产生。

等级品与联产品、副产品的相同之处在于，它们都是使用同种原材料，经过同一生产过程产生的。它们的不同之处在于，联产品、副产品之间各产品的性质、用途不同，属于不同种产品，而等级品是性质、用途相同的同种产品；在每种联产品、副产品中，其质量比较一致，因而销售单价大致相同，而各等级品因质量存在差异，所以销售单价也相应分为不同等级。

等级品与非合格品是两个不同的概念。等级品质量上的差异一般是在设计要求范围之内，这些差异一般不影响产品的使用寿命。非合格品是指等级品以下的产品，其质量标准达不到设计的要求，属于废品范围。

教学内容

一、定额法计算

产品成本计算的定额法的基本原理是在实际费用发生时，将其划分为定额成本与定额差异两个部分进行归集，并分析产生差异的原因，及时反馈到管理部门，月终以产品定额为基础，加上分配的差异以此计算产品实际成本。定额法的计算流程，如图 6-1 所示。

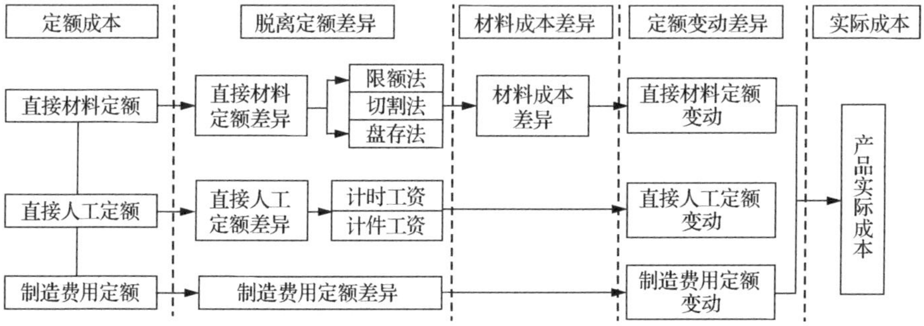

图 6–1　定额法的计算流程

在定额法下，产品实际成本由定额成本、脱离定额差异、材料成本差异和定额变动差异 4 个因素组成，计算公式如下。

产品实际成本=按现行定额计算的产品定额成本±脱离现行定额差异±材料成本差异±定额变动差异

（一）产品定额成本的计算

定额成本是以各种有关的现行消耗定额和计划单价为依据计算的产品成本，是一种目标成本。

根据各种有关的现行定额计算产品的定额成本，首先制定产品的原材料、动力、工时等消耗定额，再根据各项消耗定额和原材料的计划单价、计划的工资率、制造费用率、计算产品的各项费用定额和产品的单位定额成本。计算公式如下。

直接材料定额成本=产品原材料消耗定额×原材料计划单价

直接人工定额成本=产品生产工时定额×计划小时工资率

制造费用定额=产品生产工时定额×计划小时费用率

【例 6-1】河东航平设备制造公司是一家生产制版用的电镀槽的厂家。2025 年 7 月其生产车间的零件定额卡、部件定额成本计算卡和产品定额成本计算表，分别如表 6-1、表 6-2 和表 6-3 所示。

表 6-1 零件定额卡

零件编号、名称：1007 挡板 2025 年 7 月

金额单位：元

材料编号、名称	计量单位	材料消耗定额/千克
0301 钢板	千克	5
工序编号	**工时定额**	**累计工时定额/时**
1	2	2
2	1	3

表 6-2 部件定额成本计算卡

部件编号、名称：2011 钢槽 2025 年 7 月

金额单位：元

所需零件编号、名称	零件数量/件	材料定额							工时定额
		0301			0302			金额合计	
		数量/千克	计划单价	金额	数量/千克	计划单价	金额		
1007	3	15	3.8	57				57	9
1008	2				8	3.5	28	28	6
装配									3
合计				57			28	85	18

定额成本项目					部件定额成本合计
直接材料	直接人工		制造费用		
	计划费用率	金额	计划费用率	金额	
85	25	450	5	90	625

注：部件定额成本合计=直接材料+直接人工+制造费用=85+450+90=625（元）。

表 6-3 产品定额成本计算表

产品编号、名称：3001 组合槽 2025 年 7 月

金额单位：元

所用部件编号、名称	所用部件数量/件	直接材料费用定额		工时定额/工时	
		部件	产品	部件	产品
2011	2	85	170	18	36
2012	2	110	220	25	50
装配					3
合计			390		89

产品定额成本项目					产品定额成本合计
直接材料	直接人工		制造费用		
	计划费用率	金额	计划费用率	金额	
390	25	2 225	5	445	3 060

注：直接人工=89×25=2 225（元）；制造费用=89×5=445（元）；产品定额成本合计=直接材料+直接人工+制造费用=390+2 225+445=3 060（元）。

计算时，如果产品的零部件不多，一般是先制定零件的定额成本，然后汇总计算部件和产成品的定额成本。如果产品的零部件较多，为了简化计算工作，可以不计算零件的定额成本，而是直接根据零件定额卡所列零件的原材料消耗定额、工序计划和工时消耗定额，以及原材料的计划单价、计划的直接人工费用率和计划制造费用率等，计算部件定额成本，再汇总计算产成品定额成本；或者根据零件定额卡和原材料计划单价、计划的直接人工费用率和计划的制造费用率等，直接计算产成品定额成本。

（二）脱离定额差异的计算

脱离定额差异是指生产过程中，各项生产费用实际支出脱离现行定额或预算的数额。在发生生产费用时，应该为符合定额的费用和脱离定额的差异，分别编制定额凭证和差异凭证，并在有关费用分配表和明细账中分别进行登记。计算并分析脱离定额差异是定额法的核心内容。

1. 直接材料脱离定额差异的计算

在各项成本项目中，直接材料费用（包括自制半成品费用）一般占有较大比重，且属于直接计入费用，因而更有必要和可能在费用发生的当时就按产品计算定额费用和脱离定额差异，并以不同的凭证予以反映。直接材料脱离定额差异的计算方法，一般有以下几种。

① 限额法。

在限额法下，原材料的领用实行限额领料（或定额发料）制度，符合定额的原材料应根据限额领料单等定额凭证领发。如果增加产量需要增加用料时，必须办理追加限额手续，然后根据定额凭证领发。由于其他原因发生的超额用料，则应填制专设的超额领料单、代用材料领料单等差异凭证，经过一定的审批手续后领发。超额领用的材料，全部是定额差异。代用材料并不都是定额差异，要先计算所领发的代用材料相当于原规定材料的数量，然后再计算差异。

完成每批任务后，应根据车间余料编制退料手续，退料单也是一种差异凭证。退料单中的原材料数额和限额领料单中的原材料余额，都是原材料脱离定额的节约差异。

② 切割核算法。

对于某些贵重材料或经常大量使用且又需要在准备车间或下料工段切割后才能进一步进行加工的材料（如板材、棒材等），还应设置材料切割核算单。通过材料切割核算单，计算用料差异，控制用料。这种核算单一般应按切割材料的批别设立，单中填写切割材料的种类、数量、消耗定额和应切割成的毛坯数量，切割完成后，再填写实际切割成的毛坯数量和材料的实际消耗量。根据实际切割成的毛坯数量和消耗定额，计算材料定额消耗量，与材料实际消耗量相比，计算用料脱离定额差异。

【例 6-2】制版厂机修车间人员在维修之余也制作轴瓦，2025 年 7 月领用铜棒的材料切割核算单，如表 6-4 所示。

表 6-4　　材料切割核算单

材料编号、名称：5011 铜棒　　计量单位：千克　　材料计划单价：37 元
产品名称：轴瓦　　编号或名称：7205　　图纸号：510
切割工人工号和姓名：1631××/李××　　机床编号：117
切割日期：2025 年 7 月 5 日　　完工日期：2025 年 7 月 10 日

发料数量	退回余料数量		材料实际消耗量		废料回收数量
98	7		91		13.5
单件消耗定额	单件回收废料定额	应切割成的毛坯数量/件	实际切割成的毛坯数量/件	材料定额消耗量	废料定额回收量
5	0.5	18	17	85	8.5

续表

发料数量		退回余料数量			材料实际消耗量	废料回收数量
材料脱离定额差异		废料脱离定额差异			差异原因	责任者
数量	金额	数量	单价	金额	未按规定要求操作，多留了边料，少加工了毛坯 1 件	切割工人
+6	222	-5*	25	-125		

*回收废料超过定额的差异可以冲减材料费用，故列负数；相反，低于定额的差异列正数。

采用材料切割核算单进行材料切割的核算，能及时反映材料的使用情况和发生差异的具体原因，有利于加强对材料消耗的控制和监督，如果可以和车间或班组的经济核算结合使用，则能收到更好的效果。

③ 盘存法。

在大量大批生产且不能按照上述方法分批核算原材料脱离定额差异的情况下，为控制日常材料的实际消耗，可定期（按工作班、工作日或按周、旬等）通过盘存的方法核算差异。

首先，根据完工产品的数量和在产品盘存数量计算产品投产数量，将产品投产数量乘以材料消耗定额，计算材料定额消耗量。其次，根据限额领料单、超额领料单和退料单等凭证以及车间余料的盘存资料，计算材料实际消耗。最后，以材料的定额消耗量与实际消耗量对比，确定材料脱离定额差异。

【例 6-3】某公司生产甲产品耗用 A 材料，材料为生产开始时一次投入，2025 年 7 月甲产品期初在产品为 100 件，本期完工产品为 1 000 件，期末在产品为 200 件。甲产品的原材料消耗定额为每件 5 千克，原材料的计划单价为每千克 8 元。限额领料单中载明的本期已实际领料数量为 5 000 千克，车间期初余料为 50 千克，期末余料为 30 千克。采用盘存法计算当月原材料脱离定额的差异，计算过程如下。

原材料定额消耗量=（1 000+200-100）×5=5 500（千克）

原材料实际消耗量=5 000+50-30=5 020（千克）

原材料脱离定额差异=（5 020-5 500）×8=-3 840（元）（节约）

编制原材料定额费用和脱离定额差异汇总表，如表 6-5 所示。

表 6-5　　原材料定额费用和脱离定额差异汇总表

2025 年 7 月 1 日—30 日

产品名称：甲产品　　金额单位：元

原材料类别	材料编号	计量单位	计划单价	定额用量费用		实际用量费用		脱离定额差异		差异原因
				数量	金额	数量	金额	数量	金额	
			①	②	③=①×②	④	⑤=①×④	⑥=④-②	⑦=⑤-③	
A 材料	0001	千克	8	5 500	44 000	5 020	40 160	-480	-3 840	略
B 材料	0002	千克	7	3 100	21 700	2 970	20 790	-130	-910	
合计					65 700		60 950		-4 750	

说明：表中②栏表示原材料的定额消耗量。表中④栏表示原材料的实际消耗量，表中材料脱离定额差异是按材料计划单价反映的材料脱离定额的数量差异。不包括材料的价格差异。

按照上述公式计算本期投产产品数量，必须具备以下条件，即原材料在生产开始时一次投入，期初和期末在产品都不再耗用原材料。如果原材料是随着生产进度陆续投入，在产品还要耗用原材料，那么上述公式中的期初和期末在产品数量应改为按直接材料消耗定额计算的期初和期末在产品的约当产量。

不论采用哪种方法计算原材料定额消耗量和脱离定额差异，都应分批或定期将相关资料按照成本计算对象汇总。

2. 生产工人工资脱离定额差异的计算

在计件工资形式下，生产工人工资属于直接计入费用，其脱离定额差异的计算与原材料的计算相似。

在计时工资形式下，差异不能在平时按产品直接计算，只有在月末实际生产工人工资总额确定后，才能按下列公式计算。

$$\text{计划单位小时工资}=\frac{\text{某车间计划产量的定额生产工人工资}}{\text{该车间计划产量的定额生产工时}}$$

$$\text{实际单位小时工资}=\frac{\text{某车间实际产量的定额生产工人工资}}{\text{该车间实际产量的定额生产工时}}$$

某产品定额生产工资=该产品实际产量的定额工时×计划单位小时工资

某产品实际生产工资=该产品实际产量的实际工时×实际单位小时工资

某产品生产工资脱离定额差异=该产品实际生产工资-该产品定额生产工资

从以上计算公式可以看出，要降低单位产品的计时工资，必须降低单位小时的生产工资和单位产品的生产工时。为此，企业不仅要严格控制工资总额，以免超出计划；还要充分利用工时，使生产工时总额不低于计划；并且要控制单位产品的工时消耗，以免超过工时定额。为了降低单位产品的计时工资费用，在定额法下，应加强日常控制，监督生产工时的利用情况和工时消耗定额的执行情况。因此，在日常核算中，要按照产品核算定额工时、实际工时和工时脱离定额的差异，并及时分析产生差异的原因。

3. 制造费用脱离定额差异的计算

制造费用一般来说属于间接计入费用，费用发生时不能直接按照所生产的产品计算定额差异，而只能在月末实际制造费用计算分配给各种产品后，再与相应产品的金额费用对比，计算定额差异。脱离定额的差异只能根据月份的费用计划，按照费用的发生地点和费用项目，计算脱离定额的差异。若制造费用按小时标准进行分配，其定额差异也是由工时差异和小时费用差异两个因素组成，计算确定的方法，与计时工资脱离差异的计算确定方法类似。

上述脱离定额的差异，还应在完工产品和月末在产品之间进行分配，以确定完工产品成本。若企业期末在产品的数量较少，为了简化成本核算工作量，可以将定额差异全部分配计入完工产品成本中。如果期末在产品的数量较多，则需要将定额差异按照定额成本比例在完工产品和在产品之间进行分配。

（三）材料成本差异的计算

在采用定额法计算产品成本的企业中，材料的日常核算应当按照计划成本进行。原材料脱离定额的差异，是按计划单位成本反映的数量差异，即量差。月末在计算产品的实际原材料费用时，还必须考虑所耗原材料应负担的成本差异问题，即所耗原材料的价差，计算公式如下。

$$\begin{matrix}\text{某产品应分配的}\\\text{原材料成本差异}\end{matrix}=\left(\begin{matrix}\text{该产品原材料}\\\text{定额费用}\end{matrix}+\begin{matrix}\text{原材料脱离}\\\text{定额差异}\end{matrix}\right)\times\begin{matrix}\text{原材料成本}\\\text{差异率}\end{matrix}$$

这时，产品实际成本=产品定额成本+脱离定额差异+原材料或半成品成本差异

扫一扫，看微课

定额变动差异的计算

（四）定额变动差异的计算

定额变动差异是指因修订消耗定额或生产耗费的计划价格而产生的新旧定额之间的差额。

消耗定额和定额成本一般是在月初、季初或年初定期进行修订。在定额变动的月份，期初在产品的定额成本并未修订，它仍然是按照原定额计算的，为了将按原定额计算的月初在产品定额成本和按新定额计算的本月投入产品的定额成本，在新定额的同一基础上相加，应该计算月初在产品的定额变动差异，以调整月初在产品的定额成本，计算公式如下。

$$\frac{\text{月初在产品}}{\text{定额变动差异}}=\frac{\text{月初在产品按原定额}}{\text{计算的定额成本}}-\frac{\text{月初在产品调整后的}}{\text{定额计算的定额成本}}$$

在消耗定额降低的情况下产生的差异，一方面从月初在产品定额成本中扣除，另一方面，还应将属于月初在产品生产费用实际支出的该项差异，列入本月产品成本中；相反，在消耗定额提高的情况下，月初在产品增值的差异应列入月初在产品定额成本之中，同时从本月产品成本中予以扣除。

月末，对定额成本、脱离定额差异、材料成本差异以及定额变动差异，应在完工产品和月末在产品之间按照定额成本比例进行分配。如果各种差异数额不大，或者差异虽然较大，但各月在产品数量比较均衡，这种情况下，月末在产品可按定额成本计价，即不负担差异，差异全部由产成品成本负担。

在修订定额成本的月份，产品实际成本应该按下列公式进行计算。

$$\frac{\text{产品}}{\text{实际成本}}=\frac{\text{按现行定额计算}}{\text{的产品定额成本}}+\frac{\text{脱离现行}}{\text{定额成本}}+\frac{\text{原材料或半成品}}{\text{成本差异}}+\frac{\text{月初在产品}}{\text{定额变动差异}}$$

假定某企业甲产品由一个封闭式车间进行生产，不分步计算成本。该企业规定：甲产品的定额变动差异和材料成本差异由完工产品成本负担；脱离定额差异按定额成本比例，在完工产品与月末在产品之间进行分配。在定额法下，甲产品的在产品成本、完工产品成本的计算过程和产品成本明细账表 6-6 所示。

表 6-6　　产品成本明细账

产品名称：　　××年××月　　产量：件

成本项目			直接材料	直接人工	制造费用	成本合计
月初在产品成本	定额成本	(1)				
	脱离定额差异	(2)				
月初在产品定额变动	定额成本调整	(3)				
	定额变动差异	(4)				
本月生产费用	定额成本	(5)				
	脱离定额差异	(6)				
	直接材料成本差异	(7)				
生产费用累计	定额成本	(8)=(1)+(3)+(5)				
	脱离定额差异	(9)=(2)+(6)				
	直接材料成本差异	(10)=(7)				
	定额变动差异	(11)=(4)				
差异率	脱离定额差异	(12)=(9)/(8)				
本月产成品成本	定额成本	(13)				
	脱离定额差异	(14)=(13)×(12)				
	材料成本差异	(15)=(10)				
	定额变动差异	(16)=(11)				
	实际成本	(17)=(13)+(14)+(15)+(16)				
月末在产品成本	定额成本	(18)				
	脱离定额差异	(19)=(18)×(12)				

二、分类法计算

（一）分类法的工作流程

（1）根据产品所用材料和工艺技术过程的不同，对产品进行分类，按照产品的类别设置产品成本明细账。

（2）按照规定的成本项目归集各类产品所发生的生产费用，计算各类产品成本。

（3）选择合理的分配标准，将每类产品成本在类内各种产品之间进行分配，计算各种产品的总成本和单位成本。

分类法的计算流程如图 6-2 所示。

在同类产品中，各种产品之间费用分配的标准一般有定额消耗量、定额费用、售价以及产品的体积、重量和长度等。在选择费用的分配标准时，主要应考虑它与产品生产耗费高低的关系，即应选择与产品各项耗费的高低有密切联系的分配标准。

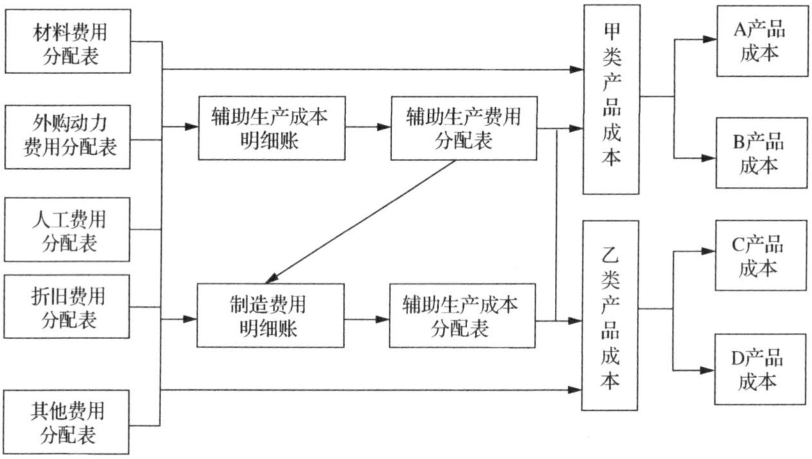

图 6–2　分类法的计算流程

（二）类内成本计算

扫一扫，看微课

分类法计算流程

在类内各种产品之间分配费用时，各成本项目可以按同一标准进行分配；为了使分配结果更为合理，也可以根据各成本项目的性质，分别按照不同的分配标准进行分配。例如，材料费用可以按照直接材料定额消耗量或定额费用比例进行分配；直接人工等其他费用可以按照定额工时比例进行分配。

1. 计算流程

（1）分项目计算定额消耗量。

$$\text{某类完工产品直接材料定额消耗量}=\sum \text{各种产品完工数量}\times\text{单位产品材料消耗定额}$$

$$\text{某类完工产品定额工时}=\sum \text{各种产品完工数量}\times\text{单位产品工时消耗定额}$$

（2）分项目计算费用分配率。

$$\text{直接材料分配率}=\frac{\text{某类完工产品直接材料实际成本}}{\text{某类完工产品直接材料定额消耗量}}$$

$$\text{直接人工分配率}=\frac{\text{某类完工产品直接人工实际成本}}{\text{某类完工产品定额工时}}$$

$$\text{制造费用分配率}=\frac{\text{某类完工产品制造费用实际成本}}{\text{某类完工产品定额工时}}$$

（3）分项目计算各种完工产品的成本。

某产品直接材料费用=该产品直接材料定额消耗量×直接材料分配率

某产品直接人工费用=该产品定额工时×直接人工分配率

某产品制造费用=该产品定额工时×制造费用分配率

2. 系数分配方法

为了简化分配工作，可以将分配标准折算成相对固定的系数，按照固定系数在类内各种产品之间分配费用。确定系数时，首先一般在类内选择一种产量较大、生产较稳定或规格适中的产品作为标准产品，将这种产品的系数定为 1。其次，将类内其他各种产品的有关定额资料与标准产品的定额资料进行对比，最后，计算其他各种产品的分配标准额与标准产品的分配标准额的比率，即系数。

在分类法中，按照系数分配类内各种产品成本的方法，称为系数分配法。系数一经确定，在一定时期内应相对稳定。在实际工作中，也有的企业采用按照标准产品产量比例分配类内各种产品成本的方法，即将各种产品的产量按照系数折算为标准产品产量，然后按照标准产品产量的比例分配类内各种产品成本，这也是一种系数分配法。该系数分配法的具体计算过程如下。

① 确定分配标准。

② 将分配标准折算为固定系数。

③ 将类内各产品的产量按照系数折算出相当于标准产品的产量，计算公式如下。

某产品相当于标准产品的产量=该产品的实际产量×该产品的系数

④ 计算全部产品相当于标准产品的总产量，以此为标准分配类内各种产品的成本。

【例 6-4】某工业企业大量生产甲、乙、丙三种产品。这三种产品的原材料和生产工艺相似，因而归为一类产品采用分类法计算成本。该类产品的消耗定额比较准确、稳定，各月末在产品数量变动也不大，因而月末在产品按定额成本计价。

该企业各种产品成本中的原材料费用按事先确定的耗料系数比例分配，以乙产品为标准产品；其他各项费用按定额工时比例分配。耗料系数根据产品的材料消耗定额计算确定。2025 年 10 月其产品用料系数计算表和产品成本明细账如表 6-7、表 6-8 所示。

表 6–7　　产品用料系数计算表

产品名称	材料消耗定额	用料系数
甲	9.6	9.6 ÷8=1.2
乙	8	1
丙	6.4	6.4 ÷8=0.8

表 6–8　　产品成本明细账

产品类别：×类　　2025 年 10 月

项目		产量/件	用料系数		定额工时		成本项目			
			单件系数	总系数	单件定额	总工时	直接材料	直接人工	制造费用	合计
月初在产品定额费用							7 500	1 500	10 700	19 700
本月费用							65 000	12 250	39 750	117 000
累计							72 500	13 750	50 450	136 700
产成品成本				4 360		26 500	65 400	12 455	41 075	118 930
产成品成本分配率							15	0.47	1.55	
产成品成本分配	甲产品	1 500	1.2	1 800	6	9 000	27 000	4 230	13 950	45 180
	乙产品	2 000	1	2 000	7	14 000	30 000	6 580	21 700	58 280
	丙产品	700	0.8	5 60	5	3 500	8 400	1 645	5 425	15 470
月末在产品定额费用							7 100	1 295	9 375	17 770

（三）采用分类法的注意事项

① 产品的分类和分配标准（或系数）的选定是否适当，这是一个很关键的问题。对产品进行分类时，应以该产品所耗原材料和工艺技术过程是否相似为主要标准。因为所耗原材料和工艺技术过程相似的各种产品，成本水平也往往比较接近。在对产品进行分类时，类距既不能定得过小，使成本计算工作复杂化；也不能定得过大，造成成本计算上的“大杂烩”，影响成本计算的正确性。

② 在产品结构、所耗原材料或工艺技术发生较大变动时，应及时修订分配系数，或另选分配标准，以保证成本计算的正确性。

三、联产品、副产品、等级品的成本计算

扫一扫，看微课

联产品成本的核算

（一）联产品成本计算方法

联产品成本是指在联合生产过程中生产联产品所发生的成本。联产品在分离点之前，可以把它们作为同一类产品综合归集所发生的各种费用，并根据其特点选择适当的成本计算方法计算它们的总成本，该总成本称为联合成本。然后采用适当的标准，分配给各联产品。有的联产品分离后继续加工发生的费用，可按分离后各联产品品种分别归集，计算分离后的成本。分离后的成本加上由联合成本分配的成本，构成该种产品整个生产过程成本。

联产品成本计算分为三个部分，即联产品分离点前联产品成本计算、分离点的联合成本分配和分离点后加工成本计算。分离点前联产品成本的计算和分离点后需继续加工的加工成本计算，都应根据生产类型和管理要求，选用产品成本计算的基本方法进行计算，而分离点联产品之间联合成本的分配则要采用专门的方法进行计算。

常用的联产品成本的计算方法有系数分配法、实物量分配法、相对销售收入分配法、净实现价值比例分配法等。

1. 系数分配法

系数分配法是将各种联产品的实际产量乘以事先制定的各该联产品的系数，把实际产量换算成相对产量，然后按各联产品的相对生产量比例分配联产品的联合成本。系数分配法的关键是系数的确定。实践中，有的企业是采用各联产品的技术特征（如重量、体积、质量性能、含量和加工难易程度等）确定系数标准，也有的是采用联产品的经济指标（如定额成本、售价等）确定。

2. 实物量分配法

实物量分配法是指按分离点上各种联产品的重量、容积或其他实物量度比例分配联合成本。采用实物量分配法计算的各产品单位成本是一致的，且是平均单位成本，因此计算过程简便易行。但由于并非所有的成本发生都与实物量直接相关，容易造成成本计算与实行脱节的情况。因此，实物量分配法一般适用于成本的发生与产量关系密切且各联产品销售价值较为均衡的联合成本的分配。

3. 相对销售收入分配法

相对销售收入分配法是指按各种联产品的销售收入比例分配联合成本。这种分配法强调经济比例，认为既然联合生产过程的联产品是同时产出的，并不是只产出其中一种，因此，从销售中所获得的收益，理应在各种联产品之间按比例进行分配。即售价较高的联产品应该按比例负担较高份额的联合成本，售价较低的联产品应该负担较低份额的联合成本，其结果是各种联产品的毛利率相同。这种方法克服了实物量分配法的不足，但其本身也存在着缺陷，一方面，并非所有的成本都与售价有关，价格较高的产品不一定要负担较高的成本；另一方面，并非所有的联产品都具有同样的获利能力。相对销售收入分配法一般适用于分离后不再加工，而且价格波动不大的联产品的成本计算。

4. 净实现价值比例分配法

净实现价值是指最终产品的销售价格减去可归属成本后的价值。净实现价值比例分配法是指按最终产品的销售价格减去可归属成本后的价值比例，在联合成本中进行分配，以计算各种联产品的总成本和单位成本的方法。

（二）副产品成本计算方法

副产品和主要产品是同一原材料经过同一生产过程生产的，其成本与主要产品成本分离步骤前是共同发生的，这也决定了副产品的成本计算就是确定其应负担分离点前的联合成本。由于副产品的经济价值较小，在企业全部产品中所占的比重也较小，企业可采用简单的计算方法，确定副产品成本，然后从分离前联合成本中扣除，其余额就是主要产品成本。

副产品成本计算的关键是副产品的成本计价问题。副产品在分离后，有的可以作为产成品直接对外销售，有的需进一步加工后再出售，所以副产品成本计价分为以下两种情况。

1. 直接对外销售副产品的成本计算

① 副产品不负担联合成本。如果副产品的价值较低，副产品可以不分担分离前的联合成本，联合成本全部由主要产品负担，副产品的销售收入直接作为其他业务利润处理。采用这种方法，计算简便，但由于副产品不负担分离前的联合成本，所以在一定程度上会影响主要产品成本的正确性。

② 副产品作价扣除。如果副产品的价值较高，可采用与分类法相似的方法计算成本，即将副产品与主要产品合为一类，开设成本计算单归集费用，然后按销售价格扣除税金、销售费用和合理利润后的余额作为副产品应负担的成本从联合成本中扣除。副产品的成本既可以从直接材料成本项目中扣除，也可以按比例从联合成本各成本项目中减除。

2. 需进一步加工的副产品的成本计算

如果副产品与主要产品分离后并不直接出售，还需进一步加工，然后再出售，对于这一类副产品，应根据其加工生产的特点和管理要求，采用适当的方法单独计算副产品的成本。

① 副产品只负担分离后的成本。采用这种方法时，副产品不负担分离前的联合成本，联合成本全部由主要产品负担，副产品只负担分离后进一步加工的成本。显而易见，这种方法简便、易行，但是它少计了副产品的成本，多计了主要产品的成本。

② 副产品成本按计划单位成本计算。如果副产品进一步加工所需时间不长，费用不大，为简化成本计算工作，可以只设置主要产品成本计算单，不设置副产品成本计算单。副产品按计划单位成本计价，并将其计划成本从主要产品成本计算单中转出，余额即为主要产品的成本。

（三）等级品成本计算方法

等级品应根据造成其质量差别的原因确定成本计算方法。如果等级品是由于人工操作不当、技术不熟练等主要原因造成的，可以采用实物量分配法，以使各等级品的单位成本相同。因为各产品虽然等级不同，但使用的原材料、经过的生产过程都相同，所以各等级品的单位成本理应没有差别。在成本相同的情况下，低等级品由于售价较低而使其毛利低于正品，该差额能够比较敏感地反映由于企业产品质量管理不善所导致的经济损失。

等级品也可能是由于所用原材料的质量或受目前生产技术水平限制等原因产生的，即客观原因造成的，如某些电子元件产品，由于目前生产技术水平限制，难以控制其产品质量，导致生产出售价差别较大的等级品。在这种情况下，一般不能对各等级品确定相同的单位成本，而要采用系数分配法计算各等级品成本。通常以单位售价比例确定系数，再按系数的比例计算不同等级品应负担的联合成本。这样，不同等级品具有不同的单位成本，等级高、售价高的产品负担的成本多，等级低、售价低的产品负担的成本少。

课外阅读

我国会计职业道德规范主要包括以下 8 个方面：爱岗敬业、诚实守信、廉洁自律、客观公正、坚持准则、提高技能、参与管理和强化服务。

其中，爱岗敬业是忠于职守的事业精神，是会计职业道德的基础，基本要求包括正确认识会计职业，树立职业荣誉感；热爱会计工作，敬重会计职业；安心工作，任劳任怨；严肃认真，一丝不苟；忠于职守，尽职尽责。其中，忠于职守主要表现为三个方面：忠实于服务主体、忠实于社会公众、忠实于国家。在对单位（或雇主）的忠诚与国家及社会公众利益发生冲突时，会计人员应该忠实于国家、忠实于社会公众，承担维护国家和社会公众利益的责任。

诚实守信要求会计人员做老实人，说老实话，办老实事，不搞虚假；保密守信，不为利益所诱惑；执业谨慎，信誉至上。其中，做老实人，说老实话，办老实事，不搞虚假则要求会计人员应言行一致，实事求是，如实反映单位经济业务活动情况，不为个人和小集团利益伪造账目，弄虚作假，损害国家和社会公众利益。

思考：会计人员如何提高对会计职业道德的认识。

视野拓展

“夫四方钱谷，皆有定额”，会计人员经常和钱“打交道”，必须坚守职业操守，要时刻守好单位的钱袋子。另外会计人员身处资金密集岗位，面临较高的廉政风险，自觉提升思想认识，树立正确的世界观、人生观和价值观，主动抵制不劳而获、贪图享受等不良思想的侵蚀，筑牢拒腐防变的思想防线。要认识到自己所承担的社会责任和历史担当，始终坚持准则、诚实守信、廉洁自律、服务社会。

课中实训

实训一　运用成本计算的定额法

某企业生产的甲产品，各项消耗定额比较准确，2025 年 11 月生产情况和定额资料如下，月初在产品为 30 件，本月投产甲产品 140 件，本月完工 150 件，月末在产品为 20 件，月末在产品完工程度为 50%，材料为开工时一次投入，单位产品成本直接材料消耗定额由上月的 4.4 千克降为 4 千克，工时定额为 3 小时，计划小时工资率为 3 元，计划小时制造费用率为 4 元，材料计划单位为 5 元，材料成本差异率为-2%。请根据资料填写产品成本明细账，如表 6-9 所示。

表 6-9　　产品成本明细账

产品名称：甲产品　　2025 年 11 月　　金额单位：元

成本项目			直接材料	直接人工	制造费用	成本合计
月初在产品成本	定额成本	（1）				
	脱离定额差异	（2）	−9	5	6	2
月初在产品定额变动	定额成本调整	（3）				
	定额变动差异	（4）				
本月生产费用	定额成本	（5）				
	脱离定额差异	（6）	30	8	12	50
	直接材料成本差异	（7）				
生产费用累计	定额成本	（8）=（1）+（3）+（5）				
	脱离定额差异	（9）=（2）+（6）				
	直接材料成本差异	（10）=（7）				
	定额变动差异	（11）=（4）				
脱离定额差异分配率		（12）=（9）/（8）				
本月产成品成本	定额成本	（13）				
	脱离定额差异	（14）=（13）×（12）				
	材料成本差异	（15）=（10）				
	定额变动差异	（16）=（11）				
	实际成本	（17）=（13）+（14）+（15）+（16）				
月末在产品成本	定额成本	（18）				
	脱离定额差异	（19）=（18）×（12）				

实训二　运用成本计算的分类法

某企业生产甲、乙、丙三种产品的结构、所用原材料和工艺过程基本相同，合并为一类（A类），采用分类法计算各产品成本。类内各种产品之间分配费用的标准为直接材料费用按各种产品的直接材料费用系数分配，直接材料费用系数按直接材料费用定额确定，其他直接费用按定额工时比例分配。甲、乙、丙三种产品在2025年11月产量分别是1 000件、750件和800件。

要求：计算甲、乙、丙三种产品成本有关的数据并填写表格。

（1）请根据表已知数据计算直接材料费用定额及直接材料费用系数并填写表6-10。

表6–10　　材料费用系数表　　2025年11月

产品名称	单位产品直接材料费用				直接材料费用系数
	原材料编号	消耗定额/千克	计划单价/元	费用定额	
甲（标准产品）	1011	200	0.5		
	2021	100	0.8		
	3112	170	1		
	小计				
乙	1011	180	0.5		
	2021	50	0.8		
	3112	150	1		
	小计				
丙	1011	250	0.5		
	2021	100	0.8		
	3112	180	1		
	小计				

（2）根据产品类别（A类）产品成本明细账（见表6-11），分配计算A类甲、乙、丙三种产品的产成品成本并填入表6-12。

表6–11　　产品成本明细账

产品名称：A类　　2025年11月　　单位：元

摘要	直接材料	直接人工	制造费用	成本合计
月初在产品成本	19 950	8 000	12 000	39 950
本月费用	896 300	52 930	72 645	1 021 875
生产费用合计	916 250	60 930	84 645	1 061 825
产成品成本	892 800	49 500	67 500	1 009 800
月末在产品成本	23 450	11 430	17 145	52 025

表6–12　　各种产成品成本计算表

2025年11月　　单位：元

项目	产量/件	直接材料费用系数	直接材料费用总系数	工时消耗定额	定额工时	直接材料	直接人工	制造费用	成本合计
①	②	③	④	⑤	⑥	⑦	⑧	⑨	⑩
分配率									
甲产品				1.8					

续表

项目	产量/件	直接材料费用系数	直接材料费用总系数	工时消耗定额	定额工时	直接材料	直接人工	制造费用	成本合计
①	②	③	④	⑤	⑥	⑦	⑧	⑨	⑩
乙产品				2.5					
丙产品				1.5					
合计									

实训三　核算联产品成本

山西河东生物制品有限公司用某种原材料经过同一生产过程同时生产甲、乙两种联产品，2025年11月共生产甲产品4 000千克、乙产品2 000千克，无期初、期末在产品。该月生产发生的联合成本分别为原材料60 000元，直接人工成本21 600元，制造费用38 400元。甲产品每千克售价为500元，乙产品每千克售价为600元，设全部产品均已售出。

要求：根据资料分别用系数分配法、实物量分配法、相对销售收入分配法计算甲、乙产品的成本，并分别填入表6-13、表6-14和表6-15中。（注：系数以售价为标准确定系数，选择甲产品为标准产品，其系数为1，乙产品系数为600/500=1.2）

表6-13　联产品成本计算表（系数分配法）　单位：元

产品名称	产量/千克	系数	标准产量	分配比例	应负担的成本			
					直接材料	直接人工	制造费用	合计
甲								
乙								
合计								

表6-14　联产品成本计算表（实物量分配法）　单位：元

产品名称	产量/千克	联合成本分配率			应负担的成本			
		直接材料分配率	直接人工分配率	制造费用分配率	直接材料	直接人工	制造费用	合计
甲								
乙								
合计								

表6-15　联产品成本计算表（相对销售收入分配法）　单位：元

产品名称	产量/千克	销售单价	销售价值	分配比例	应负担的成本			
					直接材料	直接人工	制造费用	合计
甲								
乙								
合计								

实训四　核算副产品成本

河东麦芽厂在生产甲产品过程中，附带生产副产品 A 和 B。2025 年 7 月，甲产品产量为 200 千克，A 产品为 80 千克，B 产品为 40 千克，A 产品的单价为 20 元，B 产品的单价为 75 元。当月生产该类产品所发生的费用如表 6-16 所示。

表 6–16　　成本费用资料表

2025 年 7 月　　单位：元

项目	直接材料	直接人工	制造费用	合计
月初在产品成本	1 600	400	1 200	3 200
本月发生费用	24 000	6 000	6 800	36 800

要求：计算并填写表 6-17。

表 6–17　　甲、A、B 产品的成本计算表

2025 年 7 月　　单位：元

项目		行次	直接材料	直接人工	制造费用	合计
总成本	月初在产品成本	1				
	本月发生费用	2				
	合计	3				
费用项目比重		4				
A 产品	总成本	5				
	单位成本	6				
B 产品	总成本	7				
	单位成本	8				
甲产品	总成本	9				
	单位成本	10				

实训项目评价

技能点评指标		分值	得分
实训一　运用成本计算的定额法	能熟练运用定额法并准确计算结果	35	
实训二　运用成本计算的分类法	能熟练运用分类法并准确计算结果	25	
实训三　核算联产品成本	能准确计算联产品的成本	25	
实训四　核算副产品成本	能准确计算副产品的成本	15	

同步测试题

一、单项选择题

1. 产品成本计算的分类法，其优点是（　　）。

A. 能直接提供按原始成本项目反映的产品成本资料

B. 可以为半成品和在产品的实物管理和资金管理提供资料

C. 能够在产品品种、规格繁多的情况下，分类掌握产品成本水平

D. 能够提供各生产步骤的半成品成本资料

2. 企业在生产主要产品的过程中，附带生产的一些次要产品称为（　　）。

A. 联产品　　B. 等级品　　C. 副产品　　D. 次品

3. 在分离后再发生的加工成本称为（　　）。

A. 联合成本　　B. 可归属成本　　C. 可分成本　　D. 共同成本

4. 产品成本计算的分类法适用于（　　）。

A. 可按一定标准分类的产品

B. 品种、规格繁多的产品

C. 大量大批生产的产品

D. 品种、规格繁多，但可以按照产品结构、所用原材料和工艺过程划分为若干类别的产品

5. 采用定额法计算产品成本时，月初在产品定额变动差异是正数，说明（　　）。

A. 定额降低了　　B. 本月实际发生的生产成本增加了

C. 定额成本提高了　　D. 累计的实际生产成本增加了

6. 定额变动差异是指修复定额以后的原定额成本与新定额成本之间的差异，只有（　　）存在定额变动差异。

A. 月初在产品　　B. 月末在产品　　C. 本月投入产品　　D. 本月完工产品

7. 企业利用同种原材料，在同一生产过程中同时生产几种地位相同的主要产品，称为（　　）。

A. 半成品　　B. 联产品　　C. 副产品　　D. 等级品

8. 对于副产品的计价，一般可以从总成本的（　　）项目中扣除。

A. 直接工资　　B. 制造费用　　C. 废品损失　　D. 直接材料

9. 在副产品加工处理所需时间不长、费用不大的情况下，副产品也可以（　　）。

A. 按固定成本计价

B. 按计划成本计价

C. 不计价

D. 以售价扣除税金和销售费用后的余额计价

10. 原材料脱离定额差异是（　　）。

A. 数量差异　　B. 原材料成本差异　　C. 价格差异　　D. 定额变动差异

二、多项选择题

1. 原材料脱离定额差异的计算方法有（　　）。

A. 限额法　　B. 计划成本法　　C. 系数法　　D. 定期盘存法

2. 使分类法做到既简化工作，又相对正确的关键有（　　）。

A. 产品的分类　　B. 定额的制定　　C. 定额的修订　　D. 分配标准的确定

3. 联产品的成本由（　　）组成。

A. 联合成本　　B. 可归属成本　　C. 制造成本　　D. 销售成本

4. 联产品成本的计算方法有（　　）。

A. 系数分配法　　B. 相对销售收入分配法

C. 实物量分配法　　D. 人工成本分配法

5. 在定额法下，产品实际成本等于（　　）。

A. 按现行定额计算的产品定额成本之和

B. 材料成本差异

C. 脱离现行定额的差异

D. 月初在产品定额变动差异

6. 副产品成本可以（　　）。

A. 按计划成本确定

B. 按实际成本确定

C. 按可分成本确定

D. 按售价扣除税金和销售费用后的余额确定

7. 联产品的生产特点有（　　）。

A. 经过同一个生产过程进行生产　　B. 生产成本相同

C. 使用同一种原材料加工　　D. 都是企业的主要产品

8. 可按分类法的成本计算原理计算产品成本的等级品有（　　）。

A. 由于工艺技术条件不成熟造成的等级品　　B. 由于违规操作造成的等级品

C. 由于生产管理不当造成的等级品　　D. 由于原材料质量造成的等级品

9. 采用系数分配法时，被选定作为标准产品的产品，应具备（　　）条件。

A. 产销量小　　B. 产销量大　　C. 生产正常、售价稳定　　D. 规格适中

10. 定额法的优点有（　　）。

A. 有利于对成本的日常控制　　B. 有助于提高成本的定额管理工作

C. 便于对产品成本进行定期分析　　D. 能全面地解决产品计价问题

三、判断题

1. 原材料脱离定额的差异，是按计划单位成本反映的数量差异。（　　）

2. 产品的原材料定额成本与原材料脱离定额差异相加，再乘以材料成本差异率的结果，是产品所耗原材料应负担的材料成本差异。（　　）

3. 在计算月初在产品定额变动差异时，如果定额提高，则定额变动差异为负。（　　）

4. 定额法是一种单纯计算产品实际成本的成本计算方法。（　　）

5. 在定额法下，如果月初在产品定额变动差异是负数，则说明原消耗定额小于新消耗定额。（　　）

6. 定额法可以不与基本方法结合应用。（　　）

7. 在定额法下，退料单是一种差异凭证。（　　）

8. 只要产品的品种、规格繁多，就可以采用分类法计算产品成本。（　　）

9. 用分类法计算的类内各种产品的成本具有一定的假设性。（　　）

10. 分类法是以产品类别为成本计算对象的一种成本产品的基本方法。（　　）

11. 联产品与副产品都可能产生等级品。（　　）

项目七

成本报表与成本分析

学习目标

知识目标

1. 明确成本报表的作用、种类、特点及编制方法。
2. 掌握成本分析的一般方法和程序。
3. 掌握技术经济指标变动对成本影响的分析方法。

技能目标

1. 能准确编制各种产品成本报表和各种费用报表。
2. 能准确进行全部商品产品成本计划完成情况分析、可比产品成本降低计划完成情况分析、主要产品单位成本分析、各种费用报表分析，以及成本效益分析。

素养目标

通过成本报表编制，培养学生细心、耐心和实事求是的品质，树立只有高质量的成本信息才是有真正价值的意识；通过成本分析，培养学生应用财务资料分析问题和解决问题的能力。

思维导图

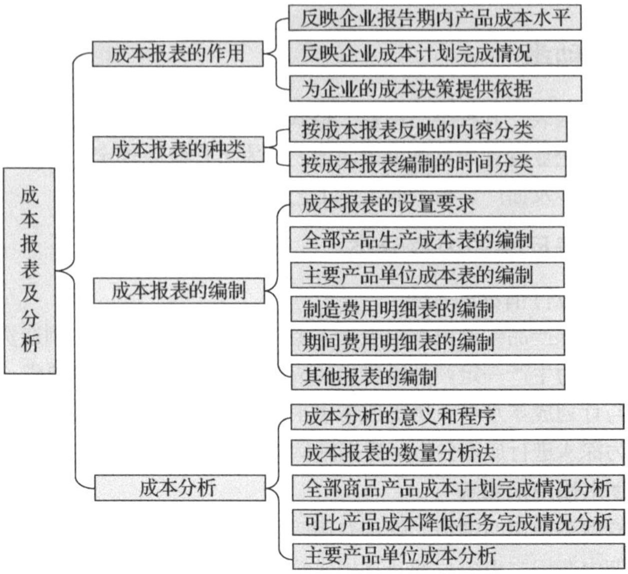

课前自学

企业会计报表分为两大类：一类为向外报送的会计报表，如资产负债表、利润表、现金流量表，其具体格式和编制说明由会计制度作出规定；另一类为企业内部管理需要的报表，如成本报表等，其具体种类、格式由企业自行规定。成本报表是企业内部报表中的主要报表。

企业的成本报表是根据企业产品成本和期间费用的核算资料以及其他有关资料编制的，用来反映和监督企业一定时期产品成本和期间费用水平及其构成情况的报告文件。编制和分析成本报表是成本会计工作的一项重要内容。

一、成本报表的作用

（一）反映企业报告期内产品成本水平

产品成本是反映企业生产技术经营成果的一项综合性指标，通过编制成本报表能够及时发现企业在生产、技术、质量、管理等方面取得的成绩和存在的问题。

（二）反映企业成本计划完成情况

成本报表中反映的各项成本指标，对分析和考核产品成本计划完成情况提供依据，也是制定下期成本计划的重要参考，各管理部门还可以根据成本报表的资料对未来成本进行预测。

（三）为企业的成本决策提供依据

通过对成本报表进行分析，企业可以揭示影响产品成本指标和费用项目变动的原因，从生产技术、生产组织和经营管理等方面挖掘节约费用支出和降低产品成本的潜力，提高企业生产技术、生产组织和经营管理的水平，还可以作为企业确定产品价格，进行成本和利润的预测，制定有关的生产经营决策，以及编制成本和利润等计划提供重要的数据。

二、成本报表的种类

成本报表作为内部报表，其种类、项目、格式和编制方法、编报日期、具体报送对象，都由企业根据自身的特点和企业管理的具体要求而定，国家不作统一规定。一般情况下，成本报表具有种类多、编报迅速、涉及面广、与企业生产工艺过程联系紧密等特点。

（一）按成本报表反映的内容分类

1. 反映成本计划执行情况的报表

这类报表主要有全部产品生产成本报表、主要产品单位成本报表、制造费用明细表等。通过这类报表可以揭示企业为生产一定产品所付出的成本是否达到了预定的要求。在报表中，可将报告期实际成本水平与计划成本水平、历史成本水平以及同行业成本水平进行比较，以反映成本管理工作的成效，并为深入进行成本分析、挖掘降低成本的潜力提供资料。

2. 反映费用支出情况的报表

这类报表主要有财务费用明细表、管理费用明细表、销售费用明细表等。通过这类报表可以了解企业在一定时期内费用支出的总额及其构成情况，了解费用支出的合理程度和变动趋势，有利于企业管理部门正确制定费用预算，考核各项消耗和支出指标的完成情况，明确各有关部门和人员的经济责任。

3. 反映生产经营情况的报表

这类报表有生产情况表、材料耗用表、材料差异分析表等。这类报表属于专题报表，主要反映生产中影响产品生产成本的某些特定的重要问题，一般依据实际情况灵活设置。

（二）按成本报表编制的时间分类

成本报表在报送内容上虽不像财务报表那样规范，尤其是编报时间具有很强的灵活性，但主要报表仍可按编报时间分为年报、季报、月报、旬报、周报、日报等。

教学内容

一、成本报表的编制

（一）成本报表的设置要求

成本报表是企业根据其生产特点与管理要求自行设置，并随着情况的变化对报表的种类、格式进行调整。在设置成本报表时应重点考虑以下几个方面。

1. 报表的专题性

成本报表有的是反映企业成本全貌，有的则是反映企业成本中的某一问题。成本报表设置要反映成本管理的某一方面需要，突出管理中的重点问题，要对成本形成影响大、费用发生集中的部门设置报表，使成本报表的编制能取得更好的效果。

2. 报表指标内容的实用性

成本报表的设置以适应企业内部管理的需要为基础，成本指标既可按完全成本反映，也可以按变动成本反映，还可以考虑将成本指标与生产工艺过程及各项消耗定额对照，以便从原始的资料入手，分析成本升降的原因，挖掘降低产品成本的潜力。

3. 报表格式的针对性

成本报表格式的设计主要针对某一具体业务的特点及其存在的问题，重点突出，简明扼要。

（二）全部产品生产成本报表的编制

全部产品生产成本报表可以从两个不同的角度进行编制和分析。

一是按产品种类编制全部产品生产成本表，反映企业在报告期所生产全部产品的总成本和各种主要产品（含可比产品和不可比产品）单位成本及总成本。利用按产品种类编制的全部产品生产成本报表可以定期、总括地考核和分析企业全部产品成本计划的完成情况和可比产品成本降低计划的完成情况，对企业产品成本工作从总体上进行评价，并为进一步分析指出方向。

二是按成本项目编制全部产品生产成本表，汇总反映企业在报告期发生的全部生产费用（按成本项目反映）和全部产品总成本。利用按成本项目编制的全部产品生产成本表可以定期、总括地考核和分析企业全部生产费用和全部产品总成本计划的完成情况，对企业成本管理工作从总体上进行评价，并为进一步分析指出方向。

1. 全部产品生产成本表（按产品种类反映）的编制

产品成本表分为基本报表和补充资料两个部分。

基本报表部分应反映各种可比产品和不可比产品本月及本年累计的实际产量、单位成本、本月总成本和本年累计总成本。表中按照产品种类分别反映本月产量、本年累计产量，以及上年实际成本、本年计划成本、本月实际成本和本年累计实际成本。其格式如表 7-1 所示。

表 7-1　　　　全部产品生产成本表（按产品种类反映）

编制单位：××工厂　　　　××年××月　　　　单位：元

产品名称	计量单位	实际产量		单位成本				本月总成本			本年累计总成本		
		本月	本年累计	上年实际平均	本年计划	本月实际	本年累计实际平均	按上年实际平均单位成本计算	按本年计划单位成本计算	本期实际	按上年实际平均单位成本计算	按本年计划单位成本计算	本年实际
		(2)	(2)	(3)	(4)	(5)=(9)÷(1)	(6)=(12)÷(2)	(7)=(1)×(3)	(8)=(1)×(4)	(9)	(10)=(2)×(3)	(11)=(2)×(4)	(12)
可比产品合计													
其中 甲	件												
其中 乙	件												
不可比产品合计													
其中 丙	件												
其中 丁	件												
全部产品													

补充资料（本年累计实际数）如下。

1．可比产品成本降低____元（本年计划降低为____元）。

2．可比产品成本降低率____（本年计划降低率为____）。

3．按现行价格计算的商品产值____元。

4．产值成本率为____元／百元（本年计划产值成本率为____元／百元）。

表 7-1 中，对于主要产品，应按产品品种反映实际产量和单位成本，以及本月总成本和本年累计总成本；对于非主要产品，则可按照产品类别，汇总反映本月总成本和本年累计总成本；对于上一年度没有正式生产、没有上年成本资料的产品，一般称为不可比产品，不反映上年成本资料；对于上一年度正式生产，且具有上年度成本资料的产品，一般称为可比产品，还应反映上年成本资料。

对于可比产品，如果企业或上级机构规定有本年成本比上年成本降低额或降低率的计划指标，还应根据该表资料计算成本的实际降低额或降低率，作为补充资料填列表格下端。

补充资料中有关指标的概念计算公式如下。

① 可比产品成本降低额：可比产品累计实际总成本按上年实际平均单位成本计算的累计总成本降低的数额，超支额用负数表示。

可比产品成本降低额=可比产品成本降低额=∑[（上年实际平均单位成本−本年实际平均单位成本）×本年实际产量]

② 可比产品成本降低率：可比产品本年累计实际总成本比按上年实际平均单位成本计算的累计总成本降低的比率，超支率用负数表示。

$$可比产品成本降低率=\frac{可比产品成本降低额}{可比产品按上年实际平均单位成本计算累计总成本}\times 100\%$$

③ 按现行价格计算的商品产值：根据有关的统计资料填列。

④ 产值成本率：产品总成本与商品产值的比率，通常以每百元商品产值总成本表示。

$$产值成本率=\frac{产品总成本}{商品产值}$$

利用全部产品生产成本表可以从以下几个方面进行分析。

（1）本期实际成本与计划成本的对比分析。

（2）对于可比产品，还可进行本期实际成本与上年实际成本的对比分析。

影响可比产品成本降低额的因素有三个，即产品产量变动、产品品种比重变动和产品单位成本变动；影响可比产品成本降低率的因素有两个，即产品品种比重变动和产品单位成本变动。通常用连环替代分析法计算这些因素变动对可比产品成本降低计划执行结果的影响程度

2. 全部产品生产成本表（按成本项目反映）的编制

该表可以分为生产费用和产品生产成本两个部分，其格式如表 7-2 所示。

表 7–2　　全部产品生产成本表（按成本项目反映）

编制单位：××工厂　　××年××月　　单位：元

项目	上年实际	本年计划	本月实际	本年累计实际
生产费用：				
直接材料				
直接人工				
制造费用				
生产费用合计				
加：在产品、自制半成品期初余额				
减：在产品、自制半成品期末余额				
产品生产成本合计				

表 7-2 中按成本项目反映的各项生产费用数额，应根据各种产品成本明细账记录的本月生产费用合计数，按照成本项目分别汇总填列。表中产品生产成本合计数的计算依据公式：期初在产品、自制半成品成本+本期生产费用=本期完工产品生产成本+期末在产品、自制半成品成本所得。计算公式如下。

本期完工产品生产成本=本期生产费用+期初在产品、自制半成品成本−期末在产品、自制半成品成本

（三）主要产品单位成本表的编制

主要产品是指企业经常性生产，在企业全部产品中所占比重较大，能概括反映企业生产经营面貌的产品。

主要产品单位成本表是反映企业一定时期内生产的各种主要产品生产成本水平、变动情况及构成情况的报表。该表应按主要产品分别编制，是对全部产品生产成本表（按产品种类反映）中某些主要产品成本的进一步反映。

主要产品单位成本表分为按成本项目反映的单位成本和主要技术经济指标两个部分。该表的单位成本部分还可以分别反映历史先进、上年实际平均、本年计划、本月实际和本年累计实际平均的单位成本。该表的技术经济指标部分主要反映原料、主要材料、燃料和动力的消耗数量。其格式如表 7-3 所示。

表 7–3　　主要产品单位成本表

编制单位：××工厂　　××年××月

产品名称：　　计量单位：件　　本月计划产量：　件　　本年累计计划产量：　件

产品规格：　　销售单价：元　　本月实际产量：　件　　本年累计实际产量：　件

成本项目		历史先进水平	上年实际平均	本年计划	本月计划	本年累计实际平均
直接材料/元						
燃料及动力/元						
直接人工/元						
制造费用/元						
产品单位成本/元						
主要技术经济指标	计量单位	用量	用量	用量	用量	用量
1. A 材料	千克					
2. B 材料	千克					

（四）制造费用明细表的编制

制造费用明细表是反映企业在报告期内发生的制造费用及其构成情况的报表。该表只反映基本生产车间制造费用。通常按照制造费用的费用项目分别反映各该费用的本年计划数、上年同期实际数、本月实际数和本年累计实际数。其格式表 7-4 所示。

表 7–4　　制造费用明细表

编制单位：××工厂　　××年××月　　单位：元

费用项目	本年计划数	上年同期实际数	本月实际数	本年累计实际数
职工薪酬				
折旧费				
修理费				
办公费				
水电费				
机、物、料消耗费				
劳动保护费				
在产品盘亏、毁损				
其他				
合计				

（五）期间费用明细表的编制

期间费用明细表是反映企业在一定会计期间内的各项期间费用的发生额及构成情况的报表，包括管理费用明细表、销售费用明细表和财务费用明细表。一般按照费用项目分别反映各该费用的本年计划数、上年同期实际数、本月实际数和本年累计实际数。报表格式与制造费用明细表类似。

（六）其他报表的编制

企业除了编制上述报表外，还要根据企业成本管理的需要编制其他成本报表，这些报表主要包括责任成本报表、质量成本报表、环境成本报表等。其他成本报表视企业的具体需要编制，具有形式灵活、种类繁多，强调时间的及时性和内容的针对性等特点。

1. 责任成本报表

责任成本报表是实行责任成本预算和核算的企业，根据各成本责任中心的日常责任成本核算资料编制的，用以反映考核责任成本预算执行情况的报表。

责任成本报表的内容通常按各成本中心的可控制成本列示其预算、调整预算、实际、业务量差异和耗费或效率差异。责任成本报表的内容详细程度应服从各级成本管理人员的信息需求，越低层次的责任成本越详细，越高层次的责任成本越简要。责任成本报表的核心是揭示差异，如果预算数小于实际数，称为“不利差异”，表示可控成本的超支，通常用“+”或“U”表示；如果预算数大于实际数，称为“有利差异”，表示可控成本的节约，通常用“-”或“F”表示。责任成本报表的一般格式如表 7-5 所示。

表 7–5　　××基本生产车间责任成本报表

××年××月　　金额单位：元

项目	预算	调整预算	实际	业务量差异	耗费或效率差异
	①	②	③	④=②-①	⑤
直接材料：B 材料	20 000	25 000	22 000	+5 000	
材料耗用量差异					-3 000
直接人工：	30 000	28 000	32 000	-2 000	
效率差异					-1 000
工资率差异					+5 000
变动制造费用：	36 000	39 600	30 800	+3 600	
效率差异					-3 400
耗用差异					-5 400
变动成本合计	86 000	92 600	84 800	+6 600	-7 800
可控固定成本：					
管理人员工资	7 500	7 500	8 000		+500
折旧	30 000	30 000	30 000		0
合计	37 500	37 500	38 000		+500
车间可控成本合计	123 500	130 100	122 800	+6 600	-6 800

责任成本报表的编制方法：①栏直接根据各责任中心的责任成本预算填列；②栏以实际生产量、标准单位耗用和标准单价三者的乘积填列；③和⑤栏直接根据各责任中心的成本和有关差异账户的数据填列。

2. 质量成本报表

质量成本报表是根据企业质量管理的需要，按照企业实际发生的各种质量成本项目进行分类汇总和归集，以综合反映企业在一定时期内关于质量成本执行和控制情况的报表。质量成本报表由会计部门会同质量管理部门共同编制。质量成本报表包括两类：一类是汇总反映全部质量成本的实际发生数，如表 7-6 所示；另一类是分别反映各部门的质量成本发生数及其与计划数的差额，如表 7-7 所示。

表 7–6　　　　　　　　　　　　　　质量成本汇总表

××公司　　　　　　　　　　　　20××年 12 月　　　　　　　　　　　　金额单位：元

成本项目	明细项目	质量成本							合计
		一车间	二车间	三车间	质量科	检验科	销售科	其他	
预防成本	1. 设计工程费				1 000				
	2. 流程改进费				200				
	3. 培训费				400				
	4. 审计费								
	5. 评估费								
	6. 维修费						100		
	7. 其他								
	小计				1 600		100		2 300
鉴定成本	1. 验收费	10 000		2 000					12 000
	2. 包装检验费		5 000						5 000
	3. 设备检测费					1 500		2 000	3 500
	4. 外部鉴定费					5 000			5 000
	5. 其他								
	小计	10 000	5 000	2 000		6 500		2 000	25 500
内部失败成本	1. 废品损失	10 000	21 000	12 000					43 000
	2. 返工费用	2 000	1 000	2 000					5 000
	3. 停工检验费				2 000				2 000
	4. 重新测试费								
	5. 设备变更费					5 000			5 000
	6. 其他							100	100
	小计	12 000	22 000	14 000	2 000	5 000		100	55 100
外部失败成本	1. 退货损失	2 000	4 000	500					6 500
	2. 折价损失								
	3. 保修损失								
	4. 赔偿损失						10 000		10 000
	5. 其他						500		500
	小计	2 000	4 000	500			10 500		17 000
质量成本合计		24 000	31 000	16 500	3 600	11 500	10 600	2 100	99 300
本期产品生产总成本		190 000	200 000	50 000	5 000	17 000	60 000	7 000	529 000
质量成本率（%）		12.63	15.5	33	72	67.65	17.67	30	18.77

上表按部门分别反映各项质量成本项目的实际发生数，该数据根据质量成本明细账进行归类汇总。质量成本率=质量成本合计÷本期产品生产总成本。质量成本率越高，表明企业的质量成本管理与控制水平越差。

表 7–7　　　　　　　　　　　　　　部门质量成本报表

编报单位：一车间　　　　　　　　　　20××年 12 月　　　　　　　　　　金额单位：元

成本项目	明细项目	计划数		实际数		差异		差异原因
		金额	占比（%）	金额	占比（%）	金额	占比（%）	
预防成本	1. 设计工程费							
	2. 流程改进费							
	3. ……（略）							
	小计							

续表

成本项目	明细项目	计划数		实际数		差异		差异原因
		金额	占比（%）	金额	占比（%）	金额	占比（%）	
鉴定成本	1. 验收费	9 000		10 000		1 000		
	2. 包装检验费							
	3. 设备检测费							
	4. ……（略）							
	小计	9 000	41.86	10 000	41.67	1 000	40	
内部失败成本	1. 废品损失	8 000		10 000		2 000		
	2. 返工费用	3 000		2 000		– 1 000		
	……（略）							
	小计	11 000	51.16	12 000	50	1 000	40	
外部失败成本	1. 退货损失	1 500		2 000		500		
	2. 折价损失							
	……（略）							
	小计	1 500	6.98	2 000	8.33	500	20	
合计		21 500	100	24 000	100	2 500	100	

上表中质量成本的计划数应根据计划年度企业制定的质量成本计划数填列；实际数根据质量成本明细账进行归类填列；差异栏中用金额表示的差异等于实际数减去计划数，负数表示节约，正数表示超支。占比数为各类成本项目占总质量成本之比。

3. 环境成本报表

环境成本报表是根据企业环境成本管理的需要，按照企业实际发生的各种环境成本项目进行分类汇总和归集，以综合反映企业在一定时期内关于环境成本管理和控制情况的报表。

环境成本报表一般可以按照环境成本项目进行编制，用以分类反映各种环境成本项目的发生数，便于企业据此进行环境成本分析和管理。如表 7-8 所示。

表 7–8　　环境成本汇总表

××公司　　20××年 12 月　　金额单位：元

成本项目	明细项目	环境成本
环境保护成本	1. 培训费	10 000
	2. 产品设计费	5 000
	3. 设备挑选费	2 000
	4. 环境评估费	4 000
	5. 其他	100
	小计	21 100
环境检测成本	1. 检查费	1 000
	2. 指标制定费	1 200
	3. 污染程度检测费	5 000
	4. 其他	800
	小计	8 000
内部失败成本	1. 污染控制设备操作费	10 000
	2. 污染控制设备维护费	5 000
	3. 废料回收费	2 000
	4. 其他	1 000
	小计	18000

续表

成本项目	明细项目	环境成本
外部失败成本	1. 湖泊清理费	20 000
	2. 土地恢复治理费	10 000
	3. 赔偿损失	2 000
	4. 其他	2 000
	小计	34 000
环境成本合计		81 100
本期产品生产总成本		529 000
环境成本率（%）		15.33

上表中实际发生数来源于原始记录和原始凭证，如环境培训费用支出单、环境污染赔偿支付单及各种台账的统计数据。表中的本产品生产总成本来源于生产成本明细账。环境成本率=环境成本合计÷本期产品生产总成本。环境成本率越高，表明企业的环境成本越高。企业可以根据各类环境成本比重，进行有针对性的环境成本管理。

二、成本分析

（一）成本分析的意义和程序

1. 成本分析的意义

成本分析是为了满足企业各管理层次了解企业成本状况及进行经营决策的需要。通过成本分析，企业可以考核成本计划的执行情况，揭示问题和差距，寻求降低成本的途径和方法，从中总结成本管理的经验和教训，提高企业经营管理水平；可以为编制成本计划、预算和进行经营决策提供可靠的依据；可以划清成本管理的经济责任，促进完善成本管理责任制度。

2. 成本分析的程序

（1）明确分析目标，制定分析计划。进行成本分析工作，首先要确定成本分析的目标、要求、范围，以及需要解决的问题，并在此基础上，制定成本分析计划，以提高成本分析工作的效率质量。

（2）广泛收集资料，掌握全面情况。进行成本分析，必须依据详细的资料，而收集资料要求实事求是，并进行必要的审核和整理。

（3）从总体分析入手，深入进行因素分析和项目分析，确定各种差异及其影响因素。

（4）结合实际情况，查明各种因素变动的具体原因。

（5）以全面、发展的观点，对企业成本工作进行评价。

（6）编写成本分析报告。

成本分析的过程实际上是成本指标的分解和综合相结合的过程。通过指标分解可以使分析不断深入，通过综合分析能获得对企业成本工作全面、本质的认识。这一程序也体现了定性分析和定量分析结合的原则和要求。没有定性分析就无法分析事物的本质、趋势和成本与其他事物的联系，没有定量分析就无法分析影响因素的数量界限及事物发展的阶段性和特殊性。

（二）成本报表的数量分析法

扫一扫，看微课

成本报表的数量分析法

在对成本报表进行分析的过程中，研究各项成本指标的数量变动和指标之间的数量关系，常采用的分析方法有对比分析法、比率分析法、连环替代分析法、差额分析法等。

1. 对比分析法

对比分析法又称比较分析法，是将分析期的实际数同某些选定的基准数进行对比以揭示实际数与基数之间的差异，借此了解经济活动的成绩和问题的一种分析方法。

对比的基数由于分析的目的不同而有所不同，一般有计划数、定额数、前期实际数、以往年度同期实际数以及本企业的历史先进水平和国内外同行业的先进水平等。

将实际数与计划数或定额数对比，可以揭示计划或定额的执行情况，但在分析时还应检查计划或定额本身是否既先进又切实可行。

对比分析法适用于同质指标的数量对比，例如实际产品成本与计划产品成本对比，实际原材料费用与定额原材料费用对比，本期实际制造费用与前期实际制造费用对比等。因此，企业应用对比分析法时要注意对比指标的可比性。

2. 比率分析法

比率分析法是指通过计算各项指标之间的相对数，即比率，以考察经济业务的相对效益的一种方法。

（1）相关指标比率分析法。它是计算两个性质不同但又相关的指标的比率，然后再以实际数与计划（或前期实际）数进行对比分析，以便从经济活动的客观联系中，更深入地认识企业的生产状况。例如，产值成本率、销售成本率以及成本利润率。

$$产值成本率=\frac{产品成本}{商品产值}\times 100\%$$

$$销售成本率=\frac{产品成本}{产品销售收入}\times 100\%$$

$$成本利润率=\frac{利润总额}{产品成本}\times 100\%$$

（2）构成比率分析法。它是计算某项指标的各个组成部分占总体的比重，即部分与全部的比率进行数量分析的方法。例如，产品成本的构成比率。

$$原材料费用比率=\frac{原材料费用}{产品成本}\times 100\%$$

$$工资费用比率=\frac{工资及福利费}{产品成本}\times 100\%$$

$$制造费用比率=\frac{制造费用}{产品成本}\times 100\%$$

（3）动态比率分析，又称趋势分析，是通过若干期相同指标的对比，揭示各期之间的增减变化，据以预测经济发展趋势的一种分析方法。

采用趋势分析法，在连续的若干期之间，可以按绝对数进行对比，也可以按相对数（即比率）进行对比，可以以某个时期为基期，其他各期均与该时期的基数进行对比，也可以在各个时期之间进行环比，即分别以上一时期为基期，下一时期与上一时期的基数进行对比。

$$基期指数=\frac{分析期指标数额}{固定期指标数额}$$

$$环比指数=\frac{分析期指标数额}{前一期指标数额}$$

3. 连环替代分析法

连环替代分析法，又称连环分析法。它是顺序用各项因素的实际数替换基数，以此计算各项因素影响程度的一种分析方法。

采用对比分析法和比率分析法，可以揭示实际数与基数之间的差异，但不能揭示产生差异的因素和各因素的影响程度。采用连环替代分析法就可以解决这一问题，进而找出主要因素，分清责任，了解指标完成好坏的真正原因。

连环替代分析法的计算流程如下。

（1）根据指标的计算公式确定影响指标变动的各项因素。

（2）排列各项因素的顺序。

确定各因素排列顺序的一般原则：如果既有数量因素又有质量因素，先计算数量因素变动的影响，再计算质量因素变动的影响；如果既有实物数量因素又有价值数量因素，先计算实物数量因素变动的影响，再计算价值数量因素变动的影响；如果有几个数量因素或质量因素，还应区分主要因素和次要因素，先计算主要因素变动的影响，再计算次要因素变动的影响。

（3）按排定的因素顺序和各项因素的基数进行计算。

（4）顺序将前面一项因素的基数替换为实际数，将每次替换以后的计算结果与前一次替换以后的计算结果进行对比，顺序计算每项因素的影响程度，有几项因素则替换几次。

（5）将各项因素的影响（正方向影响或反方向影响）程度的代数和，与指标变动的差异总额应相符。连环替代分析法计算过程，如表 7-9 所示。

表 7–9　连环替代分析法计算表

替代次数	因素			乘积编号	每次替换的差异	产生差异的因素
	第 1 次	第 2 次	第 3 次			
基数	基数	基数	基数	①		
第 1 次	实际数	基数	基数	②	②-①	第 1 项因素
第 2 次	实际数	实际数	基数	③	③-②	第 2 项因素
第 3 次	实际数	实际数	实际数	④	④-③	第 3 项因素
	各项因素影响程度合计				差异总额	各项因素

下面以材料费用总额变动分析为例，说明连环替代分析法的特点。

影响材料费用总额的因素很多，按其相互关系可归纳为产品产量、单位产品材料消耗量和材料单价。按照各因素相互依存的关系，材料费用总额的计算公式如下。

材料费用总额=产品产量×单位产品材料消耗量×材料单价

【例 7-1】某企业 2025 年 11 月材料指标的计划和实际资料如表 7-10 所示。

表 7–10　产品成本差异表　2025 年 11 月

指标	单位	计划数	实际数	差异
产品产量	件	20	21	+1
单位产品材料消耗量	千克	18	17	-1
材料单价	元	10	12	+2
材料费用总额	元	3 600	4 284	+684

用连环替代分析法分析各因素的影响，计算过程如下。

① 以计划数为基数：20×18×10=3 600（元）

② 第一次替换：21×18×10=3 780（元）

②-①产量变动的影响：3 780-3 600=180（元）

③第二次替换：21×17×10=3 570（元）

③-②单位产品材料消耗量变动的影响：3 570-3 780=-210（元）

④第三次替换：21×17×12=4 284（元）

④-③材料单价变动影响：4 284-3 570=714（元）

合计：180-210+714=684（元）

应用连环替代分析法，应注意这一方法是假定各个因素依照一定的顺序发生变动而进行替代计算的，因而计算结果具有一定的假定性。顺序改变了，各个因素的影响数值也将不同。分析的替代顺序应该根据指标的经济性质、各个组成因素的内在联系和分析的具体要求而定。

4. 差额分析法

差额分析法是根据各项因素的实际数与基数的差额计算各项因素影响程度的方法，是连环替代分析法的一种简化计算方法。运用这一方法时，先要确定各因素实际数与基数之间的差异，然后按照各因素的排列顺序，依次计算各因素变动的影响程度。

仍用【例 7-1】的资料，以差额计算分析法测定各因素影响程度，计算过程如下。

（1）分析对象。

4 284−3 600=684（元）

（实际数）−（基数）=（差异）

（2）各因数影响程度。

① 产量变动影响：（+1）×18×10=180（元）

② 单位产品材料消耗量变动的影响：21×（−1）×10=−210（元）

③ 材料单价变动影响：21×17×（+2）=714（元）

合计：180−210+714=684（元）

以上所述是常见的几种数量分析方法。此外，还可以根据分析的目的和要求，采用分组法、指数法、图表法等其他数量分析方法。

扫一扫，看微课

全部商品产品成本计划完成情况分析

（三）全部商品产品成本计划完成情况分析

1. 按产品种类分析全部商品产品成本计划完成情况

按产品种类对全部商品产品成本计划完成情况进行分析，这种分析是将全部商品产品成本按产品品种进行汇总，将实际成本与计划成本对比，确定每种产品的成本降低情况。

按产品种类分析全部商品产品成本计划完成情况，既要从总体出发，分析全部商品产品成本计划完成的总体情况，也要分析每种产品成本计划的完成情况，通过分析既可以对全部商品产品成本计划的完成情况有整体了解，同时也为进一步分析指明方向和重点。计算公式如下。

成本降低额=计划总成本−实际总成本

=∑[实际产量×（计划单位成本−实际单位成本）]

计划总成本=∑（各种产品实际产量×各该产品计划单位成本）

成本降低率=（成本降低额÷全部产品计划总成本）×100%

2. 按成本项目分析全部商品产品成本计划完成情况

按成本项目对全部商品产品成本计划完成情况进行分析，这种分析是将全部产品的总成本按成本项目汇总，以实际总成本的成本项目构成与计划总成本的成本项目构成进行对比，确定每个成本项目的降低额和降低率。

按成本项目反映的产品生产成本表，一般可以采用对比分析法、构成比率分析法和相关指标比率分析法进行分析。

扫一扫，看微课

可比产品成本降低任务完成情况分析

（四）可比产品成本降低任务完成情况分析

可比产品是指上年或近年曾正常生产，本年度或计划年度仍继续生产，并有成本资料可进行前后期对比的产品成本。可比产品成本降低任务是以上年实际平均单位成本为依据确定的，本年度可比产品计划总成本与按上年实际单位成本计算的产品总成本进行对比所要求达到的降低额和降低率。

（1）分析可比产品成本降低任务的执行情况，首先应确定分析的对象，即以可比产品成本实际降低额、降低率指标与计划降低额、降低率指标进行对比，确定实际脱离计划的差异。计算公式如下。

$$计划成本降低额=\sum[计划产量\times(上年实际单位成本-计划单位成本)]$$

$$计划成本降低率=\frac{计划成本降低额}{\sum(计划产量\times上年实际单位成本)}\times100\%$$

$$实际成本降低额=\sum[实际产量\times(上年实际单位成本-本年实际单位成本)]$$

$$实际成本降低率=\frac{实际成本降低额}{\sum(实际产量\times上年实际单位成本)}\times100\%$$

（2）确定影响可比产品成本降低计划完成情况的因素和各因素的影响程度。影响可比产品成本降低计划完成情况的因素，总结为以下几个方面。

① 产品产量。成本降低计划是根据计划产量制定的，实际降低额和降低率是根据实际产量计算的。因此，产量的增减必然会影响可比产品成本降低计划的完成情况，但是产量变动对成本降低额的影响具备以下特点，即假定其他条件不变，也就是产品品种构成和产品单位成本不变，单纯产量变动只会引起成本降低额发生同比例的增减，而不会影响成本降低率的变化。

$$\begin{matrix}产量变动对\\成本降低额的影响\end{matrix}=\sum\left[\left(\begin{matrix}本年实际\\产量\end{matrix}\times\begin{matrix}上年实际\\平均单位成本\end{matrix}\right)\times计划成本降低率-计划降低额\right]$$

② 产品品种构成。由于各种产品的成本降低程度不同，因而当产品品种构成发生变动时，就会使可比产品成本降低额和降低率升高或降低。在分析中之所以要单独计量产品品种构成变动影响，目的在于揭示企业降低产品成本的具体途径，从而对企业成本管理工作进行正确的评价。计算公式如下。

$$\begin{matrix}品种构成变动\\对成本\\降低额的影响\end{matrix}=\sum\left(\begin{matrix}本年\\实际\\产量\end{matrix}\times\begin{matrix}上年实际\\平均单位\\成本\end{matrix}\right)-\sum\left(\begin{matrix}本年\\实际\\产量\end{matrix}\times\begin{matrix}本年计划\\单位\\成本\end{matrix}\right)-\sum\left(\begin{matrix}本年\\实际\\产量\end{matrix}\times\begin{matrix}上年实际\\平均单位\\成本\end{matrix}\right)\times\begin{matrix}计划\\降低率\end{matrix}$$

$$\begin{matrix}品种构成变动对\\成本降低率的影响\end{matrix}=\frac{\begin{matrix}品种构成变动对\\成本降低额的影响数\end{matrix}}{\sum\left(\begin{matrix}本年实际\\产量\end{matrix}\times\begin{matrix}上年实际\\平均单位成本\end{matrix}\right)}\times100\%$$

③ 产品单位成本。可比产品成本计划降低额是本年度计划成本比上年度（或以前年度）实际成本的降低数，而实际降低额则是本年度实际成本比上年度（或以前年度）实际成本的降低数。因此，当本年度可比产品实际成本比计划单位成本降低或升高时，必然会引起成本降低额和降低率的变动。产品单位成本的降低意味着生产中活劳动和物化劳动消耗的节约。因此，分析时应特别注意产品单位成本的变动影响。

$$\begin{matrix}单位成本\\变动对成本\\降低额的影响\end{matrix}=\sum\left(\begin{matrix}本年实际\\产量\end{matrix}\times\begin{matrix}本年计划\\单位成本\end{matrix}\right)-\sum\left(\begin{matrix}本年实际\\产量\end{matrix}\times\begin{matrix}本年实际平均\\单位成本\end{matrix}\right)$$

$$\begin{matrix}单位成本\\变动对成本\\降低率的影响\end{matrix}=\frac{\begin{matrix}单位成本变动对\\成本降低额的影响数\end{matrix}}{\sum\left(\begin{matrix}本年实际\\产量\end{matrix}\times\begin{matrix}上年实际\\平均单位产量\end{matrix}\right)}\times100\%$$

由此可知，影响可比产品成本降低率变动的因素有两个，即产品品种比重变动和产品单位成本变动；影响可比产品成本降低额变动的因素有三个，即产品产量变动、产品品种比重变动和产品单位成本变动。企业通常采用连环替代分析法计算这些因素变动对可比产品成本降低计划执行结果的影响程度。

（五）主要产品单位成本分析

分析主要产品单位成本的意义，在于揭示各种产品单位成本及其各个成本项目的变动情况，尤其是各项消耗定额的执行情况，确定产品结构、工艺和操作方法的改变，以及有关技术经济指标变动对产品单位成本的影响，查明产品单位成本升降的具体原因。

（1）对主要产品单位成本表的一般分析，可采用趋势分析法进行定比分析和环比分析。

（2）对主要产品单位成本的分项目分析时，可采用连环替代分析法分析各成本项目因素变动对产品单位成本的影响程度。本部分主要分析直接材料成本、直接人工费用和制造费用。

① 直接材料成本的分析。

单位产品材料消耗量和材料单价两个因素变动影响单位产品材料成本的情况，可利用差额分析法进行计算，计算公式如下。

$$\begin{matrix}\text{原材料消耗量变动对}\\\text{直接材料成本的影响}\end{matrix}=\left(\begin{matrix}\text{实际单位产品}\\\text{材料消耗量}\end{matrix}-\begin{matrix}\text{计划单位产品}\\\text{材料消耗量}\end{matrix}\right)\times\begin{matrix}\text{原材料}\\\text{计划单价}\end{matrix}$$

$$\begin{matrix}\text{原材料价格变动对}\\\text{直接材料成本的影响}\end{matrix}=\left(\begin{matrix}\text{原材料}\\\text{实际单价}\end{matrix}-\begin{matrix}\text{原材料}\\\text{计划单价}\end{matrix}\right)\times\begin{matrix}\text{单位产品原材料}\\\text{实际消耗量}\end{matrix}$$

影响消耗量变动的原因有材料质量的变化、材料加工方式的变化、利用废料或代用材料、材料利用程度的变化、产品零部件结构的变化、废料回收情况等，企业应结合上述原因深入生产环节进行具体分析；影响材料单价变动的原因有材料采购地点、采购方式、材料买价、运费、运输途中的损耗、材料入库前的挑选整理费用等，这些原因既有主观因素，又有客观的因素，企业也应结合具体情况加以深入分析。

② 直接人工费用的分析。

直接人工费用的分析必须结合工资制度进行，因为工资制度的不同，会导致影响直接人工费用的因素不同。

在计件工资制度下，影响单位成本中直接人工费用的因素是计件单价；在计时工资制度下，产品单位成本中的直接人工费用受工时数和小时工资率变动的影响，具体计算公式如下。

$$\begin{matrix}\text{单位产品工时变动对}\\\text{单位产品人工成本的影响}\end{matrix}=\left(\begin{matrix}\text{单位产品}\\\text{实际工时}\end{matrix}-\begin{matrix}\text{单位产品}\\\text{计划工时}\end{matrix}\right)\times\begin{matrix}\text{计划小时}\\\text{工资率}\end{matrix}$$

$$\begin{matrix}\text{工资率变动对}\\\text{单位产品人工成本的影响}\end{matrix}=\begin{matrix}\text{单位产品}\\\text{实际工时}\end{matrix}\times\left(\begin{matrix}\text{实际}\\\text{工资率}\end{matrix}-\begin{matrix}\text{计划}\\\text{工资率}\end{matrix}\right)$$

影响工时变动的因素主要有生产调度的合理性、材料的质量和规格、生产工艺的操作方法、生产工作质量、设备性能和保养以及工人技术熟练程度和劳动态度等；影响工资率的因素有工资总额升降、企业工人的素质、工资及奖励制度的变动等。

在工时总量固定的情况下，减少非生产工时，增加生产工时总额，会使每小时薪酬费用节约，否则会使每小时薪酬费用超支。

③ 制造费用的分析。

分析制造费用时主要采用对比分析法，即通过实际数与基数的对比揭示实际数与基数之间的差异。

影响制造费用成本项目实际脱离计划的主要因素是工时消耗量和制造费用分配率。

a. 工时消耗量变动对制造费用成本的影响计算如下。

$$\text{工时消耗量变动对制造费用成本的影响}=\left[\text{实际单位产品工时消耗量}-\text{计划单位产品工时消耗量}\right]\times\text{计划制造分配率}$$

b. 制造费用分配率变动对制造费用成本的影响计算如下。

$$\text{分配率变动对制造费用成本的影响}=\left[\text{实际制造费用分配率}-\text{计划制造费用分配率}\right]\times\text{实际单位产品工时消耗量}$$

在进行制造费用明细表的分析时，应注意以下几点。

a. 对于变动费用项目，应联系业务量的变动，计算相对的节约或超支。

b. 只有固定费用项目，才可以用实际数与基数相比较的绝对差异，确定其节约或超支。

c. 对于某些支出和损失项目，应结合其抵消数进行分析。

课外阅读

1893 年，潘序伦出生于江苏省宜兴县蜀山镇。1919 年，潘序伦破格进入上海圣约翰大学，提前毕业，获得文学士学位。1921 年，潘序伦以上海考区第 4 名的成绩考取了南洋兄弟烟草公司招考的留学生，启程奔赴美国哈佛大学就读。1923 年，获得哈佛大学公司管理硕士学位，翌年，又获得哥伦比亚大学经济博士学位。1924 年秋，潘序伦回到中国，先后任暨南大学商学院院长和重庆大学兼职教授等，致力于引进并传授西方先进的会计知识与技术。

1927 年 1 月，潘序伦在上海爱多亚路 39 号创办潘序伦会计事务所，后来取《论语》中“民无信不立”之句，将事务所改名为立信会计师事务所。1928 年，他提出了“信以立志，信以守身，信以处事，信以待人，毋忘立信，当必有成”的“立信精神”。他将“立信精神”贯彻于他所从事的会计事业，无论是会计师事务所，还是会计学校，赢得了社会的高度信任。1937 年，立信会计专科学校正式成立。“立信精神”也被当成了校训，在立信会计学校广泛传播。

1980 年，潘序伦为学校复办捐出一生积蓄，设立潘序伦奖学金，将存书与出书版税全部投入会计教育。潘序伦一生著述颇丰，他引用王安石的“合天下之众者材，理天下之财者法，守天下之法者吏也。吏不良，则有法而莫守；法不善，则有财而莫理”作为会计工作的指导思想，潘序伦以毕生从事会计事业的实践，树立了会计行业的诚信和职业道德的典范。

思考：读完潘序伦的故事，请谈一谈你的心得体会。

视野拓展

“慎而思之，勤而行之”，会计工作是严谨细致的工作，体现了谨慎性原则。谨慎性原则可以体现在确认、计量和报告等方面。它要求：会计确认标准应当稳定、合理；会计计量不应当高估资产、权益和利润；会计报表应当提供尽可能全面的会计信息。

课中实训

实训一　编制成本报表

凯严公司生产 A、B、C 三种产品，本年实际产品分别为 1 250 件、500 件和 500 件，实际平均单位成本分别为 189 元、145 元和 165 元；本年计划单位成本分别为 191 元、144 元和 177 元。C 产品为本年新生产产品，A、B 两种产品上年实际平均单位成本分别为 200 元和 150 元。2025 年 10 月有关产品成本资料如表 7-11 所示。

表 7-11　产品成本资料

产品	计划产量/件	实际产量/件	本月实际单位成本/元
A	100	95	195
B	40	45	140
C	40	46	172

要求：根据资料编制产品成本表，填入表 7-12。

表 7-12　按产品种类反映的商品产品成本表

编制单位：凯严公司　　2025 年 10 月

产品名称	实际产量		单位成本				本月总成本			本年累计总成本		
	本月实际	本年累计	上年实际平均	本年计划	本月实际	本年累计实际平均	按上年平均单位成本计算	按计划单位成本计算	本月实际	按上年平均单位成本计算	按计划单位成本计算	本年实际
可比产品												
A												
B												
不可比产品												
C												
合计												

实训二　开展成本分析

任务一　按成本项目分析全部商品产品成本计划完成情况

某公司按成本项目编制产品生产成本表，如表 7-13 所示。

表 7-13　产品生产成本表（按成本项目反映）

××公司　　2025 年 10 月　　金额单位：元

项目	上年实际	本年计划	本月实际	本年累计实际
生产成本：				
直接材料	211 880	205 655	20 720	210 635
直接人工	161 544	144 035	13 490	147 304
制造费用	87 275	96 920	8 035	91 205
生产成本合计	460 699	446 610	42 245	449 144

续表

项目	上年实际	本年计划	本月实际	本年累计实际
加：在产品、自制半成品期初余额	23 180	23 960	2 255	19 249
减：在产品、自制半成品期末余额	19 249	19 930	3 165	25 115
产品生产成本合计	464 630	450 640	41 335	443 278

要求：根据表中数据计算构成比率，并在本年实际、本月实际、本年计划和上年实际之间进行对比。

任务二 分析可比产品成本降低计划完成情况

金汐公司 2025 年度甲、乙产品成本的有关资料，如表 7-14 所示。

表 7–14　　产品成本资料表

金汐公司　　2025 年 12 月　　金额单位：元

可比产品	计划产量/件	实际产量/件	上年实际平均单位成本	本年计划单位成本	本年实际单位成本
甲产品	1 650	2 200	100	90	89
乙产品	550	550	200	190	188

要求：(1) 根据表 7-14 资料和表 7-15 中已知条件，计算全部可比产品的成本降低任务即成本计划降低额与计划降低率并填入表 7-15。

表 7–15　　2025 年度可比产品成本计划表

产品名称	计划单位	计划产量	单位成本		总成本		成本计划降低任务	
			上年实际	本年计划	上年成本	计划成本	降低额	降低率
可比产品		P_1	C_0	C_1	P_1C_0	P_1C_1	$P_1C_0-P_1C_1$	$(P_1C_0-P_1C)/P_1C_0$
甲产品	件	1 650	100	90				
乙产品	件	550	200	190				
合计								

注：P 代表产量；C 代表单位成本；0、1、2 分别代表上年数、计划数、实际数。

(2) 根据表 7-16 中已知条件，计算全部可比产品成本的实际降低额与实际降低率，填入表 7-16，并与计划降低额和计划降低率进行对比，分析其成本降低任务完成情况。

表 7–16　　2025 年度可比产品成本实际完成情况表

产品名称	计量单位	实际产量	单位成本			总成本			成本实际降低情况	
			上年实际	本年计划	本年实际	上年成本	计划成本	本年实际	降低额	降低率
可比产品		P_2	C_0	C_1	C_2	P_2C_0	P_2C_1	P_2C_2	$P_2C_0-P_2C_2$	$(P_2C_0-P_2C_2)/P_2C_0$
甲产品	件	2 200	100	90	89					
乙产品	件	550	200	190	188					
合计										

（3）用连环替代分析法计算并分析产品产量、品种构成和单位成本这三种因素对成本降低任务的影响，并填入表 7-17。

表 7–17　　2025 年度可比产品成本降低任务完成情况分析表

顺序	指标	成本降低额/元	成本降低率
（1）	按照计划产量、计划品种构成、计划单位成本计算的成本计划降低额与降低率	$\sum P_1C_0-\sum P_1C_1$ =275 000–253 000=22 000	22 000÷275 000×100% =8%
（2）	按照实际产量、计划品种构成、计划单位成本计算的成本计划降低额与降低率	$\sum P_2C_0\times8\%$ =330 000×8%=26 400	8%（保持不变）
（3）	按照实际产量、实际品种构成、计划单位成本计算的成本计划降低额与降低率		
（4）	按照实际产量、实际品种构成、实际单位成本计算的成本计划降低额与降低率		
各因素的影响程度			
产量变动的影响=（2）–（1）		26 400–22 000=4 400	—
品种构成变动的影响=（3）–（2）			
单位成本变动的影响=（4）–（3）			
合计			

任务三　分析主要产品单位成本

电镀槽产品为航平公司的主要产品，其单位成本表，如表 7-18 所示。

表 7–18　　主要产品单位成本表

编制单位：航平公司　　2025 年 10 月

产品名称：电镀槽　　产品销售单价：8 400 元

产品规格：1.5 米　　本月实际产量：4 台

计量单位：台　　本年累计实际产量：50 台

成本项目	历史先进水平	年实际平均	本年计划	本月实际	本年累计实际平均
直接材料	3 355	3 365	3 350	3 400	3 350
直接人工	1 450	1 450	1 500	1 480	1 505
制造费用	1 895	1 895	1 900	1 960	1 940
生产成本合计	6 700	6 710	6 750	6 840	6 795
主要技术经济指标	**用量**	**用量**	**用量**	**用量**	**用量**
1. 主要材料/千克	210	205	200	170	175
2.	……	……	……	……	……

1.5 米电镀槽前五年的实际平均单位成本分别为 2021 年 6 700 元（历史先进年）、2022 年 6 730 元，2023 年 6 760 元、2024 年 6 710 元、2025 年（即本年）6 795 元。

要求：1. 以 2017 为基期，计算其他各年与之相比的比率。

2. 以上年为基数，计算各年环比的比率。

3. 对 1.5 米电镀槽单位成本变动情况进行分析。

任务四　运用连环替代分析法

某企业直接人工费用为计划 160 元，实际 210 元。经查，单位产品的工时消耗为计划 40 小时，实际 35 小时；每小时工资费用为计划 4 元，实际 6 元。

要求：采用连环替换法，分析计算工时消耗数量和每小时工资费用变动对直接人工费用的影响程度。

任务五　运用差额计算分析法

某企业生产的甲产品材料费用表，如表 7-19 所示。

表 7–19　　材料费用表

产品：甲产品　　2025 年 10 月　　金额单位：元

项目	产品产量	单位产品消耗量	材料单价	材料费用总额
计划	500	40	10	200 000
实际	490	42	9	185 220
差异	−10	+2	−1	−14 780

要求：采用差额分析法计算并分析各因素变动对材料费用总差异的影响程度。

实训项目评价

技能点评指标		分值	得分
实训一　编制成本报表	能准确编制成本报表	20	
实训二　开展成本分析	能准确分析全部商品产品成本计划完成情况	20	
	计算并能分析可比产品成本降低计划完成情况	15	
	能进行企业主要产品单位成本分析	15	
	能运用差额分析法进行成本因素分析	15	
	能运用连环替代分析法进行成本因素分析	15	

同步测试题

一、单项选择题

1. 采用连环替代分析法进行直接费用差异分析时，各因素替换的顺序依次为（　　）。

   A. 材料单价、产品数量、单位产品消耗量　B. 材料单价、单位产品消耗量、产品数量

   C. 产品数量、单位产品消耗量、材料单价　D. 单位产品消耗量、材料单价、产品数量

2. 工业企业成本报表（　　）。
   A. 根据企业经营管理要求，确定哪些指标对外公布，哪些指标不对外公布
   B. 根据债权人和潜在投资人的要求，确定哪些指标对外公布，哪些指标不对外公布
   C. 各种成本指标都应对外公布
   D. 各种成本指标都不对外公布
3. 工业企业成本报表的种类、格式和编制方法（　　）。
   A. 由国家统一规定
   B. 由企业或企业的上级机构自行规定
   C. 由国家委托各主管企业的部门分别统一规定
   D. 由国家委托的主管企业的部门与企业共同制定
4. 连环替换分析法与差额分析法（　　）。
   A. 两者没有任何联系　　B. 两者是一种分析方法
   C. 后者是前者的简化的计算方法　　D. 两者计算原理和计算结果可能不同
5. 采用连环替换分析法时，各因素的顺序（　　）。
   A. 可以任意排列
   B. 应按一定原则排列：先质量后数量
   C. 应按一定原则排列：先主要后次要
   D. 应按一定原则排列：先数量后质量；相同性质的因素中，先主要后次要
6. 影响可比产品成本降低率的因素是（　　）。
   A. 产品产量　　B. 产品价格
   C. 生产产品的品种构成　　D. 销售产品的品种构成
7. 成本报表是（　　）。
   A. 对外报送的会计报表　　B. 国家统一规定格式的会计报表
   C. 企业内部使用的会计报表　　D. 既是对外报表，又是内部报表
8. 成本责任中心的责任成本报表，一般只需要按该责任中心的（　　）列示。
   A. 产品成本　　B. 变动成本　　C. 可控成本　　D. 不可控成本
9. 商品产品成本报表是反映企业在报告期内生产（　　）。
   A. 全部商品产品的总成本　　B. 主要商品产品的总成本
   C. 主要商品的单位成本　　D. 全部商品的单位成本
10. 将两个性质不同但又相关的指标对比求出的比率，称为（　　）。
   A. 构成比率　　B. 相关指标比率　　C. 动态比率　　D. 效益比率

二、多项选择题

1. 成本报表的设置要求有（　　）。
   A. 专题性　　B. 实用性　　C. 针对性　　D. 对外性
2. 以下说法正确的有（　　）。
   A. 责任成本是指责任中心可控的成本
   B. 责任成本报表的核心是差异的揭示
   C. 责任成本报表内容的详细程度应服从各级成本管理人员的信息需求
   D. 责任成本报表是用以反映和考核责任成本预算执行情况的报表
3. 下列关于制造费用明细表的说法正确的有（　　）。
   A. 制造费用明细表中费用明细项目的划分有统一规定
   B. 通过本年实际与本年计划比较，可以反映制造费用计划完成情况及节约或超支的原因
   C. 利用制造费用明细表可以考核企业的制造费用的构成和变动情况

D. 制造费用明细表的格式由企业自行决定

4. 工业企业的成本报表包括（　　）。

A. 产品生产成本表　　B. 主要产品单位成本表

C. 营业外支出明细表　　D. 制造费用明细表

5. 工业企业成本报表分析的方法有（　　）。

A. 对比分析法　　B. 比率分析法　　C. 连环替代分析法　　D. 差额分析法

6. 对比分析法可以从（　　）进行对比。

A. 实际与计划　　B. 实际与定额

C. 本期实际与前期实际　　D. 本期实际与本企业历史先进水平

7. 采用连环替代分析法时，各因素顺序的排列原则有（　　）。

A. 先质量因素后数量因素　　B. 先数量因素后质量因素

C. 先实物量因素后价值量因素　　D. 先价值数量因素后实物数量因素

8. 主要产品单位成本表反映的单位成本，包括（　　）单位成本。

A. 本月实际　　B. 同行业同类产品实际

C. 本年计划　　D. 上年实际平均

三、判断题

1. 比较分析法只适用于同质指标的数量对比。（　　）

2. 比率分析法是比较分析法的一种表现形式，因素分析法是比较分析的延伸。（　　）

3. 因素分析法又可具体划分为连环替代分析法和差额分析法。（　　）

4. 产量变动之所以影响产品单位成本，是由于在产品全部成本中包括了一部分变动费用。（　　）

5. 假定产品品种构成和产品单位成本不变，产量变动只影响可比产品成本降低额，而不影响可比产品成本降低率。（　　）

6. 比较分析法的主要作用在于揭示客观上存在的差距，并为进一步分析指出方向。（　　）

7. 采用比率分析法，先要把对比的数值变成相对数，求出比率，再进行对比分析。（　　）

8. 成本报表是重要的对外报表。（　　）

9. 不同企业的成本报表可以存在差异。（　　）

10. 由于成本指标的特殊性，成本报表只能定期编制和报送。（　　）

11. 成本报表的数字准确是指报表中的各项数据必须真实可靠。（　　）

12. 商品产品成本报表只反映可比产品的有关情况。（　　）

13. 商品产品成本报表中各主要产品的成本只列示总数。（　　）

14. 主要产品单位成本表是按产品的成本项目分别反映产品单位成本资料。（　　）

项目八

成本管理

学习目标

知识目标

1. 理解责任成本管理方法。
2. 理解标准成本管理方法。
3. 理解目标成本管理方法。

技能目标

1. 能够准确对成本中心进行考核。
2. 能够准确进行成本差异的计算与动因分析。

素养目标

1. 通过对成本管理方法的学习，培养学生具备成本控制与管理的意识，树立企业主人翁的思想。

2. 培养学生探索先进成本管控的兴趣，树立学生追求精益求精的工作态度。

思维导图

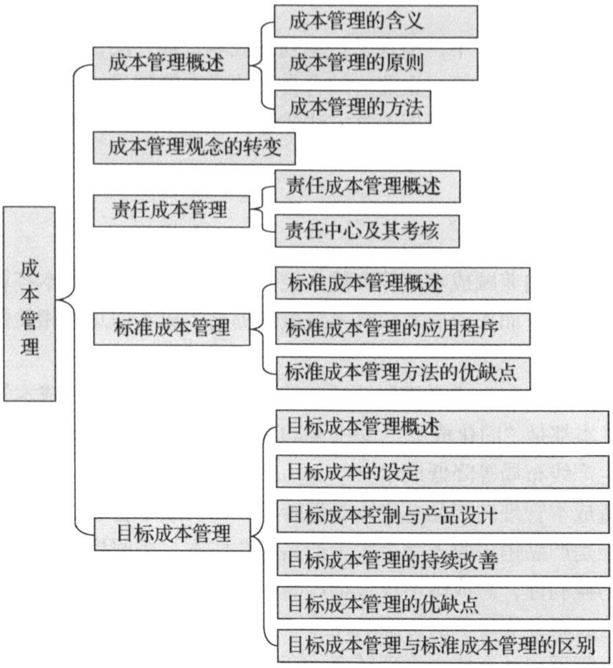

课前自学

一、成本管理概述

（一）成本管理的含义

成本管理是指企业在营运过程中实施成本预测、成本决策、成本计划、成本控制、成本核算、成本分析和成本考核等一系列管理活动的总称。成本管理一般按照事前管理、事中管理和事后管理等程序进行。事前成本管理阶段，主要是对企业未来的成本水平及其发展趋势进行的预测与规划，一般包括成本预测、成本决策和成本计划等步骤；事中成本管理阶段，主要是对企业营运过程中发生的成本进行监督和控制，并根据实际情况对成本预算进行必要的修正，即成本控制步骤；事后成本管理阶段，主要是在成本发生之后进行的核算、分析和考核，一般包括成本核算、成本分析和成本考核等步骤。

（二）成本管理的原则

企业进行成本管理，一般应遵循以下几个原则：第一是融合性原则，是指成本管理以企业的业务模式为基础，将成本管理嵌入业务的各领域、各层次、各环节，实现成本管理责任到人、控制到位、考核严格、目标落实；第二是适应性原则，成本管理应与企业生产经营特点和目标相适应，尤其要与企业发展战略或竞争战略相适应；第三是成本效益原则，是指成本管理应用相关工具方法时，应权衡其为企业带来的收益和付出的成本，避免获得的收益小于其投入的成本；第四是重要性原则，是指成本管理应重点关注对成本具有重大影响的项目，对于不具有重大影响的项目可以适当简化处理。

（三）成本管理的方法

在企业成本管理的发展过程中，出现了一系列的成本管理方法，例如，变动成本法、作业成本法、标准成本法、目标成本法等。企业应结合自身的成本管理目标和实际情况，在保证产品质量的前提下，选择应用合适的成本管理工具方法或综合应用不同的成本管理工具方法，以更好地实现成本管理的目标。

二、成本管理观念的转变

（1）从偏重成本核算向兼顾成本核算和成本控制的转变。传统的成本核算无法真实地反映企业资源的消耗和利用情况，而作业成本核算系统虽然提高了成本信息的相关性和可靠性，但仍不能满足成本管理的要求。

（2）从成本的经营性控制向成本规划性控制转变。传统成本管理将成本管理重点放在产品制造环节，而该环节基本都是“固化成本”，降低幅度不大；企业需要在产品制造前，通过规划产品研发、产品设计和生产线布局等降低成本。

（3）从产品制造成本管理向产品总成本管理转变。传统成本管理对象是产品制造成本，判断产品是否盈利的标准是产品销售收入是否大于产品制造成本。按照战略管理要求，应该从产品总成本角度判断产品的盈利性，总成本不仅包括产品制造成本，还包括产品研发、产品设计、生产准备，以及营销和售后服务等环节的资源消耗（即基于价值链的总成本管理）。

（4）从静态成本管理向动态成本管理转变。产品成本在不同环节所消耗的资源存在此消彼长的“内部联动关系”，例如，研发和设计环节成本较多，可能直接降低制造成本；制造环节增加设备维护、员工培训的投入，可能降低销售及售后服务的成本。

教学内容

一、责任成本管理

（一）责任成本管理概述

责任成本管理是指将企业内部划分为不同的责任中心，明确责任成本，并根据各责任中心的权、责、利关系，考核其工作业绩的一种成本管理模式。其中，责任中心也叫责任单位，是指企业内部具有一定权力并承担相应工作责任的部门或管理层次。责任成本管理流程如图 8-1 所示。

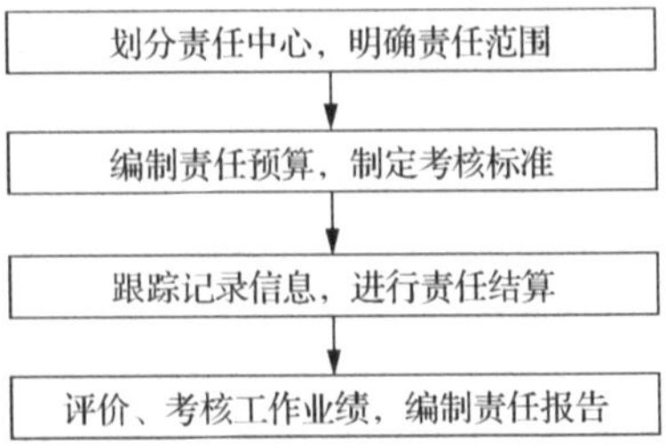

图 8–1　责任成本管理流程

（二）责任中心及其考核

按照企业内部责任中心的权责范围及业务活动的不同特点，责任中心一般分为成本中心、利润中心和投资中心三类。每一类责任中心均对应不同的决策权力及不同的业绩评价指标。

1. 成本中心

扫一扫，看微课

成本中心及考核指标

成本中心是指有权发生并控制成本的单位。成本中心一般不会产生收入，通常只计量考核发生的成本。成本中心是责任中心中应用最为广泛的一种形式，只要是对成本的发生负有责任的单位或个人都可以成为成本中心。例如，负责生产产品的车间、工段、班组等生产部门或确定费用标准的管理部门等。

在三个责任中心中，成本中心应用范围最广，只要有成本费用发生的地方就可以设立成本中心，从而在企业形成逐级控制、层层负责的成本中心体系。比如，分公司、分厂部、车间等都是成本中心，在一个成本中心中还可以再次分解，如一个区域、一条产品线、一个小项目都可以成为成本中心。

成本中心有以下特点：①成本中心不考核收益，只考核成本；②成本中心只对可控成本负责，不对不可控成本负责；③责任成本是成本中心考核和控制的主要内容。责任成本是成本中心当期发生的所有可控成本之和。

可控成本是指成本中心可以控制的各种耗费，具备三个条件：第一，该成本的发生是成本中心可以预见的；第二，该成本是成本中心可以计量的；第三，该成本是成本中心可以调节和控制的。凡不符合上述三个条件的成本都是不可控成本。

可控成本和不可控成本的划分是相对的。它们与成本中心所处的管理层级别、管理权限以及控制范围大小有关。对于一个独立企业而言，大部分成本是可控的。

成本中心的考核和控制主要使用的指标包括预算成本节约额和预算成本节约率。计算公式如下。

预算成本节约额=实际产量预算责任成本−实际责任成本

预算成本节约率=预算成本节约额/实际产量预算责任成本×100%

【例 8-1】某机加工车间为成本中心，生产包装版用钢辊，预算产量 3 500 件，单位成本为 150 元，实际产量为 4 000 件，单位成本为 145.5 元，该成本中心的考核指标计算如下。

预算成本节约额=150×4 000−145.5×4 000=18 000（元）

预算成本节约率=18 000/（150×4 000）×100%=3%

结果表明，该成本中心的预算成本节约额为 18 000 元，节约率为 3%。

2. 利润中心

扫一扫，看微课

利润中心及考核指标

利润中心是指拥有生产经营决策权，不仅能对费用成本负责，还能对收入和利润负责的责任中心，它具有独立或相对独立的收入和生产经营决策权，即利润中心的活动不仅能够影响成本的高低、费用的大小，而且会影响收入的多少和利润的大小。利润中心有两种形式分别是自然利润中心和人为利润中心。

自然利润中心是指在外界市场上销售产品或提供劳务取得实际收入、给企业带来利润的利润中心。它一般是企业内部的独立单位，具有材料采购权、生产决策权、价格制定权、产品销售权，有很大的独立性，例如，分公司、分厂等。它可以直接与外部市场发生业务联系，销售产品及提供劳务，既有收入，又有成本，可以计算利润，将其完成的利润和责任预算中的预计利润对比，评价和考核其工作业绩。

人为利润中心指在企业内部按照内部结算价格将产品或劳务提供给本企业其他责任中心而取得收入，实现内部利润的责任中心。这类利润中心的产品主要在本企业内部转移，一般不与外部市场发生业务联系，只有少量对外销售，或者全部对外销售均由企业专设的销售机构完成。由于人为利润中心能够为成本中心相互提供产品或劳务规定一个适当的内部转移价格，使得这些成本中心可以依据“取得”收入进而评价其收益。因此，大多数成本中心总能转化为人为利润中心。

利润中心采用利润作为业绩考核指标，分为边际贡献、可控边际贡献和部门边际贡献。计算公式如下。

边际贡献=销售收入总额-变动成本总额

可控边际贡献=边际贡献-该中心负责人可控固定成本

部门边际贡献=可控边际贡献-该中心负责人不可控固定成本

边际贡献是将收入减去随生产能力的使用而发生变化的成本，反映了该利润中心的盈利能力，但它对业绩评价没有太大的作用。

可控边际贡献也称部门经理边际贡献，它衡量了部门经理有效运用其控制下的资源的能力，是评价利润中心管理者业绩的理想指标。

部门边际贡献反映了部门为企业利润和弥补与生产能力有关的成本所做的贡献，它更多地用于评价部门业绩而不是利润中心管理者的业绩。

【例 8-2】制版厂印前车间是人为利润中心，本月实现内部销售收入 200 万元，变动成本为 120 万元，该中心负责人可控固定成本为 20 万元，不可控但应由该中心负担的固定成本为 10 万元。那么该利润中心的考核指标计算如下。

边际贡献=200-120=80（万元）

可控边际贡献=80-20=60（万元）

部门边际贡献=60-10=50（万元）

3. 投资中心

投资中心是既对成本、利润负责，又具有投资决策权的责任中心，处于更高层次的地位。例如，大型集团所属的子公司、事业部等。其经理所拥有的自主权不仅包括确定价格、确定产品和生产方法等短期经营决策权，而且还包括投资规模和投资类型等投资决策。投资中心是最高层次的责任中心，它拥有最大的决策权，也承担最大的责任。利润中心与投资中心的区别是利润中心没有投资决策权，而且在考核利润时也不考虑所占用的资产。

对投资中心的业绩进行评价时，不仅要使用利润指标，还需要计算、分析利润与投资的关系，主要有投资收益率和剩余收益等指标。

（1）投资收益率。投资收益率是投资中心获得利润与投资额的比率，计算公式如下。

投资收益率=息税前利润/平均经营资产

（2）剩余收益。剩余收益是投资中心的经营收益扣减经营资产按要求的最低投资收益率计算的收益额后的余额，计算公式如下。

剩余收益=息税前利润-（平均经营资产×最低投资收益率）

二、标准成本管理

（一）标准成本管理概述

标准成本管理是指企业以预先制定的标准成本为基础，通过比较标准成本与实际成本，计算并分析成本差异，揭示成本差异动因，进而实施成本控制、评价经营业绩的一种成本管理方法。

企业应用标准成本管理方法的主要目标是通过标准成本与实际成本的比较，揭示并分析标准成本与实际成本之间的差异，对不利差异予以纠正，以提高工作效率，不断降低产品成本。标准成本通常被作为计划和控制的工具以及业绩评价的手段。

标准成本管理方法一般适用于产品及其生产条件相对稳定，或生产流程与工艺标准化程度较高的企业。

1. 标准成本和成本差异

标准成本是指在正常的生产技术水平和有效的经营管理条件下，企业经过努力应达到的产品成本水平。成本差异是指实际成本与相应标准成本之间的差额。当实际成本高于标准成本时形成超支差异；当实际成本低于标准成本时，形成节约差异。

2. 应用环境

企业采用标准成本法，则要求企业处于较稳定的外部市场经营环境，且市场对产品的需求相对平稳。企业应成立由采购、生产、技术、营销、财务、人力资源、信息等有关部门组成的跨部门团队，负责标准成本的制定、分解、下达、分析等，以便企业能够及时、准确地取得标准成本制定所需要的各种财务和非财务信息。

（二）标准成本管理的应用程序

1. 确定应用对象

为实现成本的精细化管理，企业应根据标准成本法的应用环境，结合企业内部管理要求，确定应用对象。标准成本法的成本对象可以是不同种类、不同批次或不同步骤的产品。

2. 制定标准成本

标准成本一经制定，应保持相对稳定，不应随意变更。企业制定标准成本，可由跨部门团队采用“上下结合”的模式进行，经企业管理层批准后实施。

产品标准成本通常由直接材料标准成本、直接人工标准成本和制造费用标准成本构成，其中制造费用标准成本又分为变动制造费用标准成本和固定制造费用标准成本。

每一个成本项目的标准成本应分为用量标准（包括单位产品消耗量、单位产品人工小时等）和价格标准（包括原材料单价、小时工资率、小时制造费用分配率等）。

（1）直接材料标准成本。

直接材料标准成本指直接用于产品生产的材料的标准成本，包括标准用量和标准单价两个方面。制定标准用量，一般由生产部门负责，会同技术、财务、信息等部门确认。制定标准单价，一般由采购部门负责，会同财务、生产、信息等部门，在考虑市场环境及其变化趋势、订货价格以及最佳采购批量等因素的基础上综合确定。直接材料标准成本的计算公式如下。

直接材料标准成本=单位产品的标准用量×材料标准单价

【例8-3】某公司生产甲产品，消耗A、B、C三种材料，其直接材料标准成本计算结果如表8-1所示。

表8-1　　　　直接材料标准成本表

标准	A材料	B材料	C材料
价格标准/（元/千克）			
发票单价/元	10	12	8

续表

标准	A 材料	B 材料	C 材料
运费/元	1	1.2	0.8
保险费/元	0.5	0.6	0.4
装卸费/元	0.71	0.86	0.57
每千克材料标准单价/元	12.21	14.66	9.77
标准用量/（千克/件）			
产品用量	8.6	10	6.5
允许损耗量	3	2.5	2.1
单位产品的标准用量	11.6	12.5	8.6
直接材料标准成本/（元/件）			
A 材料	141.64		
B 材料		183.25	
C 材料			84.02
单位产品直接材料标准成本/（元/件）	408.91		

（2）直接人工标准成本。

直接人工是指可以直接归属到产品、为制造该产品而直接发生的人员工资。直接人工标准成本包括直接人工用量标准和直接人工价格标准。直接人工用量标准是指标准工时；直接人工价格标准是指标准工资率。

制定标准工时，一般由生产部门负责，会同技术、财务、信息等部门综合制定，并对产品生产所需作业、工序、流程工时进行技术测定的基础上，适当考虑生产条件的变化，生产工序、操作技术的改善，以及相关工作人员主观能动性的充分发挥等因素。标准工资率，一般由人事部门根据企业薪酬制度进行制定。直接人工标准成本的计算公式如下。

直接人工标准成本=单位产品的标准工时×标准工资率

① 直接人工标准工时。

直接人工标准工时是指在现有生产技术条件下生产每单位产品所需的直接人工小时数，其中包括工人直接加工所需的工时、必要的间歇和停工时间、不可避免的废品耗用所需的工时等。

直接人工标准工时通常考虑员工的平均技术水平，按产品加工工序分别计算，然后按产品分别汇总确定。

② 直接人工标准工资率。

直接人工标准工资率是指每个直接人工标准工时应获取的工资额。标准工资率应根据企业自身的现行工资制度而定，如果企业采用的是计件工资制，标准小时工资率可以通过单件产品的标准工资除以标准工时计算得到；如果企业采用的是月工资制，标准小时工资率可以通过月标准工资总额除以对应的工时总量计算得到。

如果生产该产品需要经过多个工序，则需要制定每个工序的单位产品直接人工标准成本，加总后得到单位产品的直接人工标准成本。

直接人工标准成本=∑（各项作业标准工时×相应的标准工资率）

【例 8-4】接【例 8-3】资料，假设甲产品经过两个车间的生产，每人每月工作 22 天，每天工作 8 小时，其直接人工标准成本计算及结果如表 8-2 所示。

表 8-2　　直接人工标准成本

标准	第一车间	第二车间
基本生产工人人数/人	40	50
每人每月工时/时	176	176
出勤率	100%	100%
每人平均可用工时/时	176	176

续表

标准	第一车间	第二车间
每月总工时/时	7 040	8 800
每月工资总额/元	90 000	112 500
标准工资率/元	12.78	12.78
单位产品工时/时		
理想作业时间	2.1	2.6
调整设备时间	0.3	0.2
其他必要时间	0.2	0.3
单位产品标准工时/时	2.6	3.1
直接人工标准成本/（元/月）	33.23	39.62
直接人工标准成本合计	72.85	

（3）变动制造费用标准成本。

变动制造费用是指随产量变化而成正比例变化的制造费用。变动制造费用项目的标准成本根据标准用量和标准价格确定。变动制造费用的标准用量，可以是单位产量的燃料、动力、辅助材料等标准用量，也可以是产品的直接人工标准工时，或者是单位产品的标准机器工时。标准用量的选择需考虑用量与成本的相关性，制定方法与直接材料的标准用量以及直接人工的标准工时类似。

变动制造费用的标准价格，可以是燃料、动力、辅助材料等标准价格，也可以是小时标准工资率等。制定方法与直接材料的价格标准以及直接人工的标准工资率类似。变动制造费用的计算公式如下。

变动制造费用标准成本=变动制造费用项目的标准用量×变动制造费用项目的标准价格

（4）固定制造费用标准成本。

固定制造费用是指在一定产量范围内，其费用总额不会随产量变化而变化，始终保持固定不变的制造费用。固定制造费用一般按照费用的构成项目实行总量控制，也可以根据需要，通过计算标准分配率，将固定制造费用分配到单位产品，形成固定制造费用的标准成本。

制定固定费用标准，一般由财务部门负责，会同采购、生产、技术、营销、人事、信息等有关部门确定，具体程序：①依据固定制造费用的不同构成项目的特性，计算确定各项目的标准成本；②汇总各固定制造费用项目的标准成本；③确定固定制造费用的标准分配率，标准分配率可根据固定制造费用总成本与预算总工时的比率确定。

其中预算总工时是指由预算产量和单位工时标准确定的总工时。单位工时标准可以依据相关性原则在直接人工标准工时或者标准机器工时之间进行选择。固定制造费用标准成本由固定制造费用项目预算确定，固定制造费用标准成本的计算公式如下。

固定制造费用总成本=Σ固定制造费用各项目标准成本

固定制造费用标准分配率=固定制造费用总成本÷预算总工时

单位产品固定制造费用标准成本=单位产品标准工时×固定制造费用标准分配率

【例 8-5】接【例 8-3】和【例 8-4】资料，该公司生产甲产品，经过两个车间生产，其固定制造费用标准成本的计算及结果如表 8-3 所示。

表 8–3　　　　固定制造费用标准成本

项目	第一车间	第二车间
固定制造费用/元		
折旧费/元	2 800	3 900
保险费/元	250	390
办公费/元	300	360
管理人员工资/元	3 000	3 800
其他/元	150	200
合计	6 500	8 650
生产量标准/时	7 040	8 800
固定制造费用分配率/（元/时）	0.92	0.98

续表

项目	第一车间	第二车间
直接人工用量标准/时	2.6	3.1
部门固定制造费用标准成本/元	2.39	3.04
单位产品固定制造费用标准成本/元	5.43	

将以上确定的直接材料、直接人工和制造费用的标准成本按产品加以汇总，就可以计算甲产品单位产品标准成本卡，如表 8-4 所示。通常，企业编制“标准成本卡”，反映产品成本标准的具体构成。在每种产品生产之前，其单位产品标准成本卡要送达有关人员，包括各级生产部门负责人、会计部门负责人仓库保管员等，作为领料、派工和支出其他费用的依据。

表 8-4　甲产品单位产品标准成本卡

成本项目	用量标准	价格标准/元	标准成本/元
直接材料			
A 材料/千克	11.6	12.21	141.64
B 材料/千克	12.5	14.66	183.25
C 材料/千克	8.6	9.77	84.02
小计			408.91
直接人工			
第一车间/时	2.6	12.78	33.23
第二车间/时	3.1	12.78	39.62
小计			72.85
变动制造费用			
第一车间/时	2.6	1.1	2.86
第二车间/时	3.1	1.23	3.81
小计			6.67
固定制造费用			
第一车间/时	2.6	0.92	2.39
第二车间/时	3.1	0.98	3.04
小计			5.43
单位甲产品标准成本合计	493.86		

3. 实施过程控制

在标准成本法的实施过程中，各归口管理部门（或成本中心）应根据相关成本控制标准，控制费用开支与资源消耗，监督、控制成本的形成过程，及时分析偏离标准的差异及其成因，并采取措施加以改进。

在成本差异的分析过程中，企业应关注各项成本差异的规模、趋势及其可控性。对于反复发生的大额差异，企业应进行重点分析与处理。

扫一扫，看微课

直接材料成本差异分析

4. 成本差异计算

（1）直接材料成本差异分析。

直接材料成本差异=实际成本-标准成本

=实际耗用量×实际单价-标准耗用量×标准单价

=直接材料价格差异+直接材料数量差异

直接材料价格差异是指在采购过程中，直接材料实际价格偏离标准价格所形成的差异，计算公式如下。

直接材料价格差异=实际耗用量×（实际单价-标准单价）

直接材料数量差异是指在产品生产过程中，直接材料实际消耗量偏离标准消耗量所形成的差异，计算公式如下。

直接材料数量差异=（实际耗用量-标准耗用量）×标准单价

其中：标准耗用量=实际产量×单位产品标准耗用量

【例 8-6】某滤芯厂 9 月实际生产甲种滤芯 700 件，实际使用直接材料 7 180 米，每米实际价格为 10.1 元，直接材料的标准成本为标准用量 10 米，每米标准价格 10 元，则直接材料成本差异计算如下。

直接材料实际成本=7 180×10.1=72 518（元）

直接材料标准成本=700×10×10=70 000（元）

直接材料成本差异=72 518−70 000=2 518（元）（不利差异）

直接材料数量差异=（7 180−7 000）×10=1 800（元）（不利差异）

直接材料价格差异=7 180×（10.1−10）=718（元）（不利差异）

【例 8-6】中，直接材料成本总差异为不利差异，是直接材料数量不利差异与直接材料价格不利差异之和。

直接材料数量差异是产品生产过程中材料耗用量的增加，一般应由生产部门负责。在正常情况下，生产部门可以控制耗用材料的数量，但还应该具体分析以下情况，例如，企业采购部门购入质量较低或不符合规格的材料、材料储存中变质损坏等，也会造成材料耗用量的增加。这种情况下直接材料数量差异则应由相关采购部门或仓储部门负责。

直接材料价格差异一般由采购部门承担主要责任。在正常情况下，采购部门可选择价格合理、运输方便、采购费用较低、质量较好的材料。但材料的实际价格客观上又受许多因素影响，例如，市场供求的变化、价格的变动、采购数量的变动、紧急订货和运费涨价等。举例来说，应生产上的要求，对某项材料进行小批量的紧急订货，由于订货和运输形成的不利差异，则不能由采购部门承担。

（2）直接人工成本差异分析。

扫一扫，看微课

直接人工成本差异分析

直接人工成本差异=实际成本−标准成本

=实际工时×实际工资率−标准工时×标准工资率

=直接人工工资率差异+直接人工效率差异

直接人工工资率差异是指实际工资率脱离标准工资率形成的差异，计算公式如下。

直接人工工资率差异=实际工时×（实际工资率−标准工资率）

直接人工效率差异是指实际工时脱离标准工时形成的差异，计算公式如下。

直接人工效率差异=（实际工时−标准工时）×标准工资率

标准工时=实际产量×单位产品标准工时

【例 8-7】滤芯厂 9 月实际生产甲种滤芯 700 件，实际使用直接人工工时 7 100 小时，实际工资率为每小时 20.6 元。生产每件甲产品的直接人工标准工时为 10 小时，标准工资率为 20 元/小时。直接人工成本差异计算如下。

直接人工实际成本=7 100×20.6=146 260（元）

直接人工标准成本=700×20×10=140 000（元）

直接人工成本总差异=146 260−140 000=6 260（元）（不利差异）

直接人工效率差异=（7 100−7 000）×20=2 000（元）（不利差异）

直接人工工资率差异=7 100×（20.6−20）=4 260（元）（不利差异）

例中直接人工成本差异为不利差异，是直接人工效率不利差异和直接人工工资率不利差异之和。其原因可能是由于低水平技术工人造成了生产效率的下降，或由于材料质量问题而导致加工难度的增加。

工资率差异的原因复杂且难控制，一般来说应归属人力资源部门管理，差异的具体原因会涉及生产部门或其他部门。工资率差异形成的原因主要有工资率的调整、直接生产工人升级或降级使用、出勤率的变化、奖励制度未产生实效、加班或雇用临时工等。

直接人工效率差异形成的主要原因有工人技术的熟练程度、责任感、工作环境改变、劳动情绪波动、机器工具选用不当、加工设备的先进程度、作业计划的安排、产量太少无法发挥批量节约优势等。直接人工效率差异主要由生产部门负责，但也不是绝对的。例如，由于材料采购的质量等不符合生产要求，进而影响生产效率，由此产生的直接人工效率差异的责任则主要由采购部门负责。

（3）变动制造费用差异。

变动制造费用成本差异是指变动制造费用的实际成本与变动制造费用的标准成本之间的差额，该差异可分解为变动制造费用的价格差异和数量差异。

变动制造费用价格差异是指变动制造费用项目实际价格偏离标准价格的差异。

变动制造费用数量差异是指变动制造费用项目实际耗用量偏离标准耗用量的差异。

变动制造费用成本差异的计算和分析类同直接材料成本差异和直接人工成本差异的计算和分析。

【例 8-8】假定滤芯厂 9 月实际发生变动制造费用 62 640 元，固定制造费用 107 800 元。

根据【例 8-7】的资料，实际生产量为 700 件，实际使用人工 7 100 小时，已知变动费用的标准分配率为 8 元/小时。变动制造费用差异计算如下。

变动制造费用的标准成本=700×10×8=56 000（元）

变动制造费用总差异=62 640−56 000=6 640（元）（不利差异）

其中，

变动制造费用支出差异=62 640−7 100×8=5 840（元）（不利差异）

变动制造费用效率差异=（7 100−7 000）×8=800（元）（不利差异）

引起变动制造费用不利差异的原因可能是多方面的，如构成变动制造费用的各要素价格的上涨，例如，间接材料价格的上涨，动力费用价格的上涨等；或者是间接材料和人工的使用浪费、动力和设备的使用浪费等。变动制造费用的效率差异是同变动制造费用的分配基础联系在一起的，所以变动制造费用分配基础的选择非常重要，通常负责控制分配基础的部门应对变动制造费用的效率差异承担责任。在本例中，它是同直接人工效率联系在一起的。

（4）固定制造费用差异。

固定制造费用差异是指固定制造费用实际成本与其标准成本之间的差额。计算公式如下。

固定制造费用差异=固定制造费用实际成本−固定制造费用标准成本

【例 8-9】沿用【例 8-8】的资料，滤芯厂 9 月固定制造费用的预算总额为 108 000 元，实际发生总额为 107 800 元。对于采用变动成本法计算成本的企业，在一定相关范围内，固定制造费用与生产能力的使用无关，其差异是实际发生的固定制造费用与预算的固定制造费用之差，计算公式如下。

固定制造费用预算差异=固定费用实际发生总额−固定费用预算总额

=107 800−108 000=−200（元）（有利差异）

根据各成本项目的标准成本差异，采用差异分析法按成本项目对直接材料成本差异、直接人工成本差异、制造费用成本差异进行影响因素分析，找出产生差异的原因，使相关责任部门对差异的影响因素进行深入分析，并制定改进措施。例如，在采购环节产生的采购价差由采购部门负责，在生产环节产生的生产耗费成本差异由生产部门负责。

5. 修订与改进标准成本

一般情况下，标准成本的修订工作由标准成本的制定机构负责。企业应至少每年对标准成本进行测试，通过编制成本差异分析表，确认是否存在因标准成本不准确而形成的成本差异。除定期测试外，当外部市场、组织机构、技术水平、生产工艺、产品品种等内外部环境发生较大变化时，企业也应及时对标准成本进行调整。

（三）标准成本管理方法的优缺点

标准成本管理方法的优点：（1）能及时反馈各成本项目不同性质的差异，有利于考核相关部门及人员的业绩；（2）标准成本的制定及其差异和动因信息可以使企业预算的编制更为科学和可行，有助于企业管理层进行经营决策。

标准成本管理方法的缺点：（1）要求企业产品的成本标准比较准确、稳定，在使用条件上存在一定的局限性；（2）对标准管理水平要求较高，系统维护成本较高；（3）标准成本需要根据市场价格波动频繁更新，导致成本差异可能缺乏可靠性，降低成本控制效果。

三、目标成本管理

扫一扫，看微课

目标成本

（一）目标成本管理概述

1. 目标成本管理的内涵

目标成本管理是指企业以市场为导向，以目标售价和目标利润为基础确定产品的目标成本，从产品设计阶段开始，通过各部门、各环节乃至与供应商的共同合作，以实现目标成本的成本管理方法。目标成本管理一般适用于制造业企业的成本管理，也适用于物流、建筑、服务等行业应用。目标成本管理之所以重要，与企业面临的全球化竞争环境、产业环境以及产品生命周期的变化息息相关。

目标成本是基于某特定产品的销售价格，在考虑必要利润因素后倒推产品预期成本。例如，某产品的竞争性市场价格为100元，企业需要达到15%的利润率才能持续发展，那么该产品的目标成本为85元（100−100×15%）。在这里，竞争性市场价格取决于市场竞争情况，而必要利润率则由企业根据收益期望自主确定。但是，目标成本管理的内涵不仅限于此，倒推目标成本只是设定目标成本的开始。

目标成本管理不仅是一种成本控制方法，也是企业在既定营销策略下进行的利润规划方法。

2. 目标成本管理的应用环境

企业应用目标成本管理，要求其处于比较成熟的买方市场环境，且产品的设计、性能、质量、价值等呈现较为明显的多样化特征；企业应以创造和提升客户价值为前提，以成本降低或成本优化为主要手段，谋求竞争中的成本优势，保证目标利润的实现。企业应成立由研究与开发、工程、供应、生产、营销、财务、信息等有关部门组成的跨部门团队，负责目标成本的制定、计划、分解、下达与考核，并建立相应的工作机制，有效协调有关部门之间的分工与合作；企业能及时、准确取得目标成本计算所需的产品售价、成本、利润等财务信息以及性能、质量、工艺、流程、技术等非财务信息。

3. 目标成本管理的核心程序

企业应用目标成本管理，一般按照确定应用对象、成立跨部门团队、收集相关信息、计算市场容许成本、设定目标成本、分解可实现目标成本，落实目标成本责任、考核成本管理业绩以及持续改善等程序进行，具体如下。

（1）在市场调查、产品特性分析的基础上，确定目标成本。

（2）组建跨职能团队并运用价值工程法（或价值分析法）等，将目标成本嵌入产品设计、工程、外购材料等过程控制之中，以使产品设计符合目标成本要求。

（3）将设计的产品生产方案投入生产制造环节，并通过制造环节的“持续改善策略”，进一步降低产品制造成本。

4. 目标成本管理的实施原则

企业实施目标成本管理时应遵循以下6项基本原则。

（1）价格引导的成本管理。目标成本管理体系通过竞争性市场价格减去期望利润确定成本目标，价格通常由市场的竞争情况决定，而目标利润则由企业及其所在行业的财务状况决定。

（2）关注客户。目标成本管理体系由市场驱动，客户对质量、成本、时间的要求在产品及流程设计决策中应同时考虑，并以此引导成本分析。

（3）关注产品与流程设计。在设计阶段投入更多时间，以消除昂贵而又费时的暂时不必要的改动，可以大大缩短产品投放市场的时间。

（4）跨职能合作。目标成本管理体系下，产品与流程团队由来自各职能部门的成员组成，包括设计与制造部门、生产部门、销售部门、原材料采购部门、成本会计部门等。

跨职能团队要对整个产品负责，而不是职能部门各司其职。

（5）生命周期成本削减。目标成本管理关注产品整个生命周期的成本，包括购买价格、使用成本、维护与修理成本以及处置成本。

（6）价值链参与。目标成本管理过程有赖于价值链中全部成员的参与，包括供应商、批发商、零售商以及服务提供商。

（二）目标成本的设定

目标成本是基于产品的竞争性市场价格和产品的必要利润，确定产品的最高期望成本，计算公式如下。

产品目标成本=产品竞争性市场价格-产品的必要利润

目标成本设定是实施目标成本管理的第一个阶段，设定目标成本主要包括以下三个方面。

1. 市场调查

市场调查的核心是真实了解客户对产品特性、功能、质量、销售价格等各方面的需求。企业可以借助市场调查进行产品特性分析，关注客户对产品性能、质量等方面需求，平衡产品的“功能——价格——成本”之间的联动关系，更好地增加客户价值。

2. 竞争性价格的确定方法和需要考虑的因素

竞争性价格是指在买方市场结构下由客户、竞争对手等所决定的产品价格，一些产品的功能可能并不被客户接受（低于或高于客户的预期），对客户是没有价值的，企业在这些产品功能上付出的成本并不被客户承认。同样，一些在功能上能满足客户需要的产品，其价格很高也不可能被客户接受。另外，客户是否愿意为一项产品支付成本还要考虑该产品竞争对手的情况，竞争对手产品的功能、质量和价格等因素都会影响客户对该产品的接受程度。一般来说，竞争性价格的确定需要综合考虑三个因素：可接受价格、竞争对手分析和目标市场份额。

3. 必要利润的确定

在目标成本确定模型中，除竞争性市场价格外，另一重要参数即产品的“必要利润”。必要利润是指企业在特定竞争战略下所要求的目标利润，是客观反映投资者的必要报酬率。投资者的必要报酬率是指投资者投入资本后要求获得的收益率，从资本市场角度则体现为企业加权平均资本成本。

【例 8-10】甲集团下设 B 事业部从事医药化工业务。B 事业部本年度对 B 药品实施目标成本管理。目前，B 事业部 B 药品的单位生产成本为 9 万元/吨，市场上主要竞争对手的 B 药品平均销售价格为 8.8 万元/吨。B 事业部要求 B 药品的成本利润率为 10%。B 事业部 B 药品的单位目标成本及单位成本降低目标计算过程如下。

假设 B 药品的单位目标成本（V），则：

$V=8.8-V\times10\%$

即：$V=8$（万元/吨）

B 药品的单位成本降低目标为：9-8=1（万元/吨）

（三）目标成本控制与产品设计

目标成本管理的关键环节为设计环节，通过产品制造过程的持续改善，最终实现目标利润。

1. 用目标成本约束产品设计

产品设计在很大程度上“固化”了产品生产流程和基本工艺方法、人工投入、产品性能和品质等。根据研究测算，产品设计环节将决定 80%～85%的产品制造成本。例如，在彩印制版行业，制版公司原来一直采用无缝钢管作为彩印版的主体材料，在掌握市场定价权的基础下，保持一定的利润。在钢材价格上涨、竞争者崛起、市场变为买方市场的情况下，为维持利润改变产品设计，采用铑管方式制作彩印版的主体，在不影响彩印质量的前提下，大大降低了材料成本。

所以在竞争性价格已确定的情况下，为获得必要利润，企业必须从产品设计环节入手，满足客户需求，平衡产品的价格与功能，将“目标成本”嵌入产品设计过程，使目标成本能够真正“约束”产品设计。

2. 应用价值工程技术进行产品设计

企业在产品设计过程中，要高度关注客户对产品性能、质量、成本等期望。旨在权衡“产品特性”和“产品成本”两者关系，通过设计提升产品对客户的价值。

在目标成本管理中，价值工程主要用于产品的设计分析，目的是使产品使用价值、形象价值实现最大化，同时减少产品成本。既不能过度设计满足客户需求，又不能在设计上过于节约成本，以致于难以被客户接受。

有的产品过度设计可能得不到客户的响应，而且会加大生产成本。例如，产品的基本性能参数、加工精度大大高于实际需要，以及产品结构过于复杂、特殊零件过多等。

（四）目标成本管理的持续改善

目标成本管理在具体实施过程中不是一次性的，而是一个连续循环的过程，主要有以下几种原因：第一，产品的销售价格是竞争性的，而且可能不断下降，因此需要根据竞争性价格的波动不断调整目标利润和目标成本；第二，企业在不断深化目标成本管理及大力推广制造过程中的改善策略，有可能改变原来设计的目标成本；第三，原材料成本也会随市场变化而变化，因此需要及时调整产品的目标成本。

成本管理的持续改善需要通过引入新的制造技术或方式、管理控制程序与方法等，以降低既定产品设计、产品功能定位下的制造环节成本。其中，供应链管理、生命周期成本管理、跨职能团队组织运作是促进目标成本控制、促进成本持续改善的重要保障。

1. 供应链管理

在目标成本管理中，价值链上所有成员（包括供应商、分销商、服务提供商、客户等）都应被纳入目标成本管理之中。其中，作为价值链上游的供应链，是企业成本管理的重点管理对象。

加强企业与供应商之间的联动，并为供应商降低供货成本提供足够激励。激励供应商的一种普遍做法是企业与供应商共享因跨组织合作产生成本削减所带来的各种好处，包括信息共享、财务激励等。

2. 生命周期成本管理

生命周期成本是指新产品或服务在成本生命周期中花费的资源总和，包括产品研发、产品设计、产品制造、产品销售、售后服务等各环节发生的成本费用。在成本控制中，如果不考虑产品研发、产品设计、产品销售和售后服务成本，而只考虑产品制造成本，将有可能得出错误的结论。从生命周期成本角度来看，当新产品销售带来的“产品营业收入”大于新产品所付出的“生命周期成本”，新产品销售或服务提供在财务方面才是可行的。

3. 跨职能团队组织运作

在目标成本管理中，跨职能团队要自始至终地对产品设计、制造的全过程负责。跨职能团队包括产品设计中的跨职能团队、制造过程中的跨职能团队、一体化的跨职能团队等。

（五）目标成本管理的优缺点

目标成本管理的优点：（1）突出从原材料到产品销售全过程的成本管理，有助于提高成本管理的效率；（2）强调产品生命周期成本的全过程和全员管理，有助于提升客户价值和产品市场竞争力；（3）谋求成本规划与利润规划活动的有机统一，有助于提升产品的综合竞争力。

目标成本管理的缺点：其应用不仅要求企业具有各类所需要的人才，更需要各有关部门和人员的共同合作，对企业管理水平要求较高。

（六）目标成本管理与标准成本管理的区别

目标成本管理中，在产品设计之前应事先确定“目标成本”，且所确定的目标成本要“嵌入”产品设计、工程及工艺规划等流程之中，成为产品设计、工程优化等环节的约束条件，也就是说，企业是围绕目标成本的实现来展开成本设计的。目标成本管理把降低成本的重点放在产品研究、开发、规划与设计阶段。

标准成本管理同样重视产品设计环节的成本效应，但是并未事先注入“目标成本”理念。标准成本管理把注意力放在投产后的生产阶段，具体做法如下。

① 在产品的设计阶段，标准成本也需要事先收集市场需求情况，据此进行产品设计、制定工艺和确定所耗用原材料与零件的价格，从而估计产品成本。

② 如果估计成本达到预期利润的要求，企业就按最后确定的设计方案、工艺流程进行生产。

③ 在产品制造过程中，标准成本作为“成本计划”，被用于产品制造过程中的成本控制。在成本控制过程中，企业根据标准成本衡量实际成本的绩效，并借“例外管理”原则对实际成本进行控制。

课外阅读

2020 年，A 公司由于经营管理和市场方面的原因，经营业绩滑坡。为了获得配股资格，A 公司的主要负责人张某便要求公司财务总监李某对该年度的财务数据进行调整，以保证公司的净资产收益率符合配股条件。李某组织公司会计人员王某以虚构营业额、隐瞒费用和成本开支等方法调整了公司的财务数据。A 公司根据调整后的财务资料，于 2021 年 10 月申请配股并获批准发行。

本案例中，A 公司张某、李某和王某均存在编制虚假财务会计报告的行为，张某是单位负责人，存在授意、指使他人编制虚假财务会计报告的行为。根据会计法的相关规定，伪造、变造会计凭证、会计账簿，编制虚假财务会计报告，构成犯罪的，依法追究刑事责任。有前款行为，尚不构成犯罪的，由县级以上人民政府财政部门予以通报，对单位并处五千元以上十万元以下的罚款；对其直接负责的主管人员和其他直接责任人员，可以处三千元以上五万元以下的罚款；属于国家工作人员的，还应当由其所在单位或者有关单位依法给予撤职直至开除的行政处分；其中的会计人员，五年内不得从事会计工作。

李某和王某作为会计人员，其行为违背了会计职业道德中的会计人员应当诚实守信、客观公正、坚持准则的要求。根据《会计法》规定，如果构成犯罪的，依法追究刑事责任；尚不构成犯罪的，由县级以上人民政府财政部门予以通报，对李某、王某处三千元以上五万元以下的罚款；李某、王某作为会计人员，五年内不得从事会计工作。

思考：会计人员应当如何加强自身的职业道德？

视野拓展

社会提供的客观条件是人们实现人生价值的前提。人的价值只能在社会中实现。只有正确处理个人与集体、个人与社会的关系，才能在奉献社会中实现自己的价值。

课中实训

实训一　运用责任成本管理方法

2025 年，某钢铁公司玛钢分厂的毛坯车间是一个成本中心，该车间只生产毛坯，其预算产量为 40 000 件，单位标准材料成本为 40 元；实际产量为 50 000 件，实际单位材料成本为 37 元。生产工人工资按件计算，每件 25 元，本年度因超额完成指标，额外发放奖金 35 000 元。车间主任工资每月固定 10 000 元，因工作业绩突出年末额外发放资金 7 500 元。车间设备折旧每年 70 000 元。

要求：计算成本中心考核指标并把结果填入表 8-5。

表 8-5　　毛坯车间（成本中心）业绩报告　　单位：元

项目	预算成本	实际责任成本	预算节约额	预算节约率
可控成本				
直接材料				
直接人工				
管理人员工资				
间接人工				
其他				
合计				
不可控成本				
设备折旧				
其他				
合计				

玛钢分厂本年收入 5 000 000 元，变动生产成本为 3 135 000 元，变动销售及管理费用为 500 000 元；总公司分配的管理费用为 500 000 元。

要求：计算利润中心考核指标并把结果填入表 8-6。

表 8-6　　玛钢分厂（利润中心）业绩报告　　单位：元

项目	数额
销售收入	
减：变动成本	
变动生产成本	
变动销售及管理成本	
小计	
边际贡献总额	
减：可控的专属固定成本	
可控边际贡献	
减：不可控的固定成本	
部门边际贡献	
减：上级分配的管理费用	
税前净利润	

实训二　运用标准成本管理方法

某标准成本中心采用标准成本核算产品成本。本月生产产品 4 000 件，领用原材料 25 000 千克，实际单价每千克 55 元；耗用实际工时 8 900 小时，支付工资 453 900 元；实际发生变动制造费用为 195 800 元；实际发生固定制造费用为 142 400 元，固定制造费用的预算数每月为 120 000 元。单位产品标准成本，如表 8-7 所示。

表 8–7　单位产品标准成本表

项目	标准单价	标准耗用量	标准成本
直接材料	50 元/千克	6 千克/件	300 元
直接人工	50 元/时	2 时/件	100 元
变动制造费用	20 元/时	2 时/件	40 元
单位标准变动成本			440 元

要求：

（1）计算该标准成本中心的成本总差异。

（2）计算直接材料的价格差异和数量差异并指出形成原因。

（3）计算直接人工的工资率差异和效率差异并指出形成原因。

（4）计算变动制造的耗费差异和效率差异并指出形成原因。

（5）计算固定制造费用差异。

实训三　运用目标成本管理方法

甲公司为一家国有企业的子公司，主要从事 X、Y 两种产品的生产与销售，现拟新投产 A、B 两种产品。经市场部调研，A、B 产品的竞争性市场价格分别为 207 元/件和 322 元/件。为获得市场竞争优势，实现公司经营目标，公司会议决定：①以竞争性市场价格销售 A、B 产品；②以 15% 的产品必要成本利润率[（销售单价–单位生产成本）/单位生产成本×100%]确定 A、B 产品的单位目标成本。

产品成本控制应考虑包括产品研发、设计、制造、销售、售后服务等价值链各环节所发生的全部成本。如果只考虑产品制造环节所发生的成本，而不考虑价值链其他环节所发生的成本，将有可能得出错误的结论。根据公司发展部测算，A、B 产品应分摊的单位上游成本（研发、设计等环节成本）分别为 13 元和 18 元，应分摊的单位下游成本（销售、售后服务等环节成本）分别为 8 元和 12 元。

要求：

（1）依据目标成本管理，分别计算 A、B 两种产品的单位目标成本。

（2）结合目标成本管理下的单位生产成本，分别计算 A、B 两种产品的单位生命周期成本。

（3）在不考虑产品必要成本利润率的条件下，结合竞争性市场价格生命周期成本，分别判断 A、B 两种产品的财务可行性。

实训项目评价

技能点评指标		分值	得分
实训一　运用责任成本管理方法	能准确进行可控成本的计算	15	
	能填写利润中心的业绩报告	15	
实训二　运用标准成本管理方法	掌握成本项目的价格差异和数量差异	25	
	能正确分析成本差异产生的原因	20	
实训三　运用目标成本管理方法	能准确计算目标成本	15	
	能准确判断产品财务可行性	10	

同步测试题

一、单项选择题

1. 某企业实际生产 100 件甲产品共耗用直接材料 500 千克，单位产品直接材料标准耗用量应为 4.5 千克，材料标准价格为 10 元/千克，实际价格为 11 元/千克，则该产品直接材料的用量差异为（　　）。

A. 550 元　　B. 5 000 元　　C. 500 元　　D. 5 500 元

2. 按成本差异的性质不同，可将其划分为（　　）。

A. 主观差异与客观差异　　B. 数量差异和价格差异

C. 纯差异和混合差异　　D. 节约差异和超支差异

3. 按单位产品的成本项目反映的目标成本称为（　　）。

A. 单位成本　　B. 标准成本　　C. 预算成本　　D. 目标成本

4. 某企业内部某车间为成本中心，生产甲产品，预算产量 5 000 件，单位预算可控成本为 150 元；实际产量为 4 000 件，单位实际可控成本为 140 元，实际不可控固定成本为 50 000 元，该成本中心责任成本的预算成本节约率为（　　）。

A. 25.33%　　B. 6.67%　　C. -1.67%　　D. -1.33%

5. 某利润中心本期销售收入为 7 000 万元，变动成本总额为 3 800 万元，中心负责人可控的固定成本为 1 300 万元，其不可控但由该中心负担的固定成本为 600 万元，则该中心的可控边际贡献为（　　）万元。

A. 1 900　　B. 3 200　　C. 5 100　　D. 1 300

6. 在标准成本管理中，成本总差异是成本控制的重要内容，其计算公式是（　　）。

A. 实际产量下实际成本-实际产量下标准成本

B. 实际产量下标准成本-预算产量下实际成本

C. 实际产量下实际成本-预算产量下标准成本

D. 实际产量下实际成本-标准产量下标准成本

二、多项选择题

1. 产品的标准成本制定主要是产品（　　）的制定。

A. 单位成本　　B. 单位变动成本　　C. 直接材料成本　　D. 直接人工成本

2. 直接材料成本差异由（　　）构成。

A. 直接材料数量差异　　B. 直接材料价格标准与用量标准

C. 直接材料价格差异　　D. 直接材料用量标准与价格差异

3. 固定制造费用差异由（　　）构成。

A. 固定制造费用的开支差异　　B. 固定制造费用的能力差异

C. 固定制造费用的效率差异　　D. 固定制造费用的人工差异

4. 在变动成本法下，产品标准成本的构成内容有（　　）。

A. 直接材料标准成本　　B. 直接人工的标准成本

C. 变动制造费用的标准成本　　D. 固定制造费用的标准成本

5. 材料价格差异的责任可能由（　　）承担。

A. 采购部门　　B. 运输部门　　C. 生产和销售部门　　D. 企业

6. 在进行变动成本差异分析时，形成直接材料数量差异的原因有（　　）。

A. 操作疏忽造成废品和废料增加　　B. 机器或工具不适用造成用料增加

C. 新工人上岗造成多用材料　　D. 紧急订货形成的采购成本增加

7. 责任中心一般分为（　　）。

A. 成本中心　　B. 生产中心　　C. 利润中心　　D. 投资中心

8. 根据责任成本管理基本原理，成本中心只对可控成本负责。可控成本应具备的条件有（　　）。

A. 该成本是成本中心可计量的　　B. 该成本的发生是成本中心可预见的

C. 该成本是成本中心可调节和控制的　　D. 该成本是为成本中心取得收入而发生的

9. 在责任成本管理体制下，下列关于成本中心的说法错误的有（　　）。

A. 成本中心对利润负责　　B. 成本中心对可控成本负责

C. 成本中心对边际贡献负责　　D. 成本中心对不可控成本负责

三、判断题

1. 工资率差异就是人工"价格差异"。（　　）

2. 无论哪种变动成本项目的实际价格上升，都会引起整个变动成本差异的不利变化。（　　）

3. 一般来说，直接材料价格差异，应由采购部门负责，直接材料用量差异应由负责控制用料的生产部门负责。（　　）

4. 在标准成本控制系统中，计算价格差异的用量基础是实际产量下的标准耗用量。（　　）

5. 在实际工作中应用最广泛的是理想标准成本。（　　）

6. 变动制造费用效率差异实际上反映的是产品制造过程中的工时利用问题。（　　）

7. 成本中心负责人应对其负责辖区内发生的一切成本负责。（　　）

8. 企业对成本中心进行业绩考核时，应要求成本中心对其发生或负担的全部成本负责。（　　）

9. 目标成本是指企业以市场为导向，以目标售价和目标利润为基础确定产品的成本。（　　）

项目九

成本会计前沿

学习目标

知识目标

1. 理解作业成本法的概念、作业的分类。
2. 明白传统的成本计算和作业成本计算的区别。
3. 领悟质量成本的概念。
4. 领悟环境成本的概念。

技能目标

1. 掌握作业成本计算的原理。
2. 能正确运用作业成本法计算产品成本。
3. 掌握质量成本的核算。

素养目标

1. 通过作业成本法学习，引导学生对于成本核算不仅要关注成本结果本身，更应重视发生成本的动因，培养学生降本增效的意识。

2. 通过环境成本的学习，引导学生认识到提高生态效益和经济业绩是互补的，培养学生保护环境的意识。

思维导图

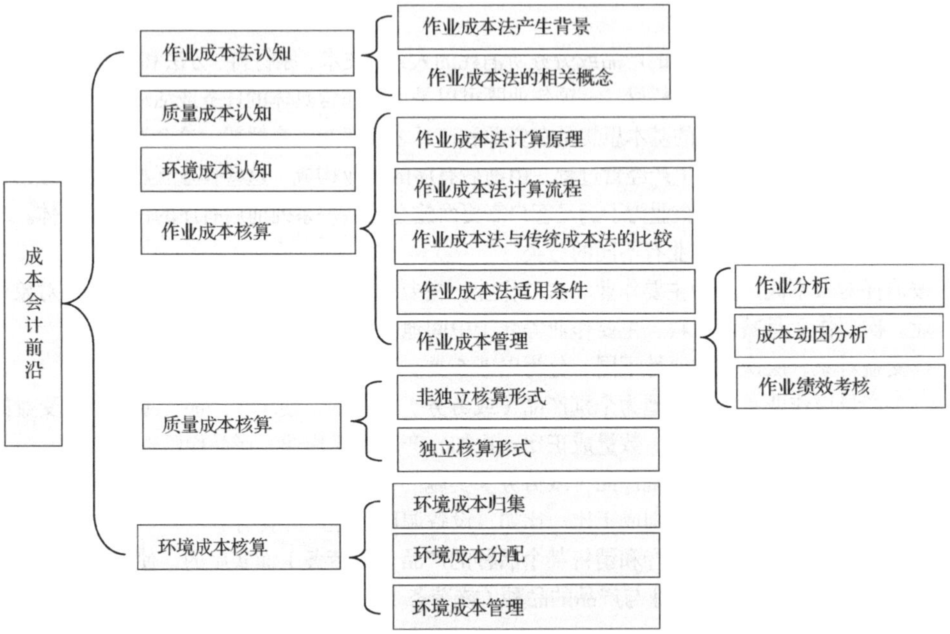

课前自学

一、作业成本法认知

（一）作业成本法的产生背景

目前高新科技在制造领域广泛使用，实现了自动化和智能化生产，极大地改变了产品的成本结构，使得直接人工成本比重大幅下降，而制造费用的比重却大幅上升。随着人们个性差异化消费的提高，企业采用能对顾客多样化需求做出快速反应的“柔性制造系统”来代替传统的大批量、重复性的生产方式。在新的制造环境下，间接费用与业务量失去了相关性，例如生产设备调试准备成本与设备调试次数相关，与生产量并无直接关联。因此，传统成本计算以“业务量是成本的唯一影响因素”进行间接费用的处理，可能歪曲成本信息，造成成本信息失真，引起成本控制失效，导致经营决策失误。在这种情况下，作业成本法应运而生。

（二）作业成本法的相关概念

扫一扫，看微课

作业成本法的相关概念

作业成本法不仅是一种成本计算方法，更是成本计算与成本管理的有机结合。作业成本法以“作业消耗资源、产出消耗作业”为原则，按照资源动因将资源费用追溯或分配至各项作业，计算作业成本，然后再根据作业动因，将作业成本追溯或分配至各成本对象，最终完成成本计算的过程。企业每完成一项作业活动，就有一定的资源被消耗，同时通过一定量的产出转移到下一作业，如此逐一进行，直至形成最终产品。因此，作业成本法基于资源耗用的因果关系进行成本分配，即根据作业活动耗用资源的情况，将资源耗费分配给作业；再依照成本对象消耗作业的情况，把作业成本分配给成本对象。

1. 资源费用

资源费用是指企业在一定期间开展经营活动所发生的各项资源耗费。资源费用既包括各种房屋及建筑物、设备、材料、商品等有形资源的耗费，也包括信息、知识产权、土地使用权等无形资产的耗费，还包括人力资源耗费以及其他各种税费支出等。

2. 作业

作业是企业为提供一定量的产品或劳务所消耗的人力、技术、原材料、方法和环境等的集合体。作业是连接资源和成本对象的桥梁。一项作业既可以是一项非常具体的任务或活动，也可以泛指一类任务或活动。作业成本法的基本思想是在资源和产品之间架起一个桥梁，这个桥梁就是作业。从产品设计到产品销售的整个生产经营过程，由前后有序的作业构成，这些作业互相连接，便形成了一条作业链。作业链则是指企业为了满足客户需要而建立的、一系列前后有序的作业集合体。

从不同的角度出发，作业有不同的分类。

按消耗对象不同，分为主要作业和次要作业。主要作业是被产品、客户等最终成本对象消耗的作业。次要作业是被原材料、主要作业等介于中间地位的成本对象消耗的作业。

按受益对象、层次和重要性不同，分为以下5类。

（1）产量级作业是指明确地为个别产品（或劳务）实施的，使单个产品（或劳务）受益的作业。该类作业与产品（或劳务）数量成正比。比如，产品加工作业、产品检验作业。

（2）批别级作业是指为一批产品（或劳务）实施的，使该批产品（或劳务）均受益的作业。该类作业与产品（或劳务）批别成正比。比如，设备调试，生产准备等。

（3）品种级作业是指为生产和销售某个品种的产品（或劳务）而实施的，使这种产品（或劳务）整体受益的作业。该类作业与产品的品种（或劳务）成正比。比如，新产品设计、产品广告、工艺变换需要的流程设计。

（4）客户级作业是指为服务特定客户所实施的作业。该类作业主要服务于某个客户。比如，向某些客户提供的咨询服务、为某些客户进行特殊包装等。

（5）设施级作业是指为提供生产产品（或劳务）的基本能力而实施的作业。这类作业使所有产品（或劳务）都能受益，与产量及销量没有关系。比如，管理者的管理作业，针对企业整体的广告活动等。

3. 成本对象

成本对象是指成本归集的对象，可分为最终成本对象和中间成本对象。最终成本对象即企业的最终产品或劳务，它需要归集所有权转移之前的所有成本、费用，其归集的成本、费用需与收入配比。中间成本对象是指企业内部分配和归集成本、费用的对象，例如，企业内部的辅助生产部门，作业成本系统中的作业中心。

4. 成本动因

成本动因也称成本驱动因素，是指诱导成本发生的原因，是成本对象与其直接关联的作业和最终关联的资源之间的中介。一项成本可以有多重成本动因。成本动因不一定要求被量化。成本动因通常以作业活动耗费的资源进行衡量，例如，质量检查次数、用电量等。作业成本法下，成本动因是成本分配的依据。成本动因按其在资源流动中所处的位置和作用，主要分为资源动因和作业动因。

资源动因是引起作业成本变动的驱动因素，反映资源消耗量与作业间的因果关系。资源动因用来计量各作业资源的耗用，根据资源动因可以将企业发生的各项资源成本分配到各有关作业。例如，假定质量检验部门有两大资源消耗：10 万元的检验员的薪酬和 2 万元的材料，并且质量检验部门设有“外购材料的检验”“在产品的检验”和“产成品的检验”三项作业。会计部门通过估计各作业消耗的人力把检验员的薪酬分配到各作业。这个估计各作业消耗的人力就是检验员的薪酬的资源动因。按照作业成本法，作业量决定着资源的耗用量，但资源耗用量的高低与最终产品数量的多少没有直接关系。

作业动因是引起产品成本变动的驱动因素，反映产品产量与作业成本之间的因果关系。作业动因计量每类产品消耗作业的数量，反映产品对作业消耗的逻辑关系。例如，当“检验外购材料”被定义为一个作业时，则“检验工时”或“检验次数”就可成为一个作业动因。通过分析作业动因，企业可以发现并减少不增值的作业，找到成本降低的方法。

二、质量成本认知

质量成本是指为了防止出现低质量产品而发生的成本以及由于出现低质量产品而导致的成本。质量成本与控制作业和失败作业这两类作业相关。控制作业是为了预防和检查低质量产品而实施的作业，由此产生的成本叫控制成本。失败作业是为了对低质量产品作出反应而由企业或顾客实施的作业，由此产生的成本叫失败成本。质量成本包括以下四类。

1. 预防成本。预防成本是为防止出现质量产品而发生的成本，包括质量设计工程费用、质量流程改进费用、质量培训费用、质量审计费用、供应商评估费用、预防性设备维修费用等。当预防成本增加时，预期失败成本会减少。

2. 鉴定成本。鉴定成本是为了确定产品是否符合顾客需求而发生的成本，包括流程验收费用、产品验收费用、包装检验费用、检测设备费用、外部鉴定费用等。其中，流程验收是指抽查加工中的在产品，以确定流程是否处于控制之下、是否正在生产无缺陷的产品，如果不是，就中止该流程，直到采取纠正措施为止；产品验收是指为确定产品是否达到可接受的质量水平而从成批的产品中抽样，如果达到了可接受质量水平，就接受这批产品。

3. 内部失败成本。内部失败成本是指由于低质量产品在送达顾客之前被发现而引起的成本，包括废品损失、返工费用、停工检验费用、重新测试费用、设计变更费用等。

4. 外部失败成本。外部失败成本是指由于低质量产品在送达顾客之后被发现而引起的成本，包括产品回收、折扣、保修、顾客投诉处理、顾客满意度下降以及丢失市场份额等而导致的费用损失。在所有质量成本中，外部失败成本是最具破坏性的，也最难计量。

三、环境成本认知

环境成本，又称环境降级成本，是指由于经济活动造成环境污染而使环境服务功能质量下降的代价。在某一项商品生产活动中，从资源开采、生产、运输、使用、回收到处理，解决环境污染和生态破坏所需的全部费用。

环境成本按照不同的分类标准有不同的分类方式。

1. 按生产过程的不同阶段分类，可分为事前环境成本、事中环境成本。事前环境成本是指为减轻对环境的污染而事前予以开支的成本，包括环境资源保护项目的研究、开发、建设、更新费用等；事中环境成本是指企业生产过程中发生的环境成本，包括耗减成本和恶化成本。

2. 按功能分类，可分为环境污染补偿成本、环境损失成本、环境治理成本、环境保护维持成本、环境保护发展成本等。环境污染补偿成本指企业由于污染和破坏生态环境应予补偿的费用；环境损失成本指企业对生态环境污染或破坏而造成的损失等。

党的二十大报告指出，要实施全面节约战略，发展绿色低碳产业，倡导绿色消费，统筹产业结构调整、污染治理、生态保护、应对气候变化，加快发展方式绿色转型。新时代的企业要提高生态效益和经济业绩，生态效益是指企业能够在提供更有用产品的同时减少对环境的负面影响，减少资源消耗的成本。生态效益意味着环境业绩的改进可以促进效率的提高，原因有以下几个方面。

1. 顾客需要更清洁的产品，即生产过程中没有污染环境并且在使用和处理过程中不会造成环境恶化的产品。

2. 员工更愿意为对环境负责的企业工作，因此注重环境业绩的企业更容易吸引优秀的员工并提高生产率。

3. 对环境负责的企业更容易获得外部效益，比如低成本的资本和较低的保险费率。

4. 良好的环境业绩能够产生重大的社会效益，比如促进人类健康，而这些社会效益又会提升企业形象。

5. 对环境业绩的关注能促进管理人员进行革新，寻找新的机会。比如，改进环境业绩的需求可能会给原先认为是无用的废品带来新的市场。

6. 减少环境成本能维持或者创造竞争优势。

教学内容

一、作业成本核算

（一）作业成本法的计算原理

作业成本法下，企业拥有的资源与生产的产品成本之间的关系可以分为以下三类：直接因果关系、间接因果关系和无因果关系。

（1）企业消耗的资源中能直接形成对应产品的，例如，直接材料、直接人工等，属于直接因果关系。这类资源直接计入产品的生产成本。

（2）企业消耗的资源与产品存在因果关系，但是无法直接计入特定对象的，属于间接成本。例如，制造费用、销售费用、管理费用等，这些费用无法直接计入某一产品，需要在很多产品之间按照一定的标准进行分配。

作业成本法与传统成本法的区别，主要在于间接成本的分配。作业成本法首先根据资源与各类作业的因果关系将各作业消耗的资源计入特定作业，然后根据作业与最终产品的因果关系将作业成本计入产品成本中。作业成本法的核心在于把作业量与传统成本计算时的数量进行区分。传统成本法以人工工时、机器工时等分配间接费用，而作业成本法根据作业量进行分配。作业成本法的成本框架，如图 9-1 所示。

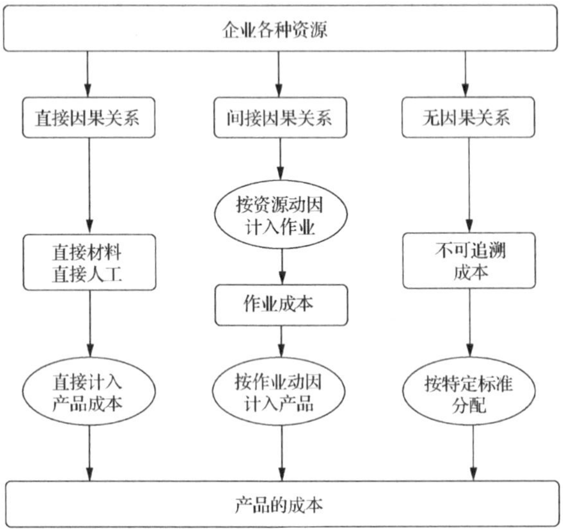

图 9–1　作业成本法的成本框架

作业成本法的基本原理是作业消耗资源，产品消耗作业。依据不同的成本动因分别设置作业中心，归集每个作业中心消耗的资源费用，再根据每个产品消耗的作业量分配作业中心的成本。最后汇总每个产品的作业总成本，进而计算各种产品的总成本。作业中心的设计，是企业按照一定的标准，例如，根据产品的生产流程等进行分类，形成不同的作业中心，作为资源费用的分配过程。作业中心可以是具体的作业，也可以是若干个相互联系的，能实现某种功能的作业集合。从本质来说，传统成本法的间接费用采用的是单一分配标准，而作业成本法根据间接费用发生的不同原因进行分配，采用的是多标准的分配方式。间接成本分配过程，如图 9-2 所示。

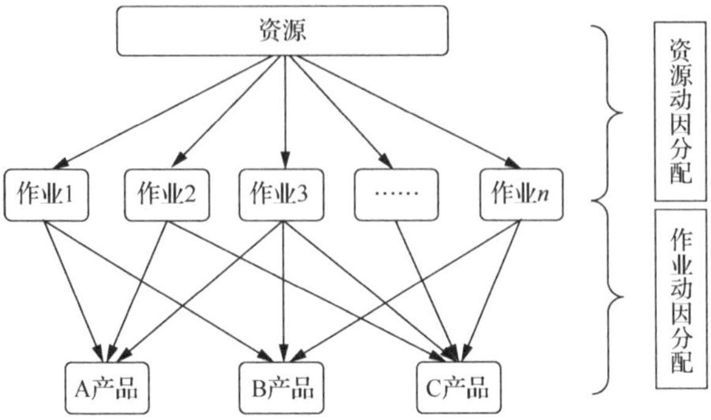

图 9–2　间接成本分配过程

（二）作业成本法的计算流程

扫一扫，看微课

作业成本法的计算流程

作业成本计算涉及两个阶段的费用分配过程：第一阶段，把资源消耗所发生的费用归集到作业中心，形成作业成本；第二阶段，通过作业动因把作业成本库中归集的成本分配到各个产品，最终计算产品成本。作业成本法的计算流程如下。

1. 确定作业，划分作业中心

作业是作业成本法的计算核心。确定作业是将与间接费用发生有关的作业活动进行分类，不同类型企业、不同产品的生产，其作业内容不同，成本计算的基础也就不同。例如，有的企业可以把作业活动分为材料搬运、生产调动、准备人工、自动化机器、精加工、包装和运输；有的企业可以把作业活动分为采购、设计、组织订货、制造、仓储、发运和售后服务等。

2. 以作业中心为成本库归集费用

成本库按作业中心设置，每个成本库代表的是一个作业中心的作业引发的成本，为了减少费用归集和分配次数，简化作业成本计算流程，可以将成本动因相同或同质（尽管动因不同，但在产品之间分配的比例相同）的若干作业成本进行汇算，构成同质成本库。企业在生产经营活动中，发生的直接材料、直接人工等费用可直接归集于各产品，而发生的制造费用则应分别按各项作业活动归集到该作业中心的成本库。

3. 选择合理的作业分配标准

费用的分配应该选择不同的分配标准将成本库的间接成本分配到各项产品或劳务中。计算公式如下。

某成本库分配率=该成本库归集的成本总额÷该成本库成本动因耗用总数

常见的作业与成本动因对照关系如表 9-1 所示。

表 9-1　　常见的作业与成本动因对照关系

作业	成本动因
购入材料	采购单数量
入库检验	检验次数
领用材料	领料单数量
材料移动	移动次数
存货管理	材料（产品）数量
应付账款	发票数量
设备维修	维修次数
质量检验	检验次数
回收账款	客户数量

4. 计算完工产品或劳务成本

将各种产品或劳务归集的直接费用，加上从各作业成本库分配的作业成本，也就是间接费用，可得到各产品或劳务的总成本，再用产品或劳务的总成本除以产品或劳务产量，计算产品或劳务的单位成本。

【例 9-1】某公司主要生产甲、乙、丙三种产品，发生的直接材料分别为 1 000 000 元、3 600 000 元、160 000 元；直接人工分别为 1 160 000 元，3 200 000 元、320 000 元。制造费用总额为 7 316 000 元，其中装配为 3 818 000 元、物料处理为 1 128 000 元、启动准备为 6 000 元、质量控制为 842 000 元、产品包装为 507 200 元、车间管理为 1 014 800 元；甲、乙、丙三种产品的生产加工工时分别为 60 000 机器工时、160 000 机器工时和 16 000 机器工时；产量分别为 20 000 件，40 000 件和 8 000 件。假定该企业没有期初、期末在产品。该公司按传统成本法计算单位产品成本，按单位产品成本的 120%设置目标售价。但是甲、乙两种产品却在与其他公司的低价竞争中不得不降低售价，而丙产品的实际售价是成本的两倍，占领了大部分的市场份额。产品单位成本与产品售价如表 9-2 所示。

表 9-2　　产品单位成本与产品售价

项目	甲产品	乙产品	丙产品
单位产品成本/（元/件）	201	294	122
目标售价/元	241	352	146
实际售价/元	221	317	250

为此，公司要求各部门按照各自职责分析原因，财务部门重新对各产品成本进行复核，

另外组织人员采用作业成本法计算各产品成本，与传统成本法计算的产品成本进行对比分析。

企业采用传统成本法计算三种产品的单位成本，采用生产工时比例对制造费用进行分配，单位成本分配如表 9-3 所示。

表 9-3　　传统成本法下单位成本分配　　金额单位：元

项目	甲产品	乙产品	丙产品	合计
直接材料	1 000 000	3 600 000	160 000	4 760 000
直接人工	1 160 000	3 200 000	320 000	4 680 000
制造费用	7 316 000			7 316 000
机器工时/时	60 000	160 000	16 000	236 000
制造费用分配率/（元/时）	31			31
分配制造费用	1 860 000	4 960 000	496 000	7 316 000
成本合计	4 020 000	11 760 000	976 000	16 756 000
产量/件	20 000	40 000	8 000	68 000
单位成本/（元/件）	201	294	122	

采用作业成本法计算三种产品单位成本，计算过程与结果如下。

第一步，确认和计量各类资源的耗费，如表 9-4、表 9-5 所示。

表 9-4　　直接材料和直接人工　　单位：元

项目	甲产品	乙产品	丙产品	合计
直接材料	1 000 000	3 600 000	160 000	4 760 000
直接人工	1 160 000	3 200 000	320 000	4 680 000
合计	2 160 000	6 800 000	480 000	9 440 000

表 9-5　　制造费用各项作业成本及成本动因　　单位：元

项目	作业成本	成本动因
装配	3 818 000	机器工时
物料处理	1 128 000	材料移动次数
启动准备	6 000	准备次数
质量控制	842 000	检验工时
产品包装	507 200	包装次数
车间管理	1 014 800	人工工时
合计	7 316 000	

第二步，组织会计、工艺和管理等专业人员进行作业分析，建立作业成本核算模型，如图 9-3 所示。

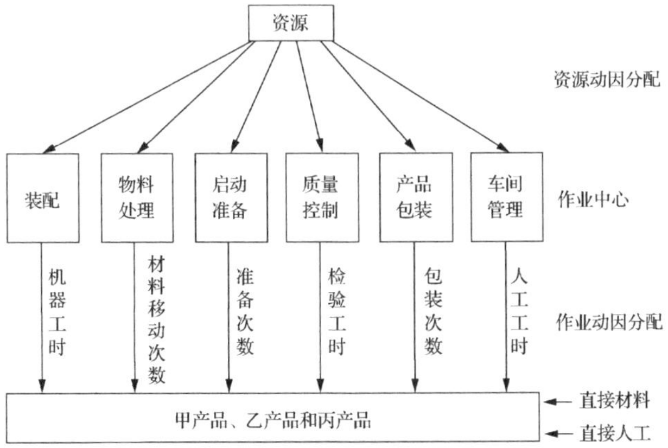

图 9-3　作业成本核算模型

第三步，对各项作业进行作业成本动因分析，给出作业动因情况分析表，如表 9-6 所示。

表 9-6　　作业动因情况分析表

项目	成本动因	作业量			
		甲产品	乙产品	丙产品	合计
装配	机器工时/时	40 000	86 000	40 000	166 000
物料处理	材料移动次数/次数	1 400	6 000	12 600	20 000
启动准备	准备次数/次数	2 000	8 000	20 000	30 000
质量控制	检验工时/时	8 000	16 000	16 000	40 000
产品包装	包装次数/次数	896	6 096	13 296	20 288
车间管理	人工工时/时	60 000	160 000	16 000	236 000

第四步，在作业成本动因分析的基础上，确定各作业成本动因分配率并分配作业成本，计算结果如表 9-7、表 9-8 所示。

表 9-7　　作业成本动因分配率

项目	年制造费用/元	成本动因	年作业量	成本动因分配率
装配	3 818 000	机器工时/时	166 000	23
物料处理	1 128 000	材料移动次数/次数	20 000	56.4
启动准备	6 000	准备次数/次数	30 000	0.2
质量控制	842 000	检验工时/时	40 000	21.05
产品包装	507 200	包装次数/次数	20 288	25
车间管理	1 014 800	人工工时/时	236 000	4.3

表 9-8　　作业成本分配表

产品	作业成本	成本动因分配率	作业动因消耗量	作业成本/元
甲产品	装配	23	40 000	920 000
	物料处理	56.4	1 400	78 960
	启动准备	0.2	2 000	400
	质量控制	21.05	8 000	168 400
	产品包装	25	896	22 400
	车间管理	4.3	60 000	258 000
	小计			1 448 160
乙产品	装配	23	86 000	1 978 000
	物料处理	56.4	6 000	338 400
	启动准备	0.2	8 000	1 600
	质量控制	21.05	16 000	336 800
	产品包装	25	6 096	152 400
	车间管理	4.3	160 000	688 000
	小计			3 495 200
丙产品	装配	23	40 000	920 000
	物料处理	56.4	12 600	710 640
	启动准备	0.2	20 000	4 000
	质量控制	21.05	16 000	336 800
	产品包装	25	13 296	332 400
	车间管理	4.3	16 000	68 800
	小计			2 372 640

第五步，汇总各产品总成本，并计算各产品单位成本，填写产品成本计算表，如表9-9所示。

表9-9　产品成本计算表

项目	甲产品	乙产品	丙产品
直接材料/元	1 000 000	3 600 000	160 000
直接人工/元	1 160 000	3 200 000	320 000
装配/元	920 000	1 978 000	920 000
物料处理/元	78 960	338 400	710 640
启动准备/元	400	1 600	4 000
质量控制/元	168 400	336 800	336 800
产品包装/元	22 400	152 400	332 400
管理/元	258 000	688 000	68 800
合计/元	3 608 160	10 295 200	2 852 640
产量/件	20 000	40 000	8 000
单位产品成本/（元/件）	180.41	257.38	356.58

财务人员对比两种方法计算的各产品成本，结果比较如表9-10所示。

表9-10　传统成本法与作业成本法结果比较

项目	甲产品	乙产品	丙产品
传统成本法	201	294	122
作业成本法	180.41	257.38	356.58
目标售价	241	352	146
实际售价	221	317	250

经过比较，在作业成本法下，丙产品的成本约是传统成本法下的3倍，而甲、乙两种产品的成本均低于传统成本法的成本。同时，发现丙产品占领大部分市场的原因，是实际售价低于产品成本，因此性价比最高。两种方法的计算结果差异较大的原因主要是传统成本法下制造费用按机器工时分配，但并非所有制造费用成本动因均是机器工时，而丙产品虽然产量少，但是在物料处理、启动准备、质量控制和产品包装方面成本较高，这就造成作业成本法下丙产品分配制造费用大幅提高。公司根据上述情况结合公司发展战略重新制定了各产品售价。

在企业存在间接费用较多的情况时，使用传统成本法计算会扭曲各产品的成本，从而导致管理决策和方针确定方面产生潜在失误。而作业成本法则比较细致地分配间接费用，按不同成本动因进行分配，提供的成本信息相对精确。

（三）作业成本法与传统成本法的比较

1. 作业成本法与传统成本法的联系

（1）性质相同。

作业成本法和传统成本法都是成本计算系统，它们都是为了计算一定时期内企业生产产品的成本，便于提供产品成本信息以支持决策。

（2）目的相同。

作业成本法与传统成本法的目的都是计算最终产品的成本。传统成本法是将各项费用在成本计算对象之间进行分配，计算产品成本。而作业成本法是将各项费用先分配给作业，再按照各个产品消耗作业的数量，将作业成本分配给各个产品。

2. 作业成本法与传统成本法的区别

（1）成本的计算对象不同。

传统成本法以企业最终产品作为成本计算对象，以产品为中心。而作业成本法不仅关注产品成本，而且还关注产品成本产生的原因及其形成过程，其成本计算对象不仅包括最终产品，还包括资源和作业。

（2）间接费用的分配标准不同。

在作业成本法下，首先，确认费用单位具体做了什么作业，计算每种作业产生的成本。然后，以产品对这种作业的需求为基础，经过原材料、燃料和人力资源转换成产成品的过程，将成本追加到产品，因而作业成本法采用的分配基础是作业的数量化，是成本动因。在传统成本法下，间接费用或间接成本的分配标准是工时或机器工时。

（3）成本信息的侧重点不同。

传统成本法的侧重点主要是直接材料和直接人工，制造费用的计算过程比较笼统，只是按照人工工时或者机器工时进行分配，不够准确。作业成本法以作业为成本计算对象，以制造费用为侧重点。由于制造费用在作业成本法下以作业形式存在，作业数量众多，因此制造费用是作业成本法下成本计算的重点。

（4）成本计算的意义不同。

传统成本法是为了计算最终产品的成本，作业成本法则把重点放在成本的形成过程上。作业成本法中，成本是由作业引起的，通过对作业能否给产品带来增值的分析，可以区分增值作业与非增值作业，争取消除或减少非增值作业，以改进产品生产流程设计。还可以通过分析增值作业的成本信息，检验作业的执行效率。可见，对这些信息进行处理和分析，可以促使企业改进产品设计，提高作业水平和质量，减少浪费，降低资源的消耗水平。

（5）适用环境不同。

传统成本法适用于与传统推进式生产管理系统相结合的手工制作系统或固定自动系统的经营环境。它适用于大量大批生产和产品品种少、生命周期长、工艺不复杂、制造费用较低的企业。作业成本法则适用于适时生产系统与高度自动化制造系统相结合的经营环境。它适用于小批量、多品种、技术复杂、高度自动化生产、制造费用比重相对较高的企业。

（四）作业成本法的适用条件

采用作业成本法的企业有以下几个特点。

（1）间接生产费用在产品成本中占比较大。在这种情况下，传统成本计算方式分配间接费用会使成本信息受到严重扭曲，影响企业决策。而采用作业成本法，成本准确性大大提高。

（2）企业规模大，产品种类繁多。在这类企业中，间接费用在各种产品成本之间分配是个非常重要的工作，在分配与产出量无关的费用时，传统成本计算方式仍然以产出量为基础进行分配，使成本信息不可靠。而作业成本法以作业为中心，区分不同性质的费用，采取不同性质的成本动因进行分配，能更准确地分配成本。

（3）产品工艺复杂，作业环节多且容易辨认。作业环节越多，间接费用与产出量不相关的可能性就越大，采取传统成本计算方式分配间接费用对成本信息的扭曲就越大；另外，随着作业环节增多，非增值作业就越多，采用作业成本法能够消除非增值作业，降低产品成本。

（4）信息技术运用程度高。先进的信息处理技术能帮助企业完成比传统成本法更为复杂、对结果准确性要求更高的数据收集、信息提供和程序运行。

（五）作业成本管理

作业成本管理是以提高客户价值、增加企业利润为目的，基于作业成本法的新型集中管理方法。它通过对作业及作业成本的确认、计量，最终计算产品成本，同时将成本计算深入作业层次，对企业所有作业活动进行追踪并及时反应。此外作业成本管理还要进行成本链分析，包括动因分析、作业分析等，从而为企业决策提供准确的信息，促使企业能够有效地执行必要的作业，消除和精简不能创造价值的作业，以达到降低成本、提高效率的目的。

作业成本管理是通过对作业的识别和管理，选择作业价值最大化而客户成本最小化的活动，从而提高客户价值、企业竞争力的一种管理方法。作业成本管理既是精确的成本计算系统，也是改进业绩的工具。

作业成本管理的设计与运行必须考虑作业分析、成本动因分析和作业业绩考核三个方面的要求，并按次序组织衔接，循环进行。

1. 作业分析

扫一扫，看微课

作业分析

作业分析的主要目标是认识企业的作业过程，以便从中发现持续改善的机会以及途径。分析和评价作业、改进作业和消除非增值作业构成了流程价值分析与管理的基本内容。按照对客户价值的贡献，作业可以分为增值作业和非增值作业。改进流程首先需要将每一项作业分为增值作业或非增值作业，明确增值成本和非增值成本，然后进一步确定如何将增值成本降低至最小。

增值作业指有必要保留在企业中的作业。其基本特点在于它能增加传递给客户的价值，企业如果消除了这类作业，就会影响客户愿意支付的价格。增值作业有两种类型：一种是给客户带来价值的作业，例如，包装和及时送货等；另一种是保证企业正常运转的必不可少的作业，例如，支付员工工资虽不能为客户直接带来利益，但却是企业必需的作业。非增值作业是指对增加客户价值没有贡献的作业，客户不会因为企业消除这类作业而降低所愿意支付的金额。同时，按照作业效率，增值作业也可以分为高效作业和低效作业。增值成本是指以完美效率执行增值作业而发生的成本，或者说是高效增值作业产生的成本。

非增值作业是不必要的，其判断标准：企业把该作业消除后仍能为客户提供与以前同样的效果。在企业经营活动开展过程中有许多非增值作业，例如：存货的存储、分类、整理和搬运；产品因质量问题所进行的返修、重复检测；等待工作等。执行非增值作业发生的成本全部都是非增值成本。

区分增值成本和非增值成本后，企业要尽量消除或者减少非增值成本，最大化利用增值作业，以减少不必要的耗费，提高经营效率。作业成本管理中成本节约的途径有以下 4 种。

（1）作业减少，主要是通过减少投入的时间或其他资源来缩减作业。

（2）作业消除，是指消除不必要的作业来降低成本。例如，购入材料的检验作业，在选择高质量材料的供应商的情况下，材料的检验作业是不必要的作业，应当消除。

（3）作业选择，是指从多个不同的作业中选择其中最佳的作业。例如，在产品设计中，不同的产品设计会有不同的作业链，也会有不同的成本，因此要选择成本最低的作业链。

（4）作业共享，是指通过更有效率的方式结合现有作业的职能取得更大的手艺，即利用规模经济提高必要作业的效率，提高作业的投入产出比。例如，在几类相关产品中使用相同部件，而不是每类产品都设计特殊的部件。

各种作业相互联系，形成作业链。理想的作业链应当是作业与作业之间环环相扣，而且每次必要的作业只在最短的时间内出现一次。

2. 成本动因分析

成本动因分析按其性质不同可以分为积极性成本动因和消极性成本动因。积极性成本动因是能够产生收入、增加利润的作业，例如，销售订单、生产通知单等。消极性成本动因是引起不必要的工作和利润减少的作业，例如，重复运送产品等。虽然每项作业都有投入和产出，然而产出量指标并不一定是作业成本发生的根本原因，需进一步进行动因分析，找出形成作业成本的根本原因。例如，搬运材料的根本原因，可能是车间布局不合理造成的。企业若得知根本原因，就可以采取相应措施改善作业，例如，改善车间布局，减少搬运成本。

3. 作业业绩考核

作业中心是成本责任中心，作业业绩评价的对象是作业中心，作业中心业绩评价主要通过一定期间实际发生的作业成本与作业中心相应的预算作业成本进行对比，找出差异，分析造成差异的原因，并编制作业中心业绩报告。

当企业利用成本计算系统识别流程中的非增值作业及其成本动因后，就为改善业绩指明了方向。若要评价作业和流程的执行情况，必须建立业绩指标，可以使用财务指标，也可以使用非财务指标，来评价是否改善了流程。财务指标主要集中在增值成本和非增值成本上，可以提供增值与非增值报告，以及作业成本趋势报告。而非财务指标主要体现在效率、质量和时间三个方面，例如，投入产出比、次品率、生产周期等。

二、质量成本核算

质量成本核算实际上是将企业的质量管理费用和质量损失按其经济内容进行归集和分配，以综合反映生产经营过程中由于质量所引发的全部耗费。质量成本核算有助于进行全面质量控制。目前质量成本核算尚无固定模式。企业进行质量成本核算有两种常见的形式可供选择。

1. 非独立核算形式

非独立核算形式是将质量成本核算纳入现有的会计核算账户体系的一种核算形式。有这种形式下，企业在原有的会计科目表中增设“质量成本”一级科目，同时取消“废品损失”一级科目。“质量成本”一级科目下设“预防成本”“鉴定成本”“内部失败成本”“外部失败成本”四个二级科目，各二级科目下还可按具体内容设置明细科目。

当期发生的全部质量耗费在“质量成本”科目的借方归集。质量预防成本从“质量成本”科目的贷方转入“管理费用”借方。质量鉴定成本从“质量成本”科目的贷方转入“制造费用”借方。质量内部失败成本中，废品净损失从“质量成本”科目的贷方转入“生产成本”科目中的“废品损失”成本项目；废品残值收入从“质量成本”科目的贷方转入“原材料”科目的借方；应由责任人赔偿的损失从“质量成本”科目的贷方转入“其他应收款”科目的借方；意外事故损失从“质量成本”科目的贷方转入“销售费用”科目的借方，或冲减当期主营业务收入。“质量成本”科目期末如有借方余额，表示应由以后会计期间负担的质量预防成本。

非独立核算形式的优点包括：（1）有利于质量成本管理工作纳入会计质量体系的监督和控制之中，使质量成本核算成为日常会计核算的内容之一。（2）质量成本核算账户体系的设置与应用，有利于与责任成本体系相结合，以考核质量成本的发生情况。

非独立核算形式的缺点包括：（1）调整了原有的会计核算程序，增加了会计核算工作量。由于各类企业在质量成本构成内容上差别较大，因此难以从核算制度上作出统一要求。（2）某些性质的质量成本，如商品的折价损失，既可能是质量因素引起的，也可能有滞销等其他因素，有的停工损失也可能含有非质量因素等。这类耗费在质量成本核算中难以分清原因并单列核算。

2. 独立核算形式

独立核算形式是把质量成本的核算和正常的会计核算截然分开，单独组织质量成本的核算，形成质量成本核算的独立体系。在这种情况下，可以采用统计台账的形式，由企业内部各责任单位设置“质量成本”账户，按照质量成本的各项构成内容、发生地点、责任主体、发生数额和主要原因，逐项予以登记。质量成本发生数额有的可直接从会计核算账户中取得，例如，废品净损失费用、停工损失费用等。有的则需要从发生的生产费用中通过分析、计算和汇总取得。各内部责任单位可以根据核算结果定期编制质量成本报告，作为考核责任单位质量成本管理业绩的依据。

独立核算形式的优点包括：（1）不影响现有的会计核算体系，独立完整地反映质量成本情况。（2）能较好地适应不同企业质量成本管理的特点和要求，设计相应的质量成本核算体系。

独立核算形式的缺点包括：（1）由于独立于会计核算体系之外，因此质量成本的核算脱离了会计管理的监督和控制，使原始凭证的真实性、可靠性受到影响。（2）需设置专职质量成本核算部门或人员，增加了管理工作量。

三、环境成本核算

1. 环境成本的归集

与质量成本类似，环境成本的归集也可以采用非独立核算形式或独立核算形式，非独立核算形式就是在原有的会计科目表中增设“环境成本”一级科目，下设“保护成本”“检测成本”“内部失败成本”“外部失败成本”四个二级科目，各二级科目下还可按具体内容设置明细科目，从而把环境成本的核算与正常的会计核算结合在一起。独立核算形式就是把环境成本的核算和正常的会计核算截然分开，单独设置环境成本的账外记录，由各环境成本控制网点进行核算。

2. 环境成本的分配

（1）环境产品成本。生产的流程可能是环境成本的来源，如生产过程中可能会产生污染物。另外产品本身或产品的包装物也可能成为环境成本的来源。在产品销售后，顾客对产品的使用和处置可能造成环境破坏，这属于环境购后成本。环境购后成本大部分由社会承担，部分转变为外部失败成本。

生产、销售和交付产品的流程所产生的环境成本以及使用和处置产品所产生环境购后成本都属于环境产品成本。将环境成本分配到产品可以产生有价值的管理信息。它可以揭示当环境成本被恰当分配后，产品是否还可以盈利。这个信息可以帮助企业判断是否应该停止生产该产品，以显著地改进其环境业绩和经济效益。

（2）职能基础的环境成本分配。在大部分会计核算系统中，环境成本是隐藏于间接费用中的。要分配环境成本，必须将环境成本分离出来，单独放进环境成本库中。职能基础的成本系统将库中的环境成本根据产量基础动因分配到各种产品中。

【例 9-2】某玻璃厂生产甲、乙两种玻璃，每种玻璃每年各生产 50 000 块。每块甲玻璃耗费 0.4 机器工时。每块乙玻璃耗费 0.6 个机器工时。生产玻璃时可能会排放出镉。为了获得镉的排放许可，企业每年支付 100 000 元的排放许可费。该许可批准企业在规定限度内排放镉，如果排放超标，企业会遭到罚款。该企业每年为镉超标排放支付 50 000 元罚款。

在职能基础环境成本分配方法下，与镉排放相关的环境成本按照机器工时来分配。

每机器工时负担的镉排放环境成本=（100 000+50 000）÷（0.4×50 000+0.6×50 000）=3（元）

每块甲玻璃负担的镉排放环境成本=3×0.4=1.2（元）

每年甲玻璃负担的镉排放环境成本=1.2×50 000=60 000（元）

每块乙玻璃负担的镉排放环境成本=3×0.6=1.8（元）

每年乙玻璃负担的镉排放环境成本=1.8×50 000=90 000（元）

（3）作业基础环境成本分配。作业基础的成本系统将依据因果关系来分配环境成本，将环境成本追溯到应为环境成本负责的产品上。先将全部环境成本按照资源动因分配给所有与环境相关的作业，然后用某项环境作业的成本除以该作业的动因总量，计算出环境作业成本分配率。最后根据作业分配率及每种产品消耗的作业动因数量，将环境作业分配给每种产品。

3. 环境成本管理

产品环境效应管理是为了减少对环境的负面影响而对产品进行设计、制造、维护和回收利用的措施。生命周期成本管理是改进产品环境效应管理的一种方式，生命周期评价明确了一种产品在整个生命周期所产生的环境后果，然后寻找获得环境方面改进的机会。

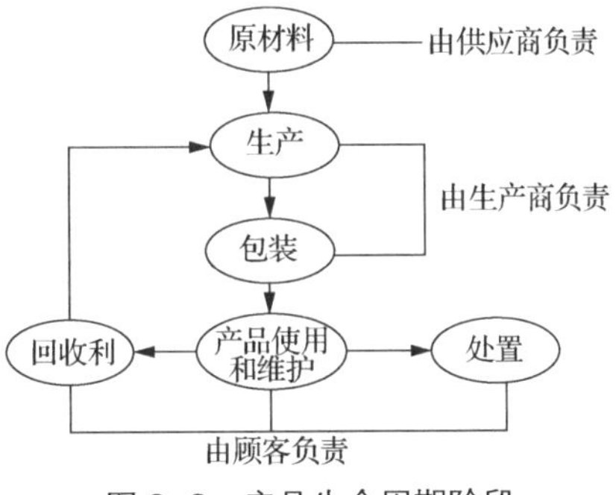

图 9–3 产品生命周期阶段

如图 9-3 所示，产品生命周期的不同阶段可以由不同的主体控制，生命周期结合了供应商、生产商和顾客的观点，因此内部和外部环节都对评价不同产品和流程的环境后果具有重要意义。

生命评价由三个阶段组成：存货分析、效应分析和改进分析。

（1）存货分析。存货分析详细说明所需的原材料和能源投入以及由此产生的固体、液体、气体污染物和废弃物的种类与数量。

（2）效应分析。效应分析是在存货分析所提供的信息基础上，对不同产品的环境效应进行具体的成本评价。并计算出每种产品的生命周期单位环境成本，有助于进行后续的改进分析。

（3）改进分析。改进分析的目标是减少由存货分析和效应分析所揭示的环境影响。通过经营和财务指标来评价环境影响，以便在降低环境影响的各种备选方案中进行选择。这一阶段与组织的控制系统联系起来，改进现有产品和流程的环境业绩是环境控制系统的总体目标。

课外阅读

1988 年出生的陈某是某医院财务科的一名会计，多年来她立足本职工作，在平凡的岗位上默默奉献，用职业操守去维护国家的财政纪律，在财务会计行业树立了良好的形象。

（1）用职业道德严把制度关。自参加工作以来，陈某认真学习并严格执行党风廉政建设规定，从思想上筑牢反腐倡廉、拒腐防变的堤防，坚决抵制各种社会不良风气的侵蚀和诱惑，从来不以职务之便为自己谋取一丝一毫的利益。在日常工作中她处理每一笔业务都是看了又看、审了又审，严格按照财务制度的有关规定处理账务。遇到财务手续不全或与财务制度规定相违背的违规票据，她坚决不准入账；在日常业务往来中发现有对单位不利的问题，她会及时如实地向单位领导反映并提出自己的处理意见和建议。

（2）爱岗敬业、乐于奉献。作为一名医院财务工作人员，陈某非常热爱自己的工作，正因为如此，她在工作中表现出主动性和积极性，遇到困难的工作总是主动承担，有时还不得不牺牲一些个人利益，但是她从没有半句怨言，为了尽快完成工作任务，她自觉克服个人困难，保质保量地完成组织交给自己的各项任务。

思考：结合陈某的个人事迹，谈一谈如何做到严把制度关。

视野拓展

会计工作是个与时俱进的工作，由于会计、税务的法律法规每年都会更新、调整，假如你想做好会计工作，坚持学习的心态是必要的，要与时俱进，活到老学到老。

课中实训

实训一　运用作业成本法计算产品成本

任务一：某企业生产甲、乙两种产品，其中甲产品 900 件，乙产品 300 件，其作业情况如表 9-11 所示。

表 9-11　作业情况表　金额单位：元

作业中心	资源耗用/元	成本动因	动因量（甲产品）	动因量（乙产品）	合计
物料处理	18 000	移动次数/次数	400	200	600
材料采购	25 000	订单件数/件	350	150	500
使用机器	35 000	机器工时/时	1 200	800	2 000
设备维修	22 000	维修工时/时	700	400	1 100
质量控制	20 000	质检次数/次数	250	150	400
产品运输	16 000	运输次数/次数	50	30	80
合计	136 000				

要求：按作业成本法计算甲、乙两种产品的成本，并填制产品成本计算分配表，格式如表 9-12 所示。

表 9-12　产品成本计算分配表

作业中心	成本库/元	动因量	动因率	甲产品/元	乙产品/元
物料处理	18 000	600			
材料采购	25 000	500			
使用机器	35 000	2 000			
设备维修	22 000	1 100			
质量控制	20 000	400			
产品运输	16 000	80			
合计总成本	136 000				
单位成本/（元/件）					

任务二：某制造企业采用作业成本法计算产品成本。该企业某月发生直接材料成本 32 000 元，其中甲产品耗用 18 000 元，乙产品耗用 14 000 元；直接人工成本为 19 000 元，其中甲产品应负担 11 000 元，乙产品应负担 8 000 元；制造费用为 56 000 元，经分析该企业的作业情况，如表 9-13 所示。

表 9-13　作业情况表

作业中心	资源分配/元	成本动因	动因量	
			甲产品	乙产品
物料处理	14 000	处理材料批数/批数	10	30
质量检验	10 000	检验次数/次数	10	15

续表

作业中心	资源分配/元	成本动因	动因量	
			甲产品	乙产品
机器调试	20 000	调试次数/次数	80	120
使用机器	12 000	机器工时/时	20	80

要求：

（1）计算各作业中心的动因率并填制动因率计算表，如表 9-14 所示。

表 9–14　动因率计算表　金额单位：元

作业中心	资源分配/元	成本动因	动因量			动因率
			甲产品	乙产品	合计	
物料处理	14 000	处理材料批数	10	30		
质量检验	10 000	检验次数	10	15		
机器调试	20 000	调试次数	80	120		
使用机器	12 000	机器工时	20	80		

（2）计算甲、乙产品耗用的各作业中心成本并填制作业成本分配表，如表 9-15 所示。

表 9–15　作业成本分配表　金额单位：元

作业中心	成本动因	动因量		动因率	作业成本分配	
		甲产品	乙产品		甲产品/元	乙产品/元
物料处理	处理材料批数	10	30			
质量检验	检验次数	10	15			
机器调试	调试次数	80	120			
使用机器	机器工时	20	80			
合计						

（3）假定该企业的当月产量为甲产品 500 件，乙产品 400 件，期初期末在产品为零，计算这个月的完工产品总成本和完工产品单位成本。计算完工产品总成本和完工产品单位成本并将结果填入产品成本明细表，如表 9-16 所示。

表 9–16　产品成本明细表

	甲产品	乙产品
直接材料/元		
直接人工/元		
制造费用/元		
完工产品总成本/元		
完工产品产量/件		
完工产品单位成本/（元/件）		

（4）编制有关费用归集、分配和完工产品入库的分录，填入生产费用分录汇总表，如表 9-17 所示。

表 9-17　　生产费用分录汇总表　　单位：元

序号	方向	账户名称	借方金额	贷方金额
1	借			
	借			
	贷			
2	借			
	借			
	贷			
3	借			
	贷			
4	借			
	贷			
5	借			
	贷			
6	借			
	贷			
7	借			
	贷			
	贷			
	贷			
	贷			
8	借			
	贷			
	贷			
	贷			
	贷			
9	借			
	贷			
	贷			

实训二　比较传统成本法和作业成本法

某企业生产甲、乙两种产品，有关资料如下。

（1）甲、乙产品的基本资料如表 9-18 所示。

表 9-18　　甲、乙产品基本资料表

产品名称	年产量/台	单位产品机器工时/时	直接材料单位成本/（元/台）	直接人工单位成本/（元/台）
甲	10 000	10	75	30
乙	40 000	10	45	30

（2）企业每年制造费用总额为 3 000 000 元。甲、乙两种产品的复杂程度不一样，所耗用的作业量也不一样。依据作业动因设置 5 个作业中心。有关资料如表 9-19 所示。

表 9–19　　甲、乙产品作业成本资料表

作业名称	作业成本/元	成本动因	动因量		
			甲产品	乙产品	合计
机器调整	900 000	调整次数	4 500	3 000	7 500
质量检验	720 000	检验次数	6 000	6 000	12 000
生产订单	180 000	订单份数	300	600	900
机器维修	900 000	维修次数	600	900	1 500
材料验收	300 000	验收次数	150	450	600
合计	3 000 000				

要求：分别用作业成本法与传统成本法计算上述两种产品的单位成本。

（1）计算作业成本法下两种产品的制造费用并把计算结果填入制造费用表，如表 9-20 所示。

表 9–20　　按作业成本法计算的制造费用表

作业名称	作业成本/元	成本动因	动因量			分配的制造费用/元	
			甲产品	乙产品	分配率	甲产品	乙产品
机器调整		调整次数					
质量检验		检验次数					
生产订单		订单份数					
机器维修		维修次数					
材料验收		验收次数					
合计							

（2）使用传统成本法分别计算甲、乙两种产品的制造费用并填入制造费用分配表，如表 9-21 所示。

表 9–21　　制造费用分配表

产品名称	生产工时/时	分配率	分配额/元
甲产品			
乙产品			
合计			

（3）比较两种成本计算法下制造费用分配的结果并填入对比表中，如表 9-22 所示。

表 9-22　　两种计算法下制造费用对比表

项目	甲产品（产量 10 000 台）				乙产品（产量 40 000 台）			
	总成本/元		单位成本/（元/台）		总成本/元		单位成本/（元/台）	
	传统成本法	作业成本法	传统成本法	作业成本法	传统成本法	作业成本法	传统成本法	作业成本法
直接材料								
直接人工								
制造费用								
合计								

实训三　核算质量成本

某企业生产甲产品，2025 年 7 月发生的质量成本情况如下。

（1）当月支付质量改进措施费 18 000 元，分 6 个月摊销。

（2）当月质量检测设备折旧费 800 元，支付检测人员工资 1 800 元。

（3）当月产品生产过程中，每件产品耗费直接材料 80 元，耗费直接人工 20 元，分摊制造费用 20 元。产品检验入库时，发现不可修复废品 5 件，每件残值 50 元，其中，1 件是由于搬运不当损坏，残值之外的生产成本应由责任人赔偿损失。

（4）产品检验入库时，发现可修废品 7 件，平均每件修复费用 30 元，其中原材料耗费 20 元，辅助生产部门维修费用 10 元。

（5）当月产品售价 200 元。售后发现次品 20 件，给予顾客 20%的折扣。

（6）当月支付产品质量“三包”费用 1 000 元。

要求：为该企业编制该月与质量成本相关的会计分录。

实训项目评价

技能点评指标		分值	得分
实训一　运用作业成本法计算产品成本	能准确运用作业动因计算产品成本	20	
	能准确完成作业成本计算及相关会计处理	20	
实训二　比较传统成本法和作业成本法	能准确进行传统成本法和作业成本法的比较	30	
实训三　核算质量成本	能准确计算出质量成本	30	

同步测试题

一、单项选择题

1. 下列关于成本动因表述中，不正确的是（　　）。

A. 成本动因可作为作业成本法中的成本分配的依据

B. 成本动因是成本对象与其直接关联的作业和最终关联资源之间的中介

C. 成本动因可分为资源动因和生产动因

D. 成本动因是诱导成本发生的原因

2. 作业成本管理中以不断改进的方式降低作业消耗的资源或时间的途径属于（　　）。

A. 作业消除　　B. 作业选择　　C. 作业减少　　D. 作业分享

3. 传统成本法的计算对象是（　　）。

A. 资源　B. 费用　C. 作业中心　D. 最终产品

4. 作业成本法适用于具有以下特征的企业（　　）。

A. 间接生产费用比重较小　B. 作业环节较少

C. 生产准备成本较高　D. 产品品种较少

5. 企业采用作业成本法计算产品成本，每批产品生产前需要进行机器调试，在对调试作业中心进行成本分配时，最适合采用的作业成本动因是（　　）。

A. 产品品种　B. 产品数量　C. 产品批次　D. 每批产品数量

6. 按照作业的执行方式，可将作业分为（　　）。

A. 主要作业和次要作业　B. 必需性作业和酌量性作业

C. 重复作业和不重复作业　D. 后勤作业和质量作业

7. 作业成本法所采用的成本动因（　　）。

A. 不考虑辅助作业　B. 只考虑某些生产作业

C. 将作业与产品直接联系在一起　D. 将作业与产品间接联系在一起

二、多项选择题

1. 下列各项关于作业成本法的表述中，正确的有（　　）。

A. 它是一种财务预算的方法

B. 它以“作业消耗资源、产出消耗作业”为原则

C. 它是成本计算与成本管理有机结合的一种方法

D. 它是一种以“成本驱动因素”理论为基本依据的方法

2. 下列各项属于作业成本管理中的非增值作业的有（　　）。

A. 材料验收作业　B. 次品返工作业

C. 产品零部件加工作业　D. 产品零部件组装作业

3. 作业成本法适用于具有（　　）特征的企业。

A. 间接生产费用比重较大　B. 企业规模大、产品品种多

C. 作业环节多且易辨认　D. 生产准备成本较高

4. 作业的分类方法主要有（　　）。

A. 按作业所完成的职能分类　B. 按作业的消耗对象分类

C. 按作业的性质分类　D. 按作业的受益对象分类

5. 作业成本法与传统成本法相比（　　）。

A. 有较多的间接成本中心

B. 按成本动因分配生产费用

C. 间接生产费用的分配基础常为非财务变量

D. 提供较精确的成本信息

6. 决定企业采用成本计算方法的影响因素有（　　）。

A. 企业生产组织特点　B. 企业生产工艺过程特点

C. 成本会计人员的素质　D. 企业对成本管理的要求

7. 下列各项中，属于直接成本的有（　　）。

A. 构成产品实体的原材料　B. 车间照明用电费

C. 车间生产工人工资　D. 车间管理人员工资

三、判断题

1. 企业的生产过程既是作业消耗资源、产品消耗作业的过程，又是产品价值的形成过程。（　　）

2. 成本动因是驱动成本、费用的各种因素，它通常可分为资源动因和作业动因。（　　）

3. 作业动因是将作业中心的成本分配到产品或劳务的标准，它反映了作业中心对资源的耗用情况。（　　）

4. 作业成本法是传统成本计算方法的一种，其主要特点是先按资源动因分配费用，计算各作业中心成本，再按作业动因分配作业成本，计算产品成本。（　　）

5. 在作业成本法下，制造费用的分配主要以与产出量相关的因素为分配基础。（　　）

6. 在作业成本法下，辅助生产部门的成本在分配到具体的产品或劳务之前也要先分配至生产部门。（　　）

7. 预期的机器工时可以作为分配机器维护成本的合理动因。（　　）

8. 作业成本法以成本动因作为分配成本的基础，因此它能提供比传统成本法更为精确的成本信息。（　　）

9. 生产过程中可能会产生污染物是环境产品成本。（　　）

10. 控制作业是为了预防和检查低质量产品而实施的作业。（　　）